ECONOMIA - *Textbook*

Stefano Pozzoli
Romilda Mazzotta

Contabilità generale

Tecnica di rilevazione ed esercizi

Nuova edizione

FrancoAngeli

Ristampa	Anno
3 4 5 6 7 8 9 10	2014 2015 2016 2017 2018 2019 2020 2021 2022

Stampa: Digital Print Service srl - sede legale: via dell'Annunciata 27, 20121 Milano;
sedi operative: via Torricelli 9, 20090 Segrate (MI) e via Merano 18, 20127 Milano

INDICE

PARTE PRIMA: LE TECNICHE DI RILEVAZIONE

A COSA SERVE LA CONTABILITÀ GENERALE: IL BILANCIO

I FERRI DEL MESTIERE

ALCUNE RILEVAZIONI CONTINUATIVE

LE SCRITTURE DI ASSESTAMENTO

CHIUSURA E RIAPERTURA DEI CONTI

LE RILEVAZIONI TIPICHE DELLE SOCIETÀ

A COSA SERVE LA CONTABILITÀ GENERALE: IL BILANCIO

1. Il Bilancio. Modello della vita dell'azienda

Ciò che caratterizza gli studi economico-aziendali non è tanto l'oggetto di studio – l'azienda – quanto piuttosto la sua «traduzione» in termini quantitativo-monetari.

In economia aziendale, l'azienda e la sua vita vengono «misurati» con un «metro» del tutto particolare ma quanto mai efficace: la moneta.

Questo sforzo di «traduzione» è posto in essere «filtrando» la realtà aziendale grazie a delle semplificazioni che ci consentono di rappresentare in forma sintetica quanto in concreto accade in impresa.

Il Bilancio non è altro che uno dei risultati – certo uno dei principali – di questo processo di «filtro» e di «traduzione».

Il Bilancio, in sostanza, è uno strumento di interpretazione sintetica dei comportamenti aziendali, un modello di lettura di ciò che accade nel corso della gestione.

Esso, infatti, è la sintesi, di quelli che sono i fatti di gestione, fatti che, appunto, vengono «racchiusi» in valori e riportati in due prospetti fondamentali:

- lo Stato Patrimoniale;
- il Conto Economico.

2. Lo Stato Patrimoniale: tra fonti ed impieghi di Capitale

Iniziamo con lo Stato Patrimoniale e vediamo cosa vuole «raccontare».

Che cosa fa un imprenditore di solito? Un imprenditore prende del denaro, in parte suo ed in parte di altri, e lo utilizza per effettuare degli investimenti.

Pertanto, il momento fondamentale di questo primo passo dell'attività di impresa è rappresentato proprio dall'accumulo di capitale, il quale viene osservato sotto due diversi punti di vista: quello della sua «raccolta» e quello del suo «utilizzo».

> Lo Stato Patrimoniale fa vedere, da una parte, da dove viene il denaro a disposizione dell'imprenditore, dall'altra come questo stesso denaro è stato investito.

Infatti, il «lato di destra», la sezione del Passivo, risponde alla seguente domanda: *da dove viene il denaro che l'imprenditore ha a sua disposizione?*

È ovvio che vi troveremo in parte debiti, le *passività in senso stretto,* e in parte denaro dell'imprenditore, ovvero mezzi propri o *capitale netto*.

Viene spontaneo, poi, chiedersi come il nostro imprenditore abbia impiegato il denaro raccolto.

A questa seconda domanda – *come è investito il denaro?* – risponde la sezione dell'Attivo dello Stato Patrimoniale.

Lo Stato Patrimoniale può dunque essere letto come un prospetto fonti/impieghi.

Esso ci dice, lo ripetiamo, quali sono le fonti di finanziamento e quali gli impieghi di capitale che il nostro imprenditore effettua.

È, in altre parole, una «fotografia istantanea» di quelle che sono, in un determinato momento, *le risorse a disposizione dell'impresa per la gestione futura.*

Nello Stato Patrimoniale figura ciò che abbiamo a disposizione per svolgere la nostra futura attività di impresa.

Lo Stato Patrimoniale, in questo senso, può e deve essere visto come qualcosa di prospettico.

È un po' *il punto di partenza dell'attività dell'anno prossimo.*

LO STATO PATRIMONIALE (Vermögen)

ATTIVITÀ:	PASSIVITÀ:
cassa	debiti vs/banche
clienti	fornitori
magazzino	......
impianti	CAPITALE NETTO
brevetti (Patent)	
.....	

Come è investito il denaro?

da dove viene il denaro che l'imprenditore ha a sua disposizione?

3. Il Conto Economico e gli «attori» della gestione

Al 1° Gennaio lo Stato Patrimoniale fa vedere quali sono le risorse ed i vincoli che ci troviamo di fronte.

Il nostro imprenditore, a questo punto, inizierà la «gestione» della sua azienda perché, come è chiaro, non ha posto in essere tutti questi investimenti tanto per fare ma con l'intenzione di utilizzarli – e quindi di «consumarli» – per ottenere determinati risultati, in sostanza per guadagnare.

Le vicende della gestione, e cioè tutte le azioni «amministrative» che vengono effettuate nel corso dell'anno, vengono raccontate dal **Conto Economico**, cioè dal secondo prospetto fondamentale di Bilancio.

Gli «attori» dell'attività di gestione, dal nostro punto di vista, sono due:

- *le risorse che vengono consumate*, che noi esprimiamo naturalmente in valore (da un lato, infatti, il Conto Economico evidenza quale sia il valore delle risorse che abbiamo consumato nel corso dell'esercizio; quali sono, appunto, i costi);
- *i risultati che*, combinando insieme le risorse consumate, *si riescono ad ottenere*, e che noi, con logica quantitativo-monetaria, valorizziamo (e mettiamo nella sezione destra del Conto Economico: il valore dei risultati ottenuti è rappresentato, appunto, dai ricavi di esercizio).

Chiaramente se i risultati ottenuti sono, in termine di valore (ricavi), maggiori delle risorse consumate (costi) avremo un utile, altrimenti una perdita di esercizio.

Se ci spostiamo sull'asse dei tempi dal 1° Gennaio al 31 Dicembre, vediamo che:

⇒ si parte con un certo Stato del Patrimonio (che sarà composto da Attivo, Passivo e Netto);

⇒ poi, nel corso dell'anno, effettuiamo una attività di gestione che viene «raccontata», in termini di consumi di risorse e di ottenimento di risultati, dal Conto Economico;

⇒ infine, si arriva ad un nuovo Stato del Capitale che sarà diverso in termini di ricchezza netta (e di qualità e quantità dell'Attivo e Passivo) in quanto la gestione ha prodotto un certo risultato modificando, per fare ciò, la composizione dell'intero capitale di funzionamento.

IL CONTO ECONOMICO

Gewinn- u. Verlustrechnung

VALORE DELLE RISORSE CONSUMATE (COSTI DI ESERCIZIO)	VALORE DEI RISULTATI CONSEGUITI *ERTRÄGE* (RICAVI DI ESERCIZIO)

Quindi:

> il Bilancio al 31/12 ci dice come abbiamo lavorato nei 12 mesi precedenti, e quanto abbiamo a disposizione per gli anni futuri.

Fra i due prospetti di Bilancio, pertanto, quello più orientato al futuro è lo Stato Patrimoniale.

Il Conto Economico, invece, raccoglie risorse consumate e ricavi conseguiti, cioè costi e ricavi «morti».

Ci racconta quello che è successo e non quello che succederà.

Il Conto Economico, in quanto tale, niente dice a proposito della nostra attività futura.

È chiaro però che noi lo redigiamo non perché siamo interessati a conoscere la storia dell'impresa ma per poterne trarre degli insegnamenti e degli indirizzi che siano utili per la gestione degli anni a venire. In tal senso anche il Conto Economico costituisce un fondamentale strumento di conoscenza.

L'angolo dei quesiti…

- Come mai il Bilancio è espresso in termini quantitativo-monetari?
- Cosa sono le Attività? E le Passività?
- Il Conto Economico a cosa serve?
- Il Reddito fa parte del Patrimonio Netto?

✍ *Per saperne di più* ✍

- Francesco **GIUNTA**, *Appunti di economia aziendale*, Padova, Cedam, 1996.
- Luciano **MARCHI**, *La contabilità aziendale,* Milano, IPSOA, 2009.

I FERRI DEL MESTIERE

4. Come si arriva al Bilancio di Esercizio

Il Bilancio, si capisce dalle poche parole ora dette, è un interessante strumento di «presentazione» dell'impresa. Utile sia all'imprenditore, per capire come sta andando la sua azienda, e quindi per attivare eventuali azioni correttive o di indirizzo (c.d. funzione di controllo), sia ai terzi, che trovano in esso molte notizie utili e necessarie per formulare un giudizio sull'azienda cliente, fornitore, da finanziare, ecc. (c.d. funzione informativa).

Però, come si costruisce?

Il nostro problema, infatti, è quello di arrivare alla sua redazione.

Appare chiaro che uno dei due prospetti, ed esattamente lo Stato Patrimoniale, può essere costruito in modo relativamente semplice.

Infatti, basta andare in azienda – con il metro adatto ovviamente – e misurare il valore dei beni, dei diritti (crediti) e degli obblighi (debiti).

Questo processo di «misurazione» viene effettuato attraverso l'inventario, nel corso del quale, appunto, si procede a valutare il valore dei singoli beni, in base a criteri tendenzialmente uniformi per tutte le imprese, perché stabiliti in parte da norme di legge, in parte da «principi contabili» dettati da organismi di grande prestigio e qualità professionale (è il caso, in Italia, dell'Organismo Italiano di Contabilità e, a livello internazionale, dell'International Accounting Standards Board).

Sono temi che riprenderemo poi. Per ora importa riconoscere che è possibile, almeno teoricamente, costruire uno Stato Patrimoniale senza avvalersi di un particolare «sistema di raccolta delle informazioni», perché tutto quanto dobbiamo misurare è lì, in azienda, sotto i nostri occhi.

Allo stesso modo possiamo conoscere l'entità del reddito, cioè se il capitale netto dell'impresa è aumentato o meno. Basta prendere due Stati Patrimoniali, vedere quale è il capitale netto al 31/12 di un dato anno, confrontarlo con quello precedente e fare la differenza tra i due.

Questa differenza, a meno che non ci siano stati aumenti o diminuzioni del capitale per apporto o prelievo da parte dell'imprenditore, rappresenterà l'utile (o la perdita) dell'esercizio.

Pertanto, né l'individuazione del capitale netto né quella del reddito, come valore sintetico, presentano particolari problemi di «sistema informativo».

Diviene però impossibile, andando in azienda, riuscire a capire quali siano state le singole variazioni economiche elementari che hanno fatto sì che si arrivasse ad un certo reddito di esercizio.

Il problema, in sostanza, è capire «perché» l'utile è di € 100 piuttosto che di € 150 o viceversa.

E non è indifferente, ad esempio, sapere se tale risultato è dovuto al fatto che il nostro imprenditore è stato in grado di vendere bene i suoi prodotti o solo perché ha ceduto un immobile di proprietà a buon prezzo e «ci ha guadagnato».

È chiaro, infatti, che il nostro giudizio sarà diverso nei due casi. Nessuno potrebbe ragionevolmente scommettere sul fatto che sia possibile conseguire lo stesso utile nella seconda ipotesi, mentre nella prima sì...

Per interpretare correttamente l'andamento economico di un'impresa è necessario conoscere i singoli costi ed i singoli ricavi di esercizio e non soltanto l'utile come valore di sintesi.

Per arrivare a questo occorre, però, misurare le *risorse consumate* ed i *risultati conseguiti* nel corso del periodo amministrativo preso in considerazione.

Si deve cioè misurare il valore di «cose» che non ci sono più, dal momento che sono state consumate.

Andare in azienda, pertanto, non basta, perché è possibile dare un valore a ciò che c'è, ma non certo a ciò che non c'è più.

Per questo, infatti, si deve ricorrere ad un sistema di raccolta delle informazioni che «tenga memoria» dei fatti di gestione avvenuti nel corso dell'anno.

Il «sistema contabile» o, come normalmente si dice, la **contabilità**, serve per misurare i singoli costi e ricavi di esercizio.

Per conoscere attività e passività basta disporre di un inventario che riporti non solo l'elencazione dei «beni» ma anche il loro valore.

5. Misurare i fatti di gestione

Serve davvero misurare quanto accade nel corso dell'anno in azienda, misurare, cioè, tutti i fatti di gestione?

Per rispondere ad una domanda del genere è necessario, prima, chiarirsi le idee su quali sono le operazioni tipiche di gestione, quelle che fanno parte del così detto *ciclo economico-finanziario*.

Il ciclo in questione, infatti, si può scomporre in tre momenti fondamentali:

1. ACQUISTO DEI FATTORI PRODUTTIVI
2. TRASFORMAZIONE «ECONOMICA» DEI FATTORI
3. VENDITA DEI PRODOTTI/SERVIZI REALIZZATI

Il **1° momento** consiste nell'acquisto sul mercato di tutti i fattori produttivi, dalle materie prime ai servizi telefonici, dalla mano d'opera agli oneri di affitto.

Tutti questi beni e servizi verranno corrisposti all'impresa dietro pagamento di un prezzo, che dovrà essere pagato al momento dell'acquisto o, comunque, ad una scadenza concordata (così detto acquisto «a termine» o «a dilazione»).

Il **2° momento** riguarda l'attività dell'impresa che, al suo interno, combina insieme i fattori produttivi acquistati per trasformarli in un prodotto o servizio che abbia una sua tipicità ed un insieme di caratteristiche che lo rendano «utile» per i potenziali acquirenti.

Si parla, per dare generalità al concetto, di «trasformazione economica»: è trasformazione, pertanto, non solo quella tecnica – trasformare il cuoio in scarpe – ma anche quella spaziale – il negozio che ci permette di non dovere andare a casa del signor Barilla per comprare gli spaghetti.

Il **3° momento** riguarda la vendita dei prodotti o servizi realizzati grazie alla «trasformazione». Avremo quindi una cessione dietro riscossione di un prezzo, che potrà esserci corrisposto in contanti o a data convenuta (vendita «a dilazione»).

Se osserviamo i 3 momenti in questione si nota subito una differenza tra il 1° ed il 3° da una parte ed il 2° dall'altra.

Nei primi vi è un *contatto con il mercato*, che si concretizza nello scambio di beni («costi» nel momento dell'acquisto, «ricavi» in quello della vendita). Si parla, a tale proposito, di **operazioni di gestione esterna**.

Nel secondo, invece, questo rapporto con i terzi non c'è e tutto si esaurisce in operazioni «combinatorie» di fattori produttivi, già acquistati, all'interno dell'azienda.

Si tratta, perciò, di **operazioni di gestione interna**.

IL CICLO ECONOMICO-FINANZIARIO

Questa differenza non è priva di conseguenze.

Infatti, la relazione con il mercato comporta che:

- a fronte di un'acquisizione o cessione di un bene o servizio si ha, rispettivamente, un'uscita o un'entrata;
- la misurazione di questi due soli momenti ci consente, per logica differenziale, di comprendere anche la produzione di valore realizzata nella fase di trasformazione.

Oltre tutto, però, prendere in considerazione i momenti dell'acquisto e della vendita offre una grande opportunità: *il prezzo di mercato, misurato da uscita ed entrata, è un interessante parametro di valutazione del valore di risorse (costi) e risultati (ricavi).*

Esso, infatti, è tendenzialmente «oggettivo» e permette quindi di introdurre una «regola del gioco» comune a tutti coloro che redigono e leggono il Bilancio.

In sostanza, consente di arrivare ad una utile convenzione:

il valore dei prodotti/servizi acquistati o ceduti, e quindi il costo o ricavo ad essi relativo, è misurato dall'uscita o entrata da loro determinata.

Attenzione, però! L'uscita non è il costo, perché è chiaro che in un acquisto è molto diverso il bene (che viene acquisito) rispetto al denaro (che viene ceduto).

Quindi, **l'uscita misura il costo**.

Seguendo questa logica, pertanto, se l'acquisto di un bene ha determinato un'uscita di € 100 si dirà che il suo costo è di € 100.

Questa, si badi, non è che una convenzione e, di per sé può portare a risultati anche contraddittori con una logica economica.

Secondo criteri puramente economici, del resto, non sarebbe certo una scelta che porta a risultati plausibili.

Il costo di un bene, infatti, dovrebbe essere rappresentativo della sua utilità: noi acquistiamo un bene perché esso è un *contenitore di servizi*. Sono questi che hanno valore, un valore che dovrebbe essere misurato in chiave soggettiva e restare sostanzialmente costante.

Ad esempio ipotizziamo che il nostro fabbisogno alimentare sia pari a 2 etti di carne al giorno. Si pensi, perciò, di acquistare ogni giorno due etti di carne e di pagarla una volta € 100, una seconda € 120, una terza € 105...

L'utilità del prodotto varia di giorno in giorno? Certo che no, ma la sua misura convenzionale muta lo stesso...

Anche se criticabile, comunque, questa convenzione è utilissima, perché *introduce una chiara regola del gioco*, che costituirà la base del nostro sistema di raccolta – o rilevazione – delle informazioni di gestione.

È interessante notare, quindi, che:

- i fatti di gestione di cui ci interessa «serbare memoria» sono rappresentati dalle sole operazioni di gestione esterna;
- ogni fatto di gestione può essere osservato sotto due punti di vista, diversi ma complementari: quello finanziario (entrata/uscita) e quello reddituale (ricavo/costo);
- l'aspetto finanziario, oltre che interessante in sé, è strumentale alla misurazione di quello reddituale: l'uscita misura il costo e l'entrata misura il ricavo.

6. Il protagonista della rilevazione: il «conto»

Come è possibile, però, in concreto, «serbare memoria» dei fatti di gestione?

Lo strumento fondamentale della rilevazione, non a caso detta «contabile», è il conto.

Il conto è rappresentato da una tabella a due sezioni, una chiamata «dare» e l'altra «avere».

DARE	CONTO "A"	AVERE

Dare ed **avere** non hanno nessun significato. Sono termini convenzionali, tipici del linguaggio contabile. Lo hanno avuto, ovviamente, quando i conti erano intestati alle persone. «Dare» stava ad indicare, ad esempio: che Messere Giovanni da Empoli (intestatario del conto) doveva dare...

Ora, invece, che i conti sono intestati ad oggetti (beni, servizi, crediti, debiti ecc.) – si parla infatti di conti «a valore» – il legame con il termine dare ed avere si è perso, mentre né è rimasto l'uso «lessicale».

Così vale per tanti altri «modi di dire» tipici della contabilità, modi di dire che è però utile conoscere e ricordarsi.

Ad esempio, inserire una cifra nella sezione dare, si dice **addebitare** il conto. Invece, inserire un valore in avere, significa **accreditarlo**.

Introdurre il primo valore nel conto rappresenta la sua **apertura**. Il conto, così, viene **acceso**.

Mettere una cifra in un conto significa effettuare una **movimentazione**.

Il conto, ancora, viene **chiuso** movimentandolo per il suo **saldo** o **eccedenza**, ossia facendo la differenza fra i valori iscritti in dare e in avere, ed inserendo tale saldo nella sezione con importo minore. Così facendo, i totali dare ed avere si equivalgono ed il conto risulta, appunto chiuso.

Infine, i conti abitualmente movimentati sia in dare che in avere si dicono **conti a funzionamento bifase**.

Quelli, invece, che accolgono normalmente i valori solo in una sezione sono detti **conti unifase**.

La terminologia essenziale del linguaggio contabile comprende, perciò:

- ✓ dare e avere
- ✓ accredito e addebito
- ✓ apertura, movimentazione e chiusura
- ✓ saldo ed eccedenza
- ✓ funzionamento unifase e bifase

Ertragssystem

7. La rilevazione tra sistema del reddito e metodo della partita doppia

-> doppelte Buchführung

Abbiamo a disposizione i conti ed un modello di interpretazione dei fatti di gestione.

Il modello di interpretazione adottato in Italia è detto **sistema del reddito**, la «scatola» che lo contiene è il **metodo della partita doppia**.

Del sistema, nei fatti, abbiamo già parlato. Si tratta, cioè, di prendere in considerazione solo i fatti di gestione esterna e di osservarli sotto due punti di vista o profili:

- ♦ finanziario;
- ♦ reddituale o economico.

La duplicità nell'osservazione dello stesso fatto spiega l'adozione di due serie di conti diversi:

- ♦ i conti finanziari;
- ♦ i conti di reddito o economici.

I primi accolgono le variazioni nella massa di denaro a disposizione dell'azienda (denaro «in cassa», in «banca» e, vedremo, crediti e debiti), i secondi accolgono «cose», cioè il valore assegnato a beni e servizi.

Ovviamente si utilizzeranno più conti sia economici che finanziari (serie di conti) e non solo due, perché altrimenti si riproporrebbe il problema per risolvere il quale ci siamo proposti di creare un sistema di rilevazione, e cioè il non riuscire a rappresentare con il necessario grado di analisi le diverse tipologie di costi e ricavi che caratterizzano la gestione dell'impresa e la loro espressione in termini di risultato: il reddito di esercizio.

Ma come «funzionano» i conti? Anche qui si è dovuto fare una scelta di tipo convenzionale. Ed esattamente quella che segue:

Per i **conti finanziari**:

- in dare vengono segnate le Entrate, cioè gli aumenti di denaro e di crediti;
- in avere le Uscite, cioè le diminuzioni di cassa e l'aumento di debiti.

Per i **conti di reddito**:

- in dare i costi, cioè le acquisizioni di beni e servizi;
- in avere i ricavi, cioè le cessioni di prodotti e servizi.

Quindi:

CONTO FINANZIARIO		CONTO DI REDDITO	
ENTRATA	USCITA	COSTO	RICAVO

Cerchiamo ora di chiarire il funzionamento dei conti con qualche esempio.

Ipotizziamo di effettuare un acquisto di merci per € 500 e di pagarle in contanti.

Il fatto di gestione può e deve essere osservato sotto i due profili prima individuati, quello finanziario e quello economico:

- per quanto riguarda l'aspetto finanziario abbiamo un'**uscita** di contanti dalla cassa di € 500;
- per l'aspetto reddituale si individua l'acquisizione di risorse e, quindi, un **costo** che valutiamo pari all'uscita, in € 500.

L'uscita si rileva in avere del conto finanziario «Cassa», mentre il costo andrà nel dare di un conto di reddito, il conto «Merci c/acquisti».

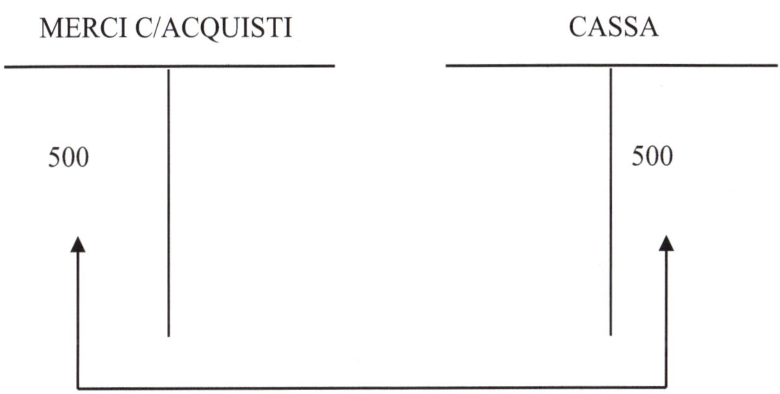

Già questa semplice rilevazione ci permette di mettere a fuoco alcune regole contabili.

Anzitutto, se non vi è la manifestazione finanziaria non è possibile effettuare la rilevazione di un qualsiasi fatto di gestione. Altrimenti, infatti, non vi sarebbe la possibilità di misurare il costo o ricavo.

Pertanto:

> Non vi è rilevazione contabile senza una corrispondente manifestazione finanziaria.

Inoltre, dal momento che la manifestazione finanziaria misura quella reddituale – e dato il funzionamento «simmetrico» dei conti – è chiaro che il totale degli addebitamenti sarà pari al totale degli accreditamenti: è la regola della così detta **quadratura contabile**.

> In una rilevazione contabile il totale degli accreditamenti è sempre pari al totale degli addebitamenti.

Passiamo ora ad un esempio di vendita. Poniamo di dover registrare una vendita di merci per € 800, che vengono riscosse in contanti.

Osserviamone le conseguenze sotto l'aspetto finanziario e quello economico:

- ⇒ finanziariamente abbiamo un'**entrata** di contanti in cassa, di € 800;
- ⇒ in termini reddituali si vede il conseguimento di un risultato (cessione di merci) e quindi un **ricavo**, che valutiamo pari all'entrata € 800.

L'entrata si rileva in dare del conto finanziario «Cassa», mentre il ricavo andrà in avere di un conto di reddito, il conto «Merci c/vendite».

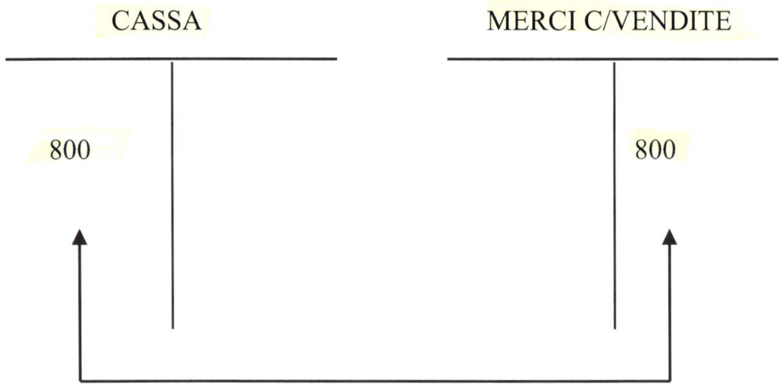

Anche questa scrittura contabile ci permette di «scoprire» una qualche regola del nostro processo di rilevazione.

Il conto finanziario «Cassa» è stato utilizzato sia in dare (ora per l'entrata) sia in avere (nella scrittura di acquisto).

Per l'aspetto reddituale, invece, abbiamo utilizzato un conto in dare (Merci c/acquisti) ed uno in avere (Merci c/vendite).

Questo può essere generalizzato:

- i conti finanziari sono conti a funzionamento bifase
- i conti di reddito sono conti unifase

La ragione di una prassi differenziata è dovuta alle diverse esigenze di analiticità che la contabilità generale presenta nei riguardi dell'aspetto economico e di quello finanziario.

In sostanza, per quanto riguarda l'aspetto finanziario siamo interessati a sapere, ad esempio, se in cassa c'è denaro o meno.

La stessa cosa non vale per le operazioni mercantili: non ci accontentiamo di apprendere se il valore delle merci acquistate è inferiore a quello delle merci vendute. Abbiamo invece bisogno di conoscere, esattamente, quanto acquistato e quanto venduto, proprio perché in conto economico vogliamo riportare il maggior numero possibile di variazioni economiche elementari.

8. Il «momento» della manifestazione finanziaria

La rilevazione, abbiamo detto, si effettua nel momento della manifestazione finanziaria. In caso contrario, infatti, mancherebbe il metro per misurare l'elemento di reddito.

Ma quando avviene la manifestazione finanziaria?

Una possibile soluzione potrebbe essere quella di farla coincidere con l'entrata o l'uscita di cassa. In tal modo, però, la contabilità generale perderebbe di ogni utilità dal punto di vista del controllo della situazione finanziaria, e cioè della gestione dei crediti, dei debiti e dei loro pagamenti.

Pertanto, si preferisce ampliare la tipologia di grandezze finanziarie da prendere in considerazione, scegliendo un momento di manifestazione diverso.

Per capire quale possa essere il momento di manifestazione finanziaria «preferibile» vediamo come si svolge una normale contrattazione. Essa si articola in più fasi:

- accordo preliminare;
- contratto;
- fatturazione;
- pagamento.

Scartato il «pagamento» per le ragioni sopra dette, vediamo le fasi precedenti.

L'«accordo preliminare» viene evitato perché ancora non vi è, in realtà, l'insorgere di obbligazione tra le parti, né passaggi di proprietà o fissazione di prezzi.

Questo avviene, invece, nel momento di incontro della volontà delle parti, il «contratto».

La fase della «fatturazione», invece, perfeziona il tutto dal punto di vista fiscale, fornendo alla compravendita il documento giustificativo necessario in tale chiave.

Appare chiaro che il *contratto*, in un'ottica aziendale e civilistica, *è adatto alle nostre esigenze.*

Viene però scelta la ***fatturazione*** *per ragioni di praticità fiscale*: altrimenti si sarebbe costretti a tenere una contabilità «civilistica» diversa da quella ai fini IVA. Quest'ultima, infatti, prevede la registrazione dei fatti di gestione nel momento della fatturazione.

Quindi:

il momento della manifestazione finanziaria coincide con quello della fatturazione.

La contabilità generale, infatti, è uno strumento informativo rilevante a fini pratici e legali e non può, pertanto, astrarsi dalle concrete esigenze dell'azienda.

Quando le pretese di rispetto di una purezza formale contrastano con le necessità pratiche dell'impresa è chiaro che sono destinate a soccombere...

9. Le permutazioni finanziarie

Scegliere quale manifestazione finanziaria un momento diverso da quello dell'entrata o uscita di cassa comporta alcune conseguenze di tipo contabile.

Poniamo, infatti, di acquistare delle merci per un prezzo di € 500 ma di non pagare subito bensì, come si suole dire, «a dilazione», cioè dopo un prefissato periodo di tempo.

Vediamo cosa accade:

⇒ sotto l'aspetto finanziario abbiamo un'**uscita** finanziaria, un debito di € 500, da registrare nel conto «Debiti verso fornitori» o, più semplicemente «Fornitori»;

⇒ sotto l'aspetto reddituale si registra l'acquisizione di risorse e quindi un **costo** di € 500 che andrà nel dare del conto di reddito «Merci c/acquisti».

La scrittura sarà:

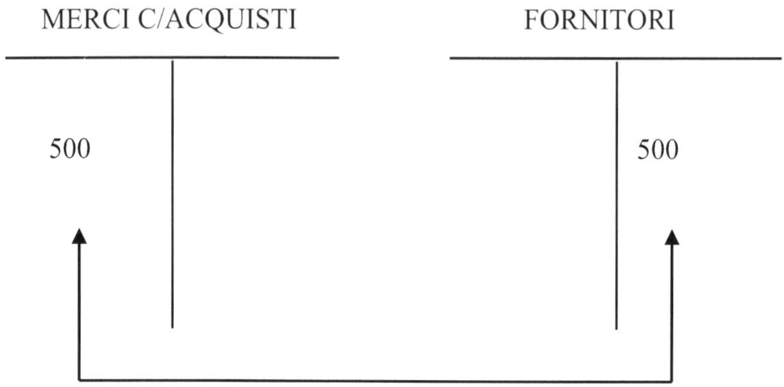

La rilevazione è del tutto analoga a quella fatta in precedenza per l'acquisto in contanti.

L'unica differenza è relativa alla «qualità» della movimentazione finanziaria: non una uscita di cassa ma l'insorgere di un debito.

Però, mentre con il pagamento in contanti il rapporto con il fornitore, per quel che riguarda questa transazione, si è esaurito, lo stesso non può dirsi nel caso che stiamo ora osservando.

Dovremo, infatti, alla data convenuta, onorare il nostro impegno.

Questo contabilmente, comporterà una rilevazione che presenti:

⇒ un'uscita di cassa per € 500, da registrarsi in avere del conto «Cassa»;
⇒ una riduzione dei debiti verso fornitori per € 500...

...quest'ultima operazione non può certo effettuarsi cancellando € 500 dall'avere del conto «Fornitori».

Ci si avvale, invece, di una caratteristica del «conto», il quale funziona da «tabella di compensazione».

In sostanza per cancellare € 500 dall'avere basta mettere lo stesso importo nel dare del medesimo conto.

Pertanto:

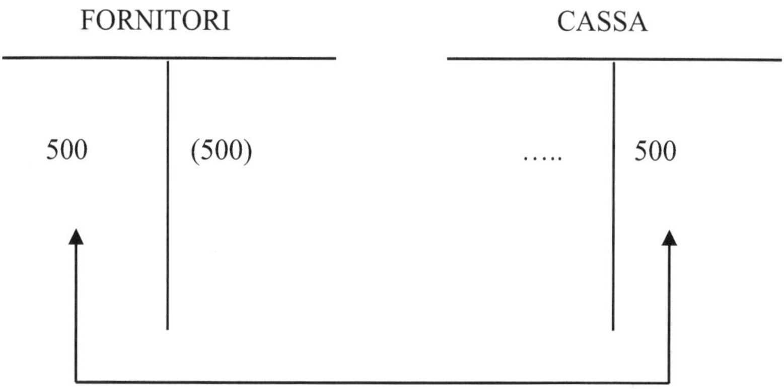

Contabilmente la scrittura è molto semplice: ad un'uscita di cassa (in avere) corrisponde una «entrata» (riduzione di debito) nel conto «Fornitori» (in dare).

È interessante notare che si tratta di *una «permutazione finanziaria», cioè di una operazione che riguarda soltanto l'aspetto finanziario e non anche quello reddituale della gestione.*

Generalizzando,

> se è vero che non si può rilevare costo senza uscita né ricavo senza entrata non è altrettanto vero il contrario: vi sono scritture contabili che interessano solo l'aspetto finanziario della gestione.

Questo accade, ovviamente, sia con i conti finanziari che vengono accesi a seguito di normali operazioni di compravendita (sono i così detti debiti o crediti di funzionamento), sia con quei conti finanziari che vengono aperti perché, ad esempio, si è chiesto un prestito in banca (sono i così detti debiti di finanziamento) per ampliare il nostro stabilimento, comprare nuovi impianti o, più in generale, per finanziare l'attività aziendale nel suo complesso.

Sono proprio la stessa cosa una entrata di cassa e l'insorgere di un credito?

Certo che no.

E la differenza fondamentale consiste nel fatto che mentre la cassa costituisce denaro sonante, un credito non rappresenta altro che un suo temporaneo sostituto e presenta, per di più, il rischio di non essere poi in concreto trasformato davvero in contanti. Può capitare, ad esempio, che rimanga *insoluto*.

Per questa ragione nella categoria dei valori finanziari si tende a distinguere i **valori numerari certi,** che non presentano rischi di insolvenza – la cassa è già denaro! – da quelli che tale rischio devono sopportare, e che sono definiti **valori numerari assimilati.**

A questi si aggiungono, ancora, quei valori numerari che non sono stati determinati in base a transazioni in euro ma che per essere contabilizzati necessitano di una stima. È il caso, ad esempio, dei crediti e debiti in valuta estera, che per essere tradotti in euro devono essere oggetto di una valutazione – quanti euro valgono cento dollari?

Questi ultimi valori, stimati, sono detti **valori numerari presunti.**

In sintesi:

Alla categoria dei valori finanziari appartengono i valori numerari che, a loro volta, si distinguono in:

⇒ valori numerari certi
⇒ valori numerari assimilati
⇒ valori numerari presunti

Dei valori finanziari, vedremo poi, fanno parte anche un'altra categoria di debiti e crediti.

I valori numerari, infatti, sostituiscono temporaneamente il denaro e, in linea di principio, nascono in conseguenza di una contrattazione mirata alla compravendita di prodotti e servizi (ad esempio: acquisto delle merci ma non le pago in contanti).

Vi sono altri valori finanziari che nascono dalla contrattazione diretta di denaro necessario a finanziare le necessità strutturali dell'impresa (ad esempio devo comprare un impianto e per questo chiedo un prestito in banca).

Questi ultimi hanno quindi concettualmente una natura diversa rispetto ai precedenti – contratto denaro e non beni –, e vengono pertanto ricondotti ad una categoria a sé, quella dei **valori finanziari accesi a crediti e debiti di finanziamento**.

Quindi, avremo:

Valori finanziari → Valori numerari certi, assimilati e presunti

Valori finanziari → Valori finanziari accesi a crediti e debiti di finanziamento

Nei valori finanziari accesi a crediti e debiti di finanziamento, in realtà, si fanno rientrare solo crediti e debiti a medio e lungo termine, quali ad esempio i mutui.

Sono normalmente considerati valori numerari tutti i debiti a breve termine, e non solo se nascono da operazioni commerciali ma anche quelli che, a rigore, sono veri e propri finanziamenti, come le anticipazioni bancarie e così via.

Non è, in verità, un approccio molto rigoroso, ma è anche vero che il meccanismo contabile è estremamente semplificante e, spesso, rifiuta le sfumature ...

10. I conti di capitale

Attraverso i conti finanziari e di reddito possiamo rappresentare contabilmente la maggior parte dei fatti di gestione che normalmente hanno luogo in un'impresa.

Ci sono però delle operazioni che non si riesce a far rientrare concettualmente nello schema individuato.

Si pensi, ad esempio, ad un conferimento di denaro da parte dell'imprenditore, sia che abbia luogo nel momento della costituzione dell'azienda sia che ciò avvenga in una fase successiva.

A fronte dell'entrata di cassa, infatti, non è possibile contrapporre un conto definibile come «di reddito» (il conferimento non è certo un ricavo) e neppure come un debito (anche se questa seconda strada sembrerebbe più percorribile).

In sostanza, le due serie di conti sin qui considerate non permettono una corretta rappresentazione dell'evento.

Pertanto, si preferisce riconoscere nelle variazioni di capitale netto un'ulteriore serie di conti, quella dei **conti di capitale**. Tipico conto di capitale è il conto «Capitale Netto».

Tali conti vengono movimentati in avere in caso di incremento dei mezzi propri; in dare quando il capitale netto diminuisce:

Ipotizziamo quindi che un aspirante imprenditore decida di costituire

CAPITALE NETTO

DIMINUZIONI	INCREMENTI

un'impresa tramite conferimento di denaro per € 900.

Questo darà luogo:

- ⇒ ad un'entrata di cassa, da registrarsi in dare dell'omonimo conto;
- ⇒ all'apertura, in avere, del conto «Capitale Netto».

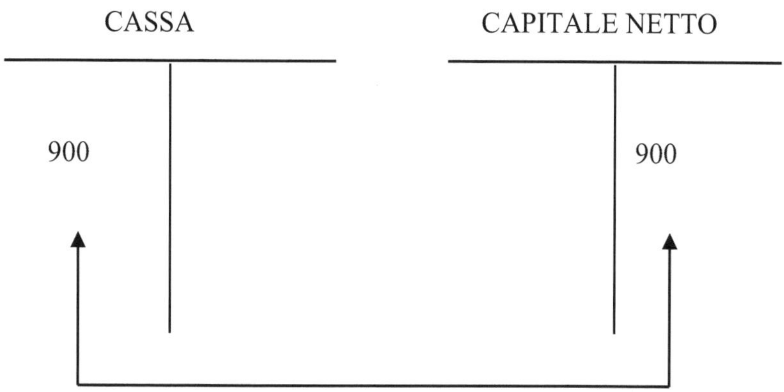

11. I conti ed il «piano dei conti»

Abbiamo detto che vi sono conti finanziari, economici e di capitale.
I conti utilizzati da un'impresa, al di là della loro natura, devono essere precisati in quello che si chiama **piano dei conti**.
Ogni azienda, in sostanza, decide quali siano i conti a cui far ricorso nell'ambito del processo di rilevazione.
L'importanza di questa scelta non va sottovalutata poiché condiziona fortemente l'efficacia del sistema informativo contabile dell'impresa. Essa va effettuata, pertanto, pensando a quelle che sono le concrete esigenze dell'azienda.
Ovviamente le piccole imprese avranno dei piani dei conti molto elementari, con pochi conti essenziali. Quelle più grandi, invece, normalmente si dotano di un piano ben più articolato.
In linea di massima, però, il principio che dovrebbe guidare nella scelta del piano dei conti è il dare risposta al fabbisogno informativo specifico dell'azienda.
Ad esempio, un supermarket difficilmente si troverà ad avere a che fare con «resi su vendite» in misura tale che questi meritino un conto specifico.

Al contrario per un'impresa metalmeccanica che venda componenti ad aziende ad alta tecnologia il problema può risultare ben più pressante e giustificare quindi una certa attenzione a livello di piano dei conti.

12. I registri contabili: il libro giornale ed il libro mastro

Le rilevazioni contabili devono essere effettuate, giorno per giorno, in diversi registri.

In genere, il fatto di gestione viene rilevato dapprima nella così detta **prima nota**, anche se questo non corrisponde ad un obbligo di legge.

La prima nota non viene tenuta in partita doppia ma serve soltanto per annotarvi tutti gli elementi essenziali per le registrazioni successive.

Di fatto vi si fa ricorso per non dover più mettere mano alla documentazione originaria (fatture, assegni, ecc.).

Un quesito che dobbiamo porci è se tuttora valga la pena di tenere la prima nota.

In effetti il registro non è obbligatorio e – con la diffusione dell'informatica da ufficio, e quindi con i programmi di contabilità – ha perso gran parte della sua importanza.

Nelle aziende dove la rilevazione è automatizzata la fase di registrazione viene effettuata in un'unica soluzione: al resto pensa il computer.

Tuttora, però, non è sempre così. In molti casi le piccole imprese si affidano al commercialista e, in questa ipotesi, la prima nota svolge ancora un ruolo importante perché su di essa possono basarsi le rilevazioni contabili che dovrà poi fare lo studio professionale e, comunque, essa resta l'unico registro che si ritrova in azienda …

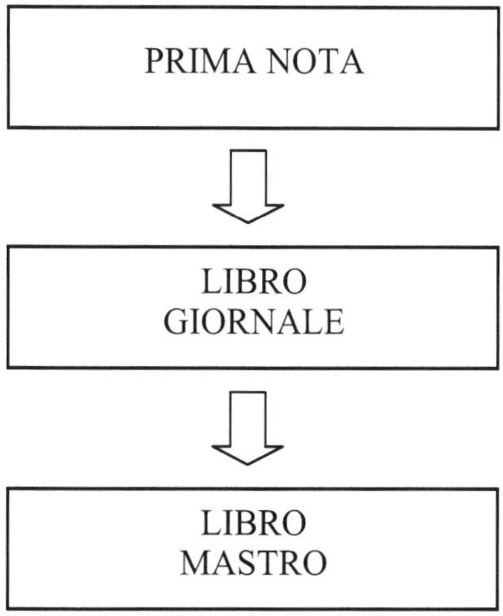

Una volta in prima nota – o, si è detto, anche senza di essa – le rilevazioni vengono registrate nel libro giornale.

Il **libro giornale** è un registro in cui i fatti amministrativi vengono contabilizzati cronologicamente, via via che i fatti stessi si manifestano.

La forma del libro giornale può variare, seppure esso rappresenti un obbligo di legge.

Nella contabilità tradizionale, tenuta a mano, esso presenta, di regola:

- la codifica dei conti utilizzati
- la numerazione progressiva degli articoli registrati sul giornale;
- la data nella quale viene effettuata la rilevazione;
- i nomi dei conti addebitati e accreditati;
- due colonne numeriche per i «totali parziali» e per i «totali generali»
- la descrizione dell'operazione.

Cod. conto Dare	Cod. conto Avere	Numerazione progressiva / data			Parziali	Totali
1	3	[7] **Conto X**	a	**Conto Y**		120
		Descrizione operazione				

Da qui, infine, le registrazioni vengono riportate anche sul **libro mastro**, dove le rilevazioni vengono tenute così come abbiamo visto fare fino ad ora, cioè portando i valori all'interno dei conti.

Nel libro giornale, invece, il metodo di scrittura è formalmente diverso, anche se ne riprende interamente la logica.

In sostanza, si scrivono a sinistra il conto od i conti movimentati in dare, si aggiunge una «a» di separazione e, a destra, si scrivono i conti movimentati in avere. Le colonne di destra, invece, sono colonne numeriche. La prima accoglie i valori «parziali», la seconda i «totali».

Così, almeno seguendo il metodo tradizionale, quello «all'italiana», che abbiamo scelto di adottare.

Anche in Italia, comunque, trovano sempre più diffusione tecniche formali alternative a quella che stiamo seguendo. Chiaro che non si tratta di differenze sostanziali e che quindi, apprezzata la logica della tenuta del libro giornale, non vi è nessun problema ad abituarsi ad una modalità o ad un'altra.

Qualche esempio servirà a chiarire l'uso del libro giornale.

Riprendiamo il nostro acquisto di merci per € 500, con pagamento in contanti.

La scrittura sarà:

Cod. Conto Dare	Cod. conto Avere	…				
		Merci c/acquisti	a	Cassa		500

Questa è una scrittura dove a fronte di un unico addebitamento si ha un solo accreditamento.

In tale ipotesi si ha una **scrittura semplice**.

Se avessimo acquistato, oltre alla merce anche cancelleria, per € 100, dallo stesso fornitore avremmo, invece, dovuto registrare:

Cod. Conto Dare	Cod. conto Avere		...			
		Diversi	a	Cassa		600
		Merci c/acquisti			500	
		Spese di cancelleria			100	

Come si vede il «lato» in cui sono movimentati più conti viene preceduto dalla voce «Diversi», la quale avverte chi legge che, nel nostro caso in dare, ci sono più movimentazioni.

Una scrittura di questo genere si dice **composta**.

Ancora se avessimo deciso, per gli stessi acquisti, di pagare la metà in contanti ed il resto a dilazione, avremmo registrato:

Cod. Conto Dare	Cod. conto Avere		...			
		Diversi	a	Diversi		
		Merci c/acquisti			500	
		Spese di cancelleria			100	600
			a	Cassa	300	
			a	Fornitori	300	

Il totale, in questo caso, viene messo a metà scrittura.

Una rilevazione che presenti più conti sia in dare che in avere si dice **complessa**.

L'angolo dei quesiti…

- Quali sono i fatti di gestione esterna?
- Cosa significa accreditare un conto? E chiuderlo?
- Qual è la differenza tra sistema e metodo?
- Il piano dei conti a cosa serve?
- Si può avere una rilevazione con soli conti di reddito?
- Che natura quantitativo-monetaria ha il conto «Capitale Netto»? E «Mutui Passivi»?
- Come si utilizza il libro mastro, cosa contiene? E la prima nota?
- Qual è «il momento della rilevazione contabile»?
- Perché i conti di reddito funzionano, in genere, in modo unifase e quelli finanziari no?
- In cosa consiste una permutazione finanziaria?
- Qual è la differenza tra debiti di funzionamento e debiti di finanziamento?

ALCUNE RILEVAZIONI CONTINUATIVE

13. Le scritture continuative

Nel corso del periodo amministrativo, si è detto, si rilevano giorno per giorno i diversi fatti di gestione.

Queste registrazioni sono le così dette **scritture continuative**.

Ne vedremo ora alcuni esempi particolarmente significativi, svolgendoli principalmente a libro giornale e, quando necessario per una migliore comprensione, anche a libro mastro.

14. Gli acquisti di merci

L'acquisto di merci a dilazione, si è visto, dà luogo:

⇒ sotto l'aspetto finanziario, ad una variazione numeraria assimilata passiva (uscita)
⇒ sotto l'aspetto reddituale, ad una variazione economica negativa (costo)

e quindi, a livello di mastrini, avremo:

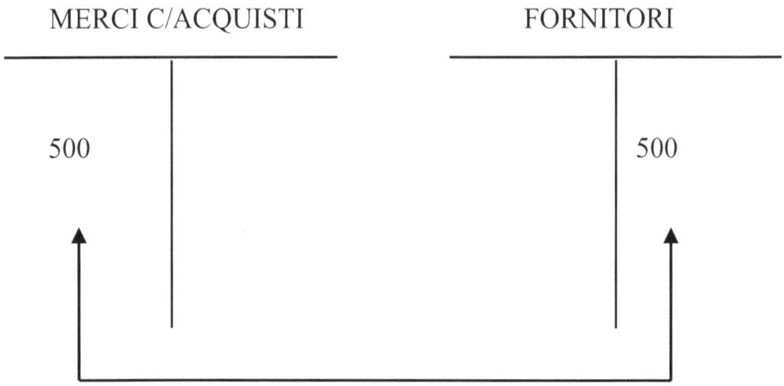

Mentre nel libro giornale si dovrà rilevare:

Cod. Con-to Dare	Cod. conto Avere	Merci c/acquisti	a	Fornitori		500

In realtà, ai fini pratici, la scrittura contabile è complicata dal dovuto rispetto della normativa IVA (Imposta sul Valore Aggiunto).

I dettagli della norma fiscale esulano dalla nostra indagine. Serve sapere, però, che l'IVA prevede un meccanismo per il quale chi sopporta l'onere dell'imposizione non è l'impresa bensì il solo consumatore finale.

Pertanto tutte le operazioni IVA, nella contabilità generale, si esauriscono in transazioni finanziarie – di addebito e di accredito – negli appositi conti accesi a valori finanziari attivi e passivi (rispettivamente «IVA ns Credito» e «IVA ns Debito»).

In sostanza, nel momento in cui acquistiamo della merce il nostro fornitore è tenuto a chiederci il pagamento di una somma aggiuntiva (l'aliquota più diffusa è del 21%) a titolo di IVA.

Questo 21%, però, non è un costo, poiché non è un onere aggiuntivo dal punto di vista reddituale. Infatti, tale importo ci verrà poi restituito dall'Erario. Rappresenta, perciò, un credito che l'impresa vanta nei confronti dell'Erario stesso.

La rilevazione, quindi, dovrà tenere conto anche del credito IVA che viene a determinarsi in ragione del meccanismo di imposta.

Pertanto, l'acquisto di merci darà luogo:

in avere:

⇒ sotto l'aspetto finanziario, ad una variazione numeraria assimilata passiva (debito nei confronti dei fornitori)

in dare:

⇒ sotto l'aspetto reddituale, ad una variazione economica negativa (costo)

⇒ sotto l'aspetto finanziario, ad una variazione numeraria assimilata attiva (crediti verso l'Erario)

e, quindi, la scrittura contabile a libro giornale, sarà:

Cod. Conto Dare	Cod. conto Avere					
		Diversi	a	Fornitori		605
		Merci c/acquisti			500	
		IVA ns credito			105	

15. Gli acquisti di immobilizzazioni materiali e immateriali

Per svolgere la propria attività le imprese devono però costruire la struttura della propria azienda e quindi devono acquistare, ad esempio, il locale nel quale svolgeranno l'attività così come impianti, macchinari, mobili, arredi e automezzi. Tali beni a differenza delle materie prime o merci sono fattori produttivi a fecondità ripetuta poiché cedono la loro utilità in più esercizi tra i quali, in sede di scritture di assestamento, viene ripartito il costo di acquisizione. I conti che identificano tali costi sono, proprio per le loro specificità, conti economici di reddito accesi a costi pluriennali.

La registrazione dell'operazione di acquisto di impianti dà luogo,

in avere:

⇒ sotto l'aspetto finanziario, una variazione numeraria assimilata passiva; da registrarsi nel conto «Fornitori» a seguito dei maggiori debiti nei loro confronti;

In dare:

⇒ sotto l'aspetto reddituale, ad una variazione economica negativa (costo pluriennale), da rilevarsi nel conto rappresentativo del bene acquistato, nel caso di acquisto di impianti il conto sarà denominato «Impianti»;

⇒ sotto l'aspetto finanziario, ad una variazione numeraria assimilata attiva, per quel che riguarda il credito verso l'erario ai fini IVA, da registrare nel conto «IVA ns credito».

Ipotizzando di acquistare impianti per euro 15.000 più IVA, la scrittura contabile, a libro giornale, sarà:

Cod. Conto Dare	Cod. conto Avere					
			…			
		Diversi	a	Fornitori		18.150
		Impianti			15.000	
		IVA ns credito			3.150	

L'acquisto di un fabbricato per euro 50.000 più IVA sul libro giornale si rileverà con la scrittura:

Cod. Conto Dare	Cod. conto Avere					
			…			
		Diversi	a	Fornitori		60.500
		Fabbricato			50.000	
		IVA ns credito			10.500	

e l'acquisto di Brevetti per euro 20.000 più IVA con l'articolo:

Cod. Conto Dare	Cod. conto Avere					
			…			
		Diversi	a	Fornitori		24.200
		Brevetti			20.000	
		IVA ns credito			4.200	

16. La vendita di merci

La vendita di merci segue una logica simmetrica a quella dell'acquisto. Tenendo subito conto della normativa IVA, pertanto, la vendita di merci dà luogo,

in dare:

⇒ sotto l'aspetto finanziario, ad una variazione numeraria assimilata attiva; da registrarsi nel conto «Crediti verso clienti» o, semplicemente, «Clienti»;

in avere:

⇒ sotto l'aspetto reddituale, ad una variazione economica positiva (ricavo), da rilevarsi nel conto «Merci c/vendite»;

⇒ sotto l'aspetto finanziario, ad una variazione numeraria assimilata passiva, per quel che riguarda il debito verso l'erario ai fini IVA, da registrare nel conto « IVA ns debito ».

A libro mastro, pertanto, dovremo movimentare i conti «Clienti», «Merci c/vendite» e «IVA ns debito» come segue:

CLIENTI	
1.210	

MERCI C/VENDITE	
	1.000

IVA NS DEBITO	
	210

Quindi, la scrittura contabile, a libro giornale, sarà:

Cod. Conto Dare	Cod. conto Avere					
		Clienti	a	Diversi		1.210
			a	Merci c/vendite	1.000	
			a	IVA ns debito	210	

17. La compravendita di servizi

Le compravendite di servizi seguono la logica contabile già individuata per quel che riguarda le operazioni di scambio di merci.

L'acquisto ne ripete esattamente lo schema, ad esempio, il sostenimento di spese di trasporto darà luogo:

in avere:

⇒ sotto l'aspetto finanziario, ad una variazione numeraria assimilata passiva, da registrare nel conto «Fornitori»;

in dare:

⇒ sotto l'aspetto reddituale, ad una variazione economica negativa (costo)

⇒ sotto l'aspetto finanziario, ad una variazione numeraria assimilata attiva, da registrare nel conto «IVA ns credito»;

e quindi, la scrittura contabile, a libro giornale, sarà:

Cod. Conto Dare	Cod. conto Avere					
			...			
		Diversi	a	Fornitori		363
		Spese di trasporto			300	
		IVA ns credito			63	

Nel caso di prestazioni di tipo professionale, però, si deve tener conto che l'azienda è tenuta ad agire come sostituto di imposta e, di conseguenza, ad effettuare una ritenuta pari al 20% dell'onere del servizio.

Ad esempio, nell'ipotesi in cui il prestatore d'opera non sia soggetto IVA, la rilevazione sarà:

Cod. Conto Dare	Cod. conto Avere					
			...			
		Spese legali	a	Diversi		1.000
			a	Banca c/c	800	
			a	Erario c/ritenute	200	

Nel caso, ordinario, in cui chi fornisce il servizio sia un professionista, avremo:

Cod. Conto Dare	Cod. conto Avere					
			...			
		Diversi	a	Diversi		
		Spese notarili			1.000	
		IVA ns credito			210	1.210
			a	Banca c/c	1.010	
			a	Erario c/ritenute	200	

In realtà si dovrebbe tenere conto anche di un contributo previdenziale obbligatorio, che è quasi sempre presente, anche se in forme e modalità diverse. Per semplicità, però, questo viene omesso.

Nel caso della vendita di servizi, invece, se il venditore – come nella nostra ipotesi – è un imprenditore commerciale, la cessione di servizi è del tutto analoga a quella di prodotti, pertanto, la rilevazione sarà:

Cod. Conto Dare	Cod. conto Avere					
			...			
		Clienti	a	Diversi		1.210
			a	Prodotti c/vendite	1.000	
			a	IVA ns debito	210	

18. I resi su acquisti e su vendite

Quando si effettua un acquisto può sempre capitare che si renda necessario rimandarne una parte al mittente, perché, ad esempio, parte della merce inviataci non soddisfa i requisiti tipologici o la qualità da noi richiesta.

In tale ipotesi, escludendo in prima approssimazione l'IVA, si tratta di ridurre l'importo dell'acquisto di merci, diminuendo in ragione di ciò anche il debito verso il fornitore. Si potrebbe ipotizzare, pertanto, una rilevazione quale la seguente:

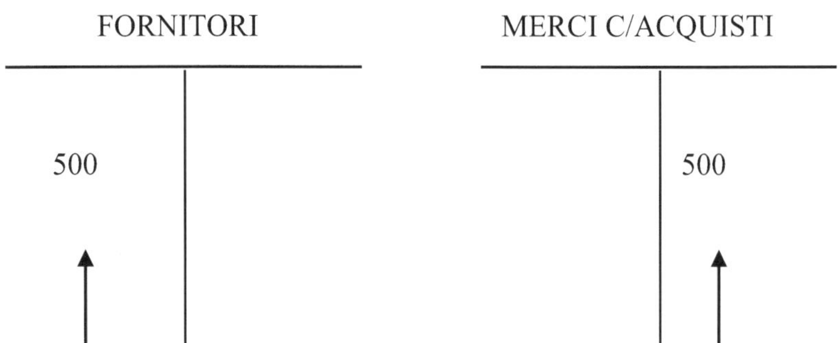

Così facendo, però, si utilizza il conto di reddito «Merci c/acquisti» come conto bifase il che, come si è già rilevato, non è corretto.

È preferibile, allora, aprire un conto ad hoc, «Resi su acquisti», il quale, data la logica semplificata che regge il metodo contabile, è un conto di reddito acceso ai ricavi di esercizio (in quanto rettifica di costo di esercizio).

La rilevazione, pertanto, tenendo conto anche della rettifica dell'IVA versata, determinerà:

in dare:

⇒ sotto l'aspetto finanziario, una variazione numeraria assimilata attiva connessa alla riduzione dei debiti verso i fornitori, registrata nel conto «Fornitori»

in avere:

⇒ sotto l'aspetto reddituale, una variazione economica positiva (rettifica di costo), registrata nel conto «Resi su acquisti»

⇒ sotto l'aspetto finanziario, una variazione numeraria assimilata passiva relativa alla rettifica dell'IVA a credito registrata nel conto «IVA c/variazioni».

A libro giornale pertanto sarà:

Cod. Conto Dare	Cod. conto Avere		…			
		Fornitori	a	Diversi		605
			a	Resi su acquisti	500	
			a	IVA c/variazioni	105	

A livello di mastrini avremo:

FORNITORI

605	….

RESI SU ACQUISTI

	500

IVA C/VARIAZIONI

	105

«IVA c/variazioni» è il conto che viene utilizzato appunto per tutte le rettifiche di IVA – relative agli acquisti come alle vendite – ed ha quindi funzionamento bifase.

Può comunque essere utilizzato, in suo luogo, il conto «IVA ns credito».

19. La liquidazione periodica dell'IVA

Abbiamo detto che l'IVA per l'azienda non rappresenta un costo ma si sostanzia in relazioni di tipo finanziario (credito e debito) con l'Erario.

In concreto, periodicamente l'impresa deve verificare se si trova in posizione di debito o di credito e, di conseguenza, procedere a regolarizzare la sua posizione. Nel primo caso, quello più frequente, dovrà pagare quanto deve, nel secondo, deciderà se chiedere il rimborso o, più spesso, rinvierà il credito al periodo successivo per compensarlo con i futuri debiti di imposta.

La periodicità di questa operazione è mensile (è possibile, pagando gli interessi per la dilazione di pagamento, optare per una liquidazione trimestrale).

Contabilmente si procede, anzitutto, a riepilogare l'IVA, che noi nel corso delle scritture abbiamo a seconda dei casi collocato in «IVA ns credito», «IVA ns debito», «IVA c/variazioni», in unico conto, normalmente denominato «Erario c/IVA».

Con l'operazione di riepilogo, chiaramente, si chiudono gli altri conti IVA.

Procediamo per gradi ed ipotizziamo di trovarci nella seguente situazione:

- IVA ns credito	€ 100
- IVA ns debito	€ 200
- IVA c/variazioni	€ 100 (eccedenza avere)

Anzitutto chiudiamo l'IVA a credito:

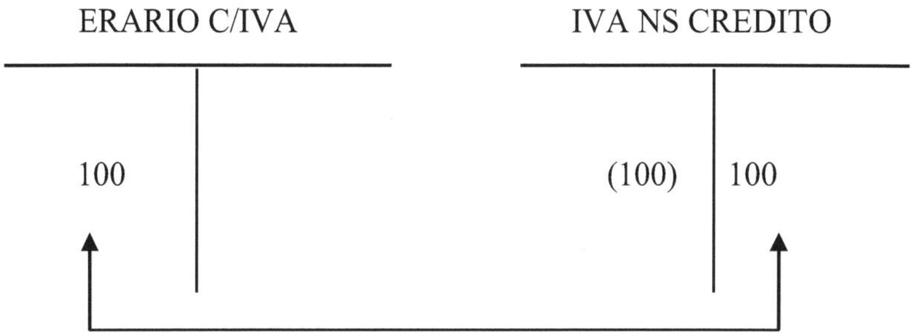

A libro giornale avremo:

Cod. Conto Dare	Cod. conto Avere					
		Erario c/IVA	a	IVA ns credito		100

In questo modo le € 100 sono state trasferite dal dare del conto «IVA ns credito» (che così si chiude) al dare del conto «Erario c/IVA».

Si procede poi a chiudere gli altri due conti, «IVA ns debito» e «IVA c/variazioni», avvertendo che quest'ultimo viene chiuso ora perché si è ipotizzato che avesse eccedenza avere, altrimenti sarebbe stato affiancato ad «IVA ns credito».

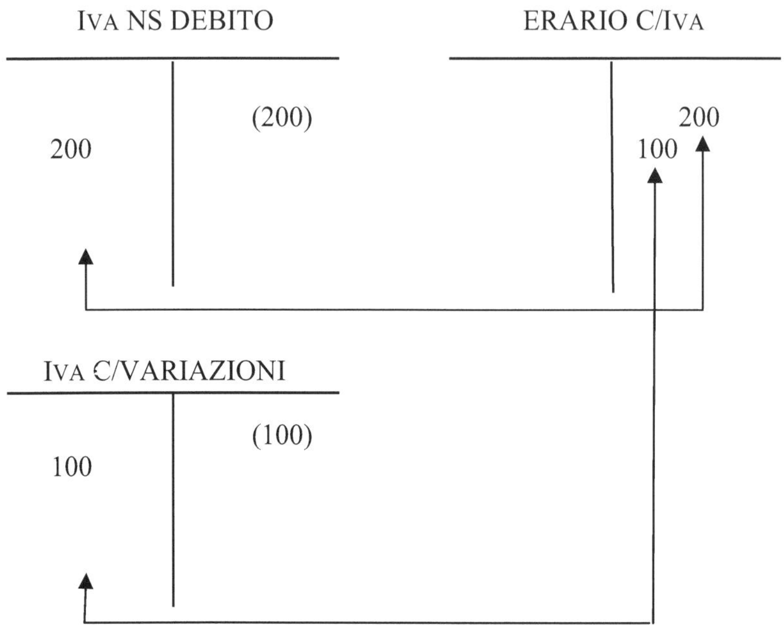

A libro giornale:

Cod. Conto Dare	Cod. conto Avere					
		Diversi	a	Erario c/IVA		300
		IVA ns debito			200	
		IVA c/variazioni			100	

Abbiamo così riepilogato tutti i valori relativi all'IVA nel conto «Erario c/IVA», il quale adesso espone una eccedenza avere di € 200:

ERARIO C/IVA	
100	200
	100

A questo punto il saldo dell'unico conto rimasto intestato all'IVA permette di determinare la posizione nei confronti dell'Erario per quanto riguarda l'IVA. Se il conto «Erario c/ IVA» presenta una eccedenza in avere l'azienda avrà un debito nei confronti dell'Erario in materia di IVA; se al contrario l'eccedenza è in Dare l'azienda vanterà un credito IVA.

Ritornando al nostro esempio, poiché il conto «Erario c/ IVA» presenta una eccedenza in avere registreremo:

Cod. Conto Dare	Cod. conto Avere		...			
		Erario c/IVA	a	Debiti per IVA		200

dove Debiti per Iva è un valore numerario assimilato passivo. Sul libro mastro avremo:

ERARIO C/IVA	
(100)	(200)
200	(100)

DEBITI PER IVA	
	200

Si tratta, quindi, di saldare il conto, versando all'Erario quanto gli dobbiamo:

DEBITI PER IVA	
	(200)
200	

BANCA C/C	
	200

A libro giornale, analogamente, la rilevazione sarà:

Cod. Conto Dare	Cod. conto Avere		...			
		Debiti per IVA	a	Banca c/c		200

Tutti i conti utilizzati sono accesi a valori numerari assimilati.

20. Un servizio particolare: la mano d'opera

Fra i servizi che l'imprenditore si trova ad acquistare ed a remunerare ce ne è uno particolarmente importante, e cioè la prestazione lavorativa dei propri dipendenti.

La rilevazione delle retribuzioni è piuttosto complessa perché comprende non soltanto i rapporti dell'impresa con i suoi dipendenti ma anche quelli con l'INPS e l'erario, verso i quali l'azienda svolge funzione di «sostituto», cioè trattiene parte delle competenze del dipendente per versare, in seguito, tali importi agli enti in questione.

Anzitutto si rileva il debito netto nei confronti dei dipendenti che è composto dalla retribuzione e dagli «assegni familiari», che vengono anticipati dal datore di lavoro per conto dell'INPS.

La scrittura sarà:

Cod. Conto Dare	Cod. conto Avere		...			
		Diversi	a	Dipendenti c/retribuzioni		10.000
		Retribuzioni			9.500	
		INPS c/assegni familiari			500	

Dove «Retribuzioni» è un conto di reddito acceso ai costi di esercizio, «Dipendenti c/retribuzioni» è un conto finanziario acceso ai valori numerari assimilati passivi mentre «INPS c/assegni familiari» è un conto finanziario acceso ai valori numerari assimilati attivi.

Si prosegue, poi, con la corresponsione della retribuzione ai dipendenti:

Cod. Conto Dare	Cod. conto Avere					
		Dipendenti c/retribuzioni	a	Diversi		10.000
			a	INPS c/ritenute	1.000	
			a	IRE c/ritenute	3.000	
			a	Banca c/c	6.000	

«Banca c/c» accoglie il netto in busta paga dei dipendenti, mentre «INPS c/ritenute» e «IRE c/ritenute» rappresentano l'importo di spettanza, rispettivamente dell'INPS e dell'Erario e sono, pertanto, valori numerari assimilati passivi.

Il passaggio successivo, allora, consiste nel versare le ritenute fiscali IRE all'erario:

Cod. Conto Dare	Cod. conto Avere					
		IRE c/ritenute	a	Banca c/c		3.000

Per quel che riguarda l'INPS, invece, si deve prima liquidare la quota di oneri sociali e assistenziali a carico dell'impresa e, solo dopo, si procede alla soluzione delle posizioni debitorie e creditorie.

Cod. Conto Dare	Cod. conto Avere					
		Oneri sociali	a	INPS c/contributi		4.000

E, infine, vengono saldate tutte le posizioni che risultano aperte nei confronti dell'INPS ed esattamente due voci a debito, contributi e ritenute, ed una a credito, gli assegni familiari. La differenza sarà regolata tramite banca:

Cod. Conto Dare	Cod. conto Avere					
		Diversi	a	Diversi		
		INPS c/contributi			4.000	
		INPS c/ritenute			1.000	5.000

			a	INPS c/assegni familiari	500	
			a	Banca c/c	4.500	

21. Incassi e pagamenti: gli abbuoni

Si è visto che la scelta del momento dell'emissione e del ricevimento di fattura come momento della rilevazione implica, necessariamente, che vi siano operazioni riguardanti esclusivamente l'aspetto finanziario della gestione.

Si tratta insomma di «permutazioni finanziarie», cioè di operazioni che non interferiscono con l'aspetto economico della gestione.
Tipico esempio è rappresentato dal pagamento di un debito verso fornitori.

Esso, infatti, comporta:

- ⇒ in dare, la rilevazione della diminuzione del debito, da registrarsi nel conto «Fornitori»;
- ⇒ in avere, l'uscita di cassa (o banca) che esso determina.

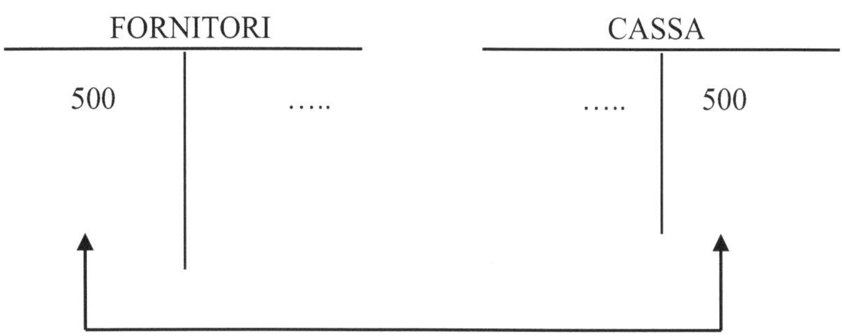

A libro giornale la rilevazione sarà:

Cod. Conto Dare	Cod. conto Avere					
		Fornitori	a	Cassa		500

Del tutto simmetrico quanto accade per l'incasso di un credito.

Infatti, avremo:

* in dare, la rilevazione dell'entrata di cassa – conto che dovrà essere utilizzato anche qualora il cliente ci paghi tramite assegno;
* in avere, la diminuzione dei crediti verso clienti.

Pertanto:

Cod. Conto Dare	Cod. conto Avere		...			
		Cassa	a	Clienti		1.000

Può accadere, però, che la cifra da pagare o da incassare sia, ad esempio, € 10.121. Spesso, perciò, si preferisce fare «cifra tonda», e concedere un «abbuono», cioè un piccolo sconto.

Si può decidere, inoltre, di emettere un documento giustificativo ai fini IVA o meno. È chiaro che in questo secondo caso, l'operazione comporta l'indetraibilità della variazione IVA.

Partendo dall'ultima ipotesi presa in considerazione avremo, nell'impresa alla quale viene concesso l'abbuono, la seguente registrazione:

Cod. Conto Dare	Cod. conto Avere		...			
		Fornitori	a	Diversi		10.121
			a	Cassa	10.000	
			a	Abbuoni attivi	121	

Gli abbuoni attivi rappresentano, come è evidente, una variazione economica positiva, perché riducono l'importo del costo di acquisto e quindi l'importo del debito da pagare.
Pertanto, «Abbuoni attivi» costituisce un conto di reddito acceso ai ricavi di esercizio.

Si è detto che, se a seguito dell'operazione il fornitore decide di emettere un documento giustificativo, si dovrà procedere alla variazione dell'IVA.

Questo comporta, ovviamente, un minor onere per chi concede l'abbuono, ma è una strada che viene seguita solo se ne vale la pena, cioè se il risparmio è tale da giustificare l'operazione stessa.

Nel nostro caso, comunque, se fosse stata emessa una nota di variazione, avremmo dovuto registrare:

Cod. Conto Dare	Cod. conto Avere		...			
		Fornitori	a	Diversi		10.121
			a	Cassa	10.000	
			a	Abbuoni attivi	100	
			a	IVA c/variazioni	21	

Mentre il concedente dovrebbe rilevare:

Cod. Conto Dare	Cod. conto Avere		...			
		Diversi	a	Clienti		10.121
		Cassa			10.000	
		Abbuoni passivi			100	
		IVA c/variazioni			21	

22. Incassi e pagamenti: gli effetti

Talvolta, soprattutto se la dilazione concessa è particolarmente lunga o se l'importo è elevato, il creditore può pretendere di trasformare il semplice credito di fattura in *effetto cambiario*.

L'effetto cambiario – sia esso una *cambiale* o una *tratta* – presenta le seguenti caratteristiche:

- è un titolo di credito, e questo significa che non ne può essere contestato il pagamento (c.d. astrattezza del titolo);
- può essere trasferito con facilità a terzi, tramite semplice «girata», cioè con una semplice firma;
- in caso di insolvenza del debitore è relativamente più semplice procedere per vie legali alla riscossione del credito.

Per contro, l'effetto:

- è «costoso», perché soggetto ad imposta di bollo proporzionale;
- è «antipatico», dal momento che rappresenta – in qualche modo – un segno di sfiducia nei confronti del debitore.

Emissione di effetti

In ogni caso l'emissione di un effetto attivo, darà luogo:

- ad una diminuzione dei crediti verso clienti (variazione numeraria assimilata passiva);
- ad un aumento degli effetti attivi (variazione numeraria assimilata attiva).

E, quindi, alla rilevazione seguente:

Cod. Conto Dare	Cod. conto Avere		...		
		Effetti attivi	a	Clienti	1.000

Il debitore dovrà invece rilevare:

- una diminuzione dei debiti verso fornitori (variazione numeraria assimilata attiva);
- un aumento degli effetti passivi (variazione numeraria assimilata passiva).

Cod. Conto Dare	Cod. conto Avere		...		
		Fornitori	a	Effetti passivi	1.000

L'incasso degli effetti in «gestione diretta»

Al momento dell'incasso/pagamento, se questo viene gestito direttamente dall'impresa creditrice, la registrazione dovrà evidenziare, per il creditore:

- una diminuzione degli effetti attivi (variazione numeraria assimilata passiva);
- un aumento della disponibilità di cassa (variazione numeraria certa attiva).

Quindi:

Cod. Conto Dare	Cod. conto Avere				
		Cassa	a	Effetti attivi	1.000

Per il debitore, invece, avremo:

- una riduzione degli effetti passivi (variazione finanziaria attiva);
- una diminuzione della disponibilità di cassa (variazione finanziaria passiva).

Cod. Conto Dare	Cod. conto Avere				
		Effetti passivi	a	Cassa	1.000

Il rinnovo totale degli effetti

Un'eventualità che a volte si presenta è quella di dover procedere ad un «rinnovo», cioè alla sostituzione di una vecchia cambiale andata in scadenza con una nuova.

È chiaro, però, che normalmente il creditore concedente la dilazione vorrà essere ricompensato tramite la corresponsione di interessi.

L'operazione, in sostanza, darà luogo,

in dare:

- ad un aumento degli effetti attivi (variazione numeraria assimilata attiva), per il valore della nuova cambiale;

in avere:

- ad una diminuzione degli effetti attivi (variazione numeraria assimilata passiva), nella misura della cambiale in scadenza;
- al conseguimento di una voce di ricavo di esercizio, rappresentata dagli interessi attivi.

A livello di libro giornale, pertanto, la movimentazione sarà la seguenti.

Cod. Conto Dare	Cod. conto Avere		...			
		Effetti attivi	a	Diversi		1.050
			a	Effetti attivi	1.000	
			a	Interessi attivi su rinnovi	50	

La rilevazione presenta delle particolarità. Intanto vediamo cosa succede a livello di mastri:

EFFETTI ATTIVI	
1.050	

EFFETTI ATTIVI	
(1.000)	1.000

INTERESSI ATTIVI SU RINNOVI	
	50

Può sembrare strano che il conto «Effetti attivi» venga movimentato due volte. Questo è giustificato dal fatto che si tratta di effetti distinti e che quindi cambiano le caratteristiche dei titoli in portafoglio.

Non bisogna dimenticare, infatti, che le rilevazioni vengono qui fatte in modo molto sintetico, ad esclusiva finalità esplicativa, mentre nella pratica aziendale al semplice articolo di partita doppia si aggiungono tutte quelle informazioni che servono ad identificare, con precisione ed in modo univoco, l'operazione nelle sue componenti essenziali.

Se il titolo cambiario cambia, pur mantenendo lo stesso importo, deve essere comunque registrato, perché diviene necessaria la registrazione di tutti i dati che lo riguardano.

Ovviamente, se il rinnovo riguarda un effetto passivo la rilevazione sarà del tutto simmetrica:

Cod. Conto Dare	Cod. conto Avere					
		...				
		Diversi	a	Effetti passivi		1.050
		Effetti passivi			1.000	
		Interessi passivi su rinnovi			50	

Il rinnovo parziale degli effetti

Talvolta il rinnovo dell'effetto riguarda solo una parte dell'importo, in tali casi si parla di rinnovo parziale. Come nel caso del rinnovo totale anche in questo caso la cambiale in scadenza deve essere sostituita con una nuova e anche in questo caso il creditore concedente la dilazione vorrà essere ricompensato tramite la corresponsione di interessi, in questo caso però calcolati solo sull'importo rinnovato.

Ipotizziamo di concedere il rinnovo parziale di un effetto attivo di euro 2.000 per 1.500 con corresponsione in contanti delle restanti 500 e degli interessi sulla somma rinnovata pari ad euro 30.

L'operazione darà luogo,
in dare:

* ad un aumento degli effetti attivi (variazione numeraria assimilata attiva), per il valore della nuova cambiale;
* ad un aumento della cassa, per la somma riscossa in contanti;

in avere:

* ad una diminuzione degli effetti attivi (variazione numeraria assimilata passiva), nella misura della cambiale in scadenza;
* al conseguimento di una voce di ricavo di esercizio, rappresentata dagli interessi attivi.

A livello di libro giornale, pertanto, la movimentazione sarà la seguente:

Cod. Conto Dare	Cod. conto Avere		...			
		Diversi	a	Diversi		
		Effetti attivi			1.500	
		Cassa			530	2.030
			a	Effetti attivi	2.000	
			a	Interessi attivi su rinnovi	30	

Ovviamente se il rinnovo riguarda un effetto passivo la rilevazione sarà del tutto simmetrica:

Cod. Conto Dare	Cod. conto Avere		...			
		Diversi	a	Diversi		
		Effetti passivi			2.000	
		Interessi passivi su rinnovi			30	2.030
			a	Effetti passivi	1.500	
			a	Cassa	530	

Attenzione! Nei casi analizzati gli interessi sono stati regolati anticipatamente. Potrebbe anche verificarsi il caso di rilevazione e corresponsione posticipata degli interessi e di interessi incorporati nei nuovi effetti (rilevazione anticipata e corresponsione posticipata). Ciò si può verificare indipendentemente dalla tipologia di rinnovo (totale o parziale).

Ipotizziamo di concedere il rinnovo parziale di un effetto attivo di euro 2.000 per 1.500 con corresponsione in contanti delle restanti 500 mentre gli interessi sulla somma rinnovata pari ad euro 30 sono:

a) regolati anticipatamente a mezzo banca;

b) incorporati nel nuovo effetto (rilevazione anticipata e manifestazione posticipata);

c) rilevati e regolati posticipatamente a mezzo banca.

Sul libro giornale, nel caso a) all'atto del rinnovo si registrerà:

Cod. Conto Dare	Cod. conto Avere					
		...				
		Diversi	a	Diversi		
		Effetti attivi			1.500	
		Cassa			530	2.030
			a	Effetti attivi	2.000	
			a	Interessi attivi su rinnovi	30	

Il valore della nuova cambiale è pertanto pari al valore rinnovato. L'uscita di cassa sarà pari alla parte di effetto non rinnovato aumentato degli interessi.

Nel caso b), all'atto del rinnovo sul libro giornale si registrerà:

Cod. Conto Dare	Cod. conto Avere					
		...				
		Diversi	a	Diversi		
		Effetti attivi			1.530	
		Cassa			500	2.030
			a	Effetti attivi	2.000	
			a	Interessi attivi	30	

In questo caso il valore del nuovo effetto è pari al valore rinnovato aumentato degli interessi mentre dalla cassa fuoriesce solo la parte di effetto non rinnovato.

Nel caso c) all'atto del rinnovo, invece, sul libro giornale si avrà:

Cod. Conto Dare	Cod. conto Avere					
		...				
		Diversi	a	Effetti attivi		2.000
		Effetti attivi			1.500	
		Cassa			500	

In questo caso il valore della nuova cambiale è pari al valore rinnovato. Gli interessi verranno contabilizzati e regolati alla nuova scadenza.

Alla nuova scadenza, quindi, quando il cliente pagherà corrisponderà anche gli interessi. Sul libro giornale si avrà:

Cod. Conto Dare	Cod. conto Avere		...			
		Cassa	a	Diversi		1.530
			a	Effetti attivi	1.500	
			a	Interessi attivi su rinnovi	30	

L'avere interessi anticipati (o a rilevazione anticipata e corresponsione posticipata) piuttosto che posticipati diventa importante in sede di scritture di assestamento. Se l'operazione è a cavallo di due esercizi, infatti, nel primo caso ciò determinerà il sorgere di un risconto e nel secondo di un rateo.

L'incasso degli effetti tramite banca

L'incasso degli effetti, comunque, non viene necessariamente curato dalla azienda creditrice. Essa, infatti, può affidarne la cura ad una banca.

Dovremo allora registrare:

* il trasferimento degli effetti dall'azienda alla banca;
* il successivo incasso con il conseguente accredito dell'importo in conto corrente.

Anzitutto, quindi, il trasferimento degli effetti. Effetti che, si suole dire, vengono mandati «all'incasso».

La rilevazione sarà:

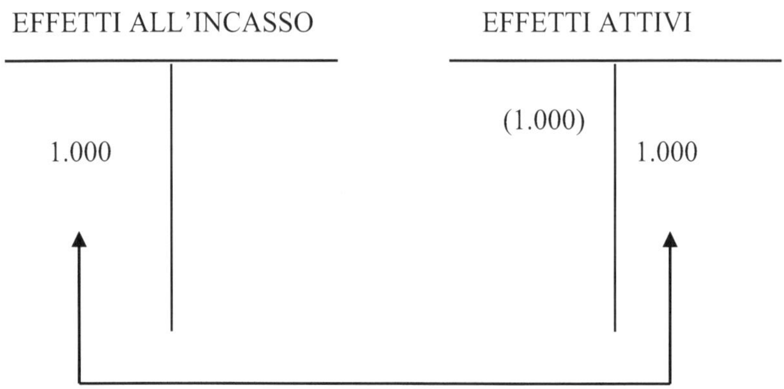

La scrittura contabile, come è evidente, è di tipo permutativo.

Da essa risulta solo il fatto che i titoli non sono più in azienda bensì in banca e che vi sono stati depositati per una operazione di incasso.

Successivamente, al momento in cui vengono incassati, si deve registrare l'accredito dell'importo in conto corrente, al netto delle commissioni bancarie.

Le commissioni bancarie vengono normalmente rilevate nel conto «Oneri bancari» e rappresentano un conto di reddito acceso ai costi di esercizio.

Cod. Conto Dare	Cod. conto Avere		...			
		Diversi	a	Effetti all'incasso		1.000
		Banca c/c			980	
		Oneri bancari			20	

23. Lo smobilizzo degli effetti: lo sconto cambiario

Tutte le ipotesi trattate fino ad ora hanno visto l'azienda creditrice preoccuparsi dell'incasso degli effetti, o gestendo questa fase direttamente oppure affidandola ad una banca.

Gli effetti attivi, però, possono essere utilizzati anche per ottenere un finanziamento bancario, tramite il c.d. **«sconto cambiario»**.

Attraverso detta operazione l'azienda «cede» gli effetti che ha in portafoglio – tutti o parte di essi – per averne in cambio il «netto ricavo», cioè il loro valore attuale al netto degli interessi passivi che si trova a pagare, in via anticipata, alla banca stessa.

Ovviamente, i titoli ceduti sono – come tutti i crediti – soggetti al rischio di insolvenza. Questo, normalmente, resta a carico dell'azienda che chiede il prestito alla banca.

In tale caso si parla di clausola **salvo buon fine** (sbf) o **pro solvendo**.

Nel caso contrario, in cui la banca accetta di accollarsi il rischio, la clausola di sconto è il **pro soluto**.

La prima strada, il salvo buon fine, è la più seguita e la meno costosa.

La scrittura, per quel che riguarda il sistema del reddito, non cambia. Anzitutto, si deve registrare che i titoli sono stati inviati in banca per una precisa operazione, lo sconto di effetti.

La rilevazione sarà la seguente:

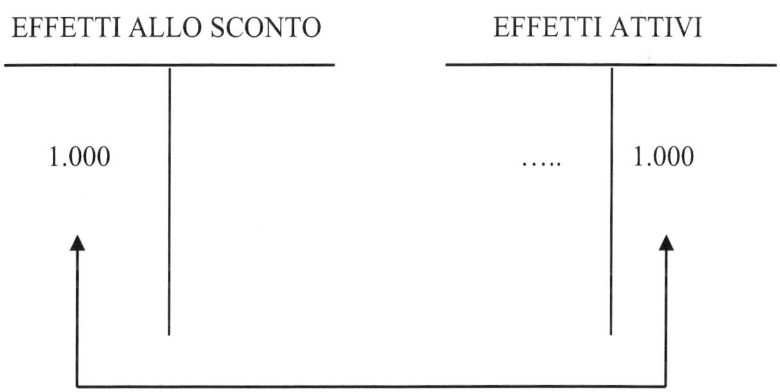

A questo punto gli effetti sono in banca, la quale verifica se può accogliere la richiesta di finanziamento del cliente e, in caso positivo, procede all'accredito del finanziamento in conto corrente dello stesso.

La rilevazione dovrà evidenziare,

in dare:

* un aumento delle disponibilità di conto corrente, in misura pari al «netto ricavo» (variazione finanziaria attiva);
* il sostenimento del costo degli interessi, denominati «Sconti bancari». Essi rappresentano il costo del finanziamento e sono quindi una variazione economica negativa di esercizio (costo di esercizio);
* eventualmente, il sostenimento delle spese di procedura bancaria e delle movimentazioni di conto. Per esse può essere utilizzato il conto di reddito acceso ai costi di esercizio denominato «oneri bancari»;

in avere:

* una diminuzione degli effetti attivi (variazione finanziaria passiva), che risultano nel conto «Effetti allo sconto».

Ignorando, per semplicità, gli oneri bancari, avremo:

BANCA C/C	
900	

EFFETTI ALLO SCONTO	
.....	1.000

SCONTI BANCARI	
100	

Riprendiamo la rilevazione a libro giornale, con l'introduzione di una piccola complicazione.

Al momento dell'invio degli effetti in banca dovremo effettuare la scrittura:

Cod. Conto Dare	Cod. conto Avere			...		
		Effetti allo sconto	a	Effetti attivi		1.500

Poniamo che la banca decida di «scontare» solo € 1.000 di cambiali. L'azienda dovrà contabilizzare il rientro delle altre in portafoglio:

Cod. Conto Dare	Cod. conto Avere			...		
		Effetti attivi	a	Effetti allo sconto		500

Ciò, sia chiaro, non significa che i titoli presentati risultino insoluti ma solo che la banca non ritiene opportuno concedere un prestito alla azienda che li ha portati in banca.

Accade, ad esempio, perché l'azienda richiedente il denaro ha ormai già ottenuto, attraverso altre operazioni, il massimale contrattato.

Una volta stabilito l'importo da scontare si arriva alla operazione vera e propria:

Cod. Conto Dare	Cod. conto Avere					
		...				
		Diversi	a	Effetti allo sconto		1.000
		Banca c/c			900	
		Sconti bancari			100	

Si deve osservare che, a questo punto, non vi è più nessun conto acceso agli effetti che accoglie l'importo relativo alla operazione svolta.

Pertanto, consultando la contabilità dell'azienda, non risulta alcun «rischio di insoluto». Il rischio di insolvenza, infatti, è presente ogni qualvolta si abbiano dei crediti, cambiari o meno. Dopo lo sconto, però, il conto acceso agli effetti viene chiuso.

Se lo sconto è stato effettuato con clausola pro soluto questo non ha importanza. Anzi, è corretto, perché il rischio di insoluto non è più a carico dell'azienda. Ma se la clausola di sconto è salvo buon fine è chiaro che siamo venuti a perdere un'informazione importante, informazione, però, che non può essere fornita dal sistema del reddito, il quale si limita a rilevare i fatti aziendali sotto due aspetti, quello finanziario e quello economico e non, ad esempio, in un'ottica di rischio possibile.

Per fornire tale informazione, pertanto, si dovrà fare ricorso – ma qui lo accenniamo soltanto – ad un altro sistema di rilevazione, detto appunto **sistema dei rischi**. Il sistema dei rischi fa parte di un gruppo di pseudosistemi o **sistemi ausiliari**, i quali servono appunto per avvertire chi legge il bilancio che nel corso dell'esercizio sono avvenuti fatti di gestione rilevanti ma che il sistema del reddito, che vede solo costi, ricavi, entrate e uscite, non è in grado di cogliere.

24. L'insolvenza del debitore cambiario. Il protesto

Può capitare che, per qualche ragione, il debitore cambiario non sia in grado, a scadenza, di assolvere al suo debito.

Ovviamente una delle strade percorribili, in questa ipotesi, è quella del rinnovo della cambiale, come abbiamo visto in precedenza, grazie al quale diamo tempo al debitore, in momentanea difficoltà finanziaria, di godere di un rinvio e di superare il periodo di illiquidità.

Non sempre, però, può essere opportuno concedere una ulteriore dilazione perché il debitore non pare intenzionato o in grado di adempiere al suo impegno.

In tal caso, perciò, è possibile adire a vie legali per ottenere la riscossione coatta del credito. Si può, cioè, *levare protesto*.

Il protesto può essere levato da ufficiali giudiziali e segretari comunali, ed in questo caso l'operazione non è soggetta ad IVA, oppure da un notaio, i compensi del quale sono invece rilevanti ai fini dell'imposta in questione.

Vediamo però tutte le fasi dell'operazione.

Ipotizzando che il titolo sia stato precedentemente inviato in banca per lo sconto salvo buon fine, è chiaro che la banca, verificata l'insolvenza, ci addebiterà l'importo dell'insoluto:

Cod. Conto Dare	Cod. conto Avere				
		Effetti insoluti	a	Banca c/c	1.000

Invece, se l'effetto fosse stato inviato per l'incasso avremmo avuto:

Cod. Conto Dare	Cod. conto Avere				
		Effetti insoluti	a	Effetti all'incasso	1.000

E, qualora fosse stato in azienda:

Cod. Conto Dare	Cod. conto Avere				
		Effetti insoluti	a	Effetti attivi	1.000

Quale che sia stato il caso, poniamo, comunque, di far levare protesto da un ufficiale giudiziario. Avremo:

Cod. Conto Dare	Cod. conto Avere		...			
		Spese di protesto	a	Banca c/c		50

A questo punto è possibile emettere la «tratta di rivalsa», cioè il titolo che in concreto permette di procedere alla riscossione forzosa. È chiaro che al debitore moroso verranno addebitate le spese sostenute – quelle di protesto e quelle di emissione della tratta – e, normalmente, gli interessi di mora:

Cod. Conto Dare	Cod. conto Avere		...			
		Effetti protestati	a	Diversi		1.150
			a	Effetti insoluti	1.000	
			a	Rimborso spese per effetti protestati	70	
			a	Interessi attivi di mora	80	

Dove «Effetti insoluti» ed Effetti protestati» sono valori numerari assimilati attivi e «Interessi attivi di mora» e «Rimborso spese per effetti protestati» sono conti di reddito accesi ai ricavi di esercizio.

Infine, se verrà riscosso:

Cod. Conto Dare	Cod. conto Avere		...			
		Banca c/c	a	Effetti protestati		1.150

25. Incassi e pagamenti: le ricevute bancarie

Non necessariamente l'incasso dei crediti verso clienti viene gestito direttamente dall'azienda. Essa, infatti, può far ricorso a degli intermediari che curino l'aspetto della riscossione dei crediti per suo conto.

Uno di questi intermediari – ma non è che un esempio – sono le banche.

In tale caso l'operazione è resa possibile tramite l'emissione, da parte dell'impresa, delle così dette **ricevute bancarie**.

La ricevuta bancaria è un documento che contiene gli estremi della fattura e le generalità del cliente.

La ricevuta, così configurata, viene inviata alla banca, la quale si occuperà di incassarla, inviando al cliente un avviso in cui gli precisa lo sportello presso il quale dovrà avvenire il pagamento.

A pagamento effettuato l'azienda di credito consegna al debitore la ricevuta bancaria su cui vi è apposta quietanza da parte del creditore. Va osservato, in particolare, che:

La ricevuta bancaria: * non è un titolo di credito in senso giuridico, ma solo una modalità tecnica di pagamento; * è soggetta ad imposta fissa di bollo per scaglioni di importo.

Queste due caratteristiche rendono la ricevuta bancaria più «simpatica» e meno costosa rispetto alla cambiale.

Più simpatica perché non essendo un titolo forte, non è dettata da un sentimento di sfiducia nei confronti del debitore, meno costosa perché, appunto, l'imposta di bollo è fissa e non proporzionale.

Vediamo quindi come può essere contabilizzata una **operazione di emissione ed incasso di ricevute bancarie**.

Anzitutto si deve rilevare la loro emissione:

Cod. Conto Dare	Cod. conto Avere					
		Clienti c/ricevute bancarie	a	Clienti		500

Viene così segnalato che il credito non è più in azienda ma è stato inviato in banca, sotto forma di ricevuta bancaria, per una precisa operazione, quella di incasso.

Quando il credito va a scadenza, se viene riscosso, la banca effettuerà all'azienda il relativo accredito in conto corrente, al netto, ovviamente, delle commissioni bancarie.

Avremo quindi:

Cod. Conto Dare	Cod. conto Avere	...				
		Diversi	a	Clienti c/ri.ba.		500
		Banca c/c			490	
		Commissioni Bancarie			10	

La natura quantitativo monetaria dei conti utilizzati è la seguente:

- «Clienti c/ricevute bancarie» è un conto acceso ai valori numerari assimilati attivi;
- «Banca c/c» è un conto acceso ai valori numerari assimilati attivi;
- «Commissioni bancarie» è un conto di reddito acceso ai costi di esercizio.

26. Lo smobilizzo delle ricevute bancarie: l'accredito salvo buon fine

Le ricevute bancarie non sono soltanto uno strumento di incasso dei crediti ma possono anche essere utilizzate per ottenere un finanziamento bancario.

Questo può essere fatto effettuando il loro accredito **salvo buon fine** ed usufruendo del meccanismo del conto corrente bancario.

Per capire la logica di questa operazione occorre avere a mente il funzionamento del conto corrente bancario.

Il conto corrente bancario, infatti, viaggia su due binari: il primo è relativo alla data dell'**operazione**, l'altro a quello dei giorni **valuta**.

Ad esempio poniamo di effettuare una operazione di versamento in conto in data 1° febbraio.

La data dell'operazione sarà, ovviamente il 1° febbraio. Da quel giorno, quindi, avremo a disposizione l'importo versato e, di conseguenza, potremo fare prelievi nei limiti delle disponibilità di conto.

Gli interessi, però, decorrono in ragione dei giorni valuta.

La banca in sostanza, fa al suo cliente il seguente ragionamento: «io ti pago degli interessi su un capitale perché questo, una volta investito, frutterà del denaro anche a me. Però, io non posso effettuare un investimento nel momento stesso che tu mi versi il denaro ma ho bisogno, diciamo, di 2 giorni. Pertanto, nel periodo di tempo in cui l'investimento è infruttuoso per me lo sarà anche per te. Quindi i giorni valuta, cioè i giorni in cui il deposito è produttivo di interessi per te iniziano a decorrere 2 giorni dopo il versamento...».

Simmetricamente accade per un prelievo.

In tale caso la banca ritiene che per mettere a disposizione il denaro per il 3 marzo essa deve disinvestire, ad esempio, il giorno prima. Di conseguenza, nel caso di prelievo, il denaro cesserà di essere produttivo di interessi per il cliente un giorno prima.

Ecco quindi che in conto corrente può esserci, in termini di disponibilità, una certa somma ma non risultarvi sull'altro binario, quello della produzione di interessi.

È possibile, allora, che, nonostante un certo saldo attivo, il conto corrente sia, in realtà, in rosso, almeno per quel che riguarda gli interessi.

Abbiamo fatto una breve premessa sul funzionamento del conto corrente proprio perché l'ottenimento di un finanziamento tramite ricevute bancarie si avvale di questo meccanismo.

In sostanza, le ricevute bancarie vengono sì accreditate in conto corrente nel momento in cui vengono portate in banca, ma solo **in conto capitale**, cioè in base alla data dell'operazione.

L'importo è in conto, ed il cassiere ne consentirà un eventuale prelievo, ma dal punto di vista della produzione degli interessi non vi risulteranno fino a quando le ricevute non vengono effettivamente incassate.

Così, se quel denaro sarà utilizzato l'azienda finirà in rosso, in termini di interessi bancari (passivi!).

Le ricevute bancarie, quindi, servono da garanzia per un prestito a breve scadenza – il tempo di incassare i crediti commerciali – e quello che stiamo chiedendo è un vero e proprio prestito.

Per questa ragione i dottori commercialisti sconsigliano di seguire la strada effettuata per le cambiali, dove in caso di sconto, anche se salvo buon fine, si chiude il conto agli effetti (esattamente «Effetti allo sconto»).

Stiamo chiedendo un prestito e, se la banca lo concede, dobbiamo rilevare l'ottenimento di un prestito (un debito), a fronte di un'entrata – e del costo dell'operazione bancaria:

Cod. Conto Dare	Cod. conto Avere		...			
		Diversi	a	Banca c/ri.ba.		500
		Banca c/c			490	
		Commissioni Bancarie			10	

«Banca c/ricevute bancarie» è un valore numerario assimilato passivo, cioè un debito, e serve per evidenziare l'emissione di ricevute bancarie, evitando però di movimentare il conto «Clienti».

Quest'ultimo, infatti, verrà chiuso solo quando le ricevute bancarie saranno riscosse e serviranno per compensare l'impegno verso la banca:

Cod. Conto Dare	Cod. conto Avere		...			
		Banca c/ri.ba.	a	Clienti		500

Si deve osservare che il costo degli interessi passivi non è stato contabilizzato.

Questo perché gli oneri passivi risulteranno dal calcolo degli scoperti di conto corrente e soltanto se tale importo viene in concreto utilizzato.

Qualcuno potrebbe avere di che obiettare in proposito della natura del conto «banca c/ricevute bancarie» in quanto esso esprime, a tutti gli effetti, l'insorgere di un debito nei confronti della banca e la presenza di fatture è solo incidentale, serve cioè grosso modo come garanzia.

Sono osservazioni corrette. Abbiamo già detto, però, che tutti i debiti a breve vengono assimilati ai debiti di funzionamento e quindi considerati valori numerari.

27. Il mutuo passivo

Sconti cambiari e ricevute bancarie al dopo incasso sono esempi di finanziamenti bancari di breve periodo.

Il loro fondamento, infatti, è rappresentato dai crediti commerciali che, tramite tali operazioni, vengono smobilizzati prima della loro scadenza (ed è per questo che si considerano valori numerari assimilati). Finanziamenti di tale genere, però, sono adatti solo per coprire momentanee esigenze di liquidità od acquisti di investimenti di breve durata.

A volte, invece, è necessario richiedere dei prestiti per un periodo di tempo più elevato.

Questo è senza dubbio opportuno quando il denaro serva, ad esempio, ad acquistare un bene ad utilità pluriennale, che impiega molto tempo per esaurire la sua utilità e comporta un lento rientro del capitale investito.

In tal caso, infatti, è preferibile trovare un finanziamento che abbia dei tempi di restituzione il più possibile simili al periodo di vita utile del bene, così da correlare le entrate e le uscite che questo comporta...

Un esempio di finanziamento a medio lungo termine è rappresentato dal **mutuo**.

La principale caratteristica del mutuo è che esso viene restituito gradualmente, in **rate** di regola **semestrali**, nell'arco di quello che è il suo «periodo di ammortamento», cioè la sua durata.

Le modalità di restituzione, tra cui l'importo delle rate, varia in base agli accordi, ma molto diffusa è la corresponsione degli interessi in via posticipata, che vengono ricompresi in una **rata costante**, all'interno della quale rientrerà una quota interessi ed una di restituzione di parte del capitale.

Per capire in concreto come funziona proviamo a fare le rilevazioni contabili relative ad un mutuo pluriennale di € 1.000 che preveda un tasso del 12% e la corresponsione di 2 rate costanti posticipate di € 100 in data 1/4 ed 1/10.

Anzitutto registriamo il conseguimento del mutuo, con il relativo incasso delle € 1.000 tramite «Banca c/c» (valore numerario assimilato attivo), a fronte dell'insorgere di un debito da accreditarsi nel conto «Mutui passivi», il quale rappresenta un valore finanziario acceso a debiti di finanziamento:

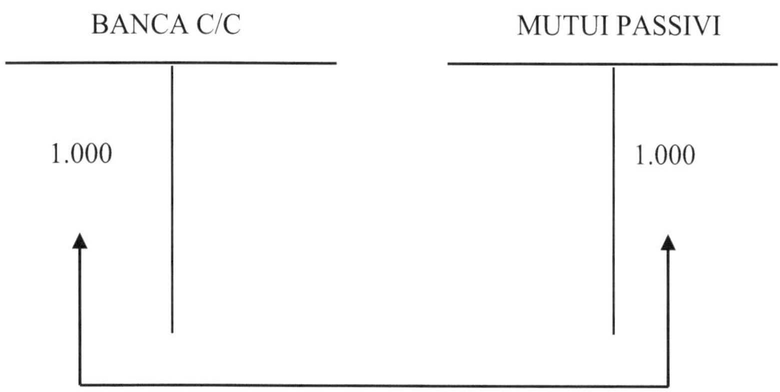

A libro giornale, pertanto, avremo:

Cod. Conto Dare	Cod. conto Avere				
		Banca c/c	a	Mutui passivi	1.000

Nel momento del pagamento della prima rata, in data 1/4, dovremo registrare, a libro giornale:

Cod. Conto Dare	Cod. conto Avere					
			...			
		Diversi	a	Banca c/c		100
		Mutui passivi			40	
		Interessi su mutui			60	

In sostanza nel conto «Interessi su mutui» stiamo rilevando il costo del servizio di finanziamento che ci ha prestato la banca, nel conto «Mutui passivi», invece, iniziamo a registrare le quote di restituzione del prestito.

Per il primo si parlerà allora di versamento in conto interessi e per il secondo in conto capitale. Il primo è un costo di esercizio, cioè il corrispettivo per la prestazione bancaria (prestarci il denaro), il secondo rappresenta la restituzione di parte di quanto ci è stato temporaneamente affidato. Concettualmente la situazione non è diversa da quando uno prende a noleggio un'auto: il costo è rappresentato dal noleggio, non dalla autovettura!

Nei mastri, la movimentazione sarà invece la seguente:

MUTUI PASSIVI	
40	....

BANCA C/C	
	100

INTERESSI SU MUTUI	
60	

A questo punto, quindi, il saldo del conto mutui, cioè quanto dobbiamo alla banca, non è più € 1.000, bensì € 960. Su tale importo, poi, matureranno gli interessi del prossimo semestre.

Ciò significa che in data 1/10 dovremo certo pagare una rata di € 100 – abbiamo ipotizzato che le rate siano costanti, restano sempre di € 100 fino ad esaurimento del mutuo stesso – ma ne sarà cambiata la composizione interna: all'interno di queste € 100 diminuirà la quota di interessi ed aumenterà la quota di restituzione del capitale.

Al momento del pagamento della rata successiva, perciò, gli interessi non andranno più calcolati su € 1.000 ma su quanto ancora dobbiamo, di capitale, restituire, ovvero € 960. La quota interessi sarà quindi di € 58 (circa), e quella capitale di € 42. Pertanto la rilevazione, a libro giornale, sarà:

Cod. Conto Dare	Cod. conto Avere				
		...			100
		Diversi	a Banca c/c	42	
		Mutui passivi		58	
		Interessi su mutui			

Mentre, a livello di mastri, avremo:

MUTUI PASSIVI

42	.....

BANCA C/C

	100

INTERESSI SU MUTUI

58	

Attenzione, perciò! Alla rilevazione di ogni rata, che pure rimane costante, si deve sempre controllare a quanto corrisponde la quota interessi ed a quanto la quota capitale…

28. L'anticipazione bancaria

Un altro tipo di finanziamento bancario è rappresentato dalla **anticipazione bancaria**, la quale può essere sia di breve sia di medio termine.

Le anticipazioni sono di due tipi:

* a scadenza fissa;
* in conto corrente.

L'**anticipazione a scadenza fissa** è un finanziamento a tempo determinato. Esso viene ovviamente accreditato in conto corrente ma, il costo del servizio è indipendente dal suo utilizzo.

In sostanza, se una volta contratto l'azienda decide di lasciarlo depositato in banca, questo produrrà al tempo stesso interessi passivi e, sul conto, interessi attivi.

Gli interessi passivi, per altro, possono essere sia *anticipati* che *posticipati.*

Nel caso di interessi anticipati, nel momento della sottoscrizione del finanziamento di € 1.000 (e poniamo di interessi per € 100) troveremo, a libro giornale:

Cod. Conto Dare	Cod. conto Avere		…			
		Diversi	a	Anticipazioni passive		1.000
		Banca c/c			900	
		Interessi bancari passivi			100	

Mentre, a livello di mastri:

BANCA C/C	
900	

ANTICIPAZIONI PASS.	
	1.000

INTERESSI BANC. PASS.	
100	

Appare chiaro, in tal caso, che «Interessi bancari passivi» accoglie un costo di esercizio mentre «Anticipazioni passive» rappresenta un conto finanziario acceso a valori numerari assimilati passivi.

Nel momento della restituzione del finanziamento avremo invece una permutazione finanziaria, del tipo:

Cod. Conto Dare	Cod. conto Avere			...	
		Anticipazioni passive	a	Banca c/c	1.000

Diversamente accade nell'ipotesi di anticipazione a scadenza fissa ma con corresponsione posticipata degli interessi.

Nel momento del conseguimento del finanziamento avremo:

Cod. Conto Dare	Cod. conto Ave-re			...	
		Banca c/c	a	Anticipazioni passive	1.000

Quando poi dovremo restituire l'importo avremo, però, anche da pagare la quota pattuita a titolo di interessi passivi:

Cod. Conto Dare	Cod. conto Avere					
			...			
		Diversi	a	Banca c/c		1.100
		Anticipazioni passive			1.000	
		Interessi bancari passivi			100	

Negli esempi fatti l'entità del finanziamento è stata di fatto diversa mentre gli interessi sono rimasti gli stessi. Evidentemente questo accade solo per comodità di esposizione.

L'**anticipazione in conto corrente** rappresenta la concessione da parte della banca di un affidamento che può essere utilizzato dall'azienda secondo i propri bisogni. Nel caso di utilizzo l'azienda andrà in «scoperto» sul conto corrente e, solo in quel caso, dovrà pagare i relativi interessi passivi.

29. Quando l'imprenditore finanzia l'azienda: l' aumento di capitale

Una componente essenziale delle fonti di finanziamento è rappresentata dai «mezzi propri», ed è importante al punto che, nel caso delle società di capitali, essi rappresentano un elemento costitutivo della società stessa e devono assumere un ammontare minimo, sia per assicurare la funzionalità operativa alla coordinazione economica, sia per garantire i finanziatori esterni della serietà dell'iniziativa e per assicurare loro la restituzione di quanto prestato.

Nella azienda individuale, che è meno formalizzata ed in cui i terzi sono comunque tutelati dal patrimonio dell'imprenditore, resta comunque una esigenza di «funzionalità», tale per cui è indispensabile per l'imprenditore contribuire almeno in parte alla costruzione del «cumulo di capitali».

La nascita dell'azienda, pertanto, è di regola contraddistinta da questo versamento iniziale da parte dell'imprenditore.

A questa rilevazione si è già fatto cenno, ma è bene riproporla.

Essa dà luogo:

- all'addebitamento di un conto finanziario, «Cassa» o «Banca c/c»;
- all'accreditamento del conto di capitale «Capitale Netto».

Cod. Conto Dare	Cod. conto Avere		...			
		Banca c/c	a	Capitale Netto		1.000

La rilevazione, evidentemente, non cambia se, invece di essere il versamento iniziale, si tratta di un versamento successivo, cioè di un **aumento di capitale**.

Può capitare, però, che l'operazione non sia rappresentata da un versamento di denaro ma di beni, poniamo crediti ed impianti. Avremo, allora:

Cod. Con-to Dare	Cod. conto Ave-re		...			
		Diversi	a	Capitale Netto		1.000
		Clienti			300	
		Impianti			700	

Ancora, si può ipotizzare anche il conferimento di un'altra azienda. In questo caso riceveremo attività e passività.

La differenza andrà ad aumentare il nostro «Capitale netto». Poniamo, infatti, di ricevere attività per € 3.000 e passività per € 2.000:

Cod. Conto Dare	Cod. conto Avere					
			…			
		Diversi	a	Diversi		
		Clienti			300	
		Impianti			700	
		Brevetti			2.000	3.000
			a	F.do Amm.to Imp.	300	
			a	Fornitori	1.000	
			a	Mutui passivi	700	
			a	Capitale Netto	1.000	

L'angolo dei quesiti…

- Quali sono le fasi del pagamento delle retribuzioni?
- Che cosa è un mutuo?
- Cosa succede all'«interno» di una rata costante di mutuo?
- Quando è preferibile richiedere un finanziamento a medio-lungo termine?
- Qual è la differenza tra anticipazione fissa ed anticipazione in conto corrente?
- Quali sono le differenze tra resi ed abbuoni?
- Cosa sono le ritenute d'acconto?
- Che natura quantitativo-monetaria ha il conto «Anticipazioni bancarie»? E «Resi su vendite»?
- Qual è la natura dei conti IVA? Come mai?
- Se non ricevo la fattura di acquisto posso effettuare la rilevazione?

Per saperne di più

Giuseppe **SAVIOLI** – Monica **BARTOLINI** (a cura di), *Contabilità d'impresa*, Milano, Franco Angeli, 2005.

Luciano **MARCHI**, *La contabilità aziendale,* Milano, IPSOA, 2009.

LE SCRITTURE DI ASSESTAMENTO

30. Cambiamo modo di vedere le cose

Abbiamo giustificato la tenuta della contabilità generale con l'esigenza di determinare il reddito di esercizio in via analitica.

Però, a ben guardare, la rilevazione dei fatti di gestione in via continuativa non ci permette di arrivare al risultato che ci eravamo proposti.

Un concetto, infatti, deve essere ben chiaro:

> un «costo» che viene rilevato in data, poniamo, 20 aprile X, non necessariamente corrisponde ad un costo di esercizio dell'anno X.

Il semplice acquisto di un bene, del resto, non comporta di per sé il suo immediato consumo.

Ed il fatto che un costo venga collocato in conto economico o meno dipende invece proprio dal suo utilizzo.

Basta questa semplice osservazione per farci riflettere sui limiti di una logica di rilevazione basata sulla manifestazione finanziaria.

In sostanza:

> nel corso delle scritture continuative un costo è un costo. Niente viene detto in relazione al «consumo della risorsa» acquistata, che può avere esaurito la sua utilità o meno.

Infatti, l'acquisto di un bene durevole, poniamo di un impianto, viene registrato nello stesso modo in cui si rileva, ad esempio, l'aver sostenuto il pagamento di materiali di consumo.

Però, mentre i «materiali di consumo» di regola vengono utilizzati nel corso del periodo amministrativo, è improbabile che lo siano, per intero, anche gli impianti.

Da un punto di vista della manifestazione finanziaria, si ripete, un costo è un costo, senza bisogno di ulteriore specificazione.

Se invece vogliamo determinare il reddito di esercizio bisogna riuscire a distinguere i costi – cioè i beni, le risorse – che sono stati consumati nel corso del periodo amministrativo di riferimento da quelli che ancora mantengono la loro utilità. Solo i primi, infatti, rappresentano costi di esercizio.

Formalizzando quanto detto:

> in ottica economica i costi sono di due tipi:
>
> ⇒ i **costi di esercizio**, che misurano il valore delle risorse che sono state consumate nel corso del periodo amministrativo;
> ⇒ i **costi anticipati (o sospesi)**, sono invece quelli sostenuti «anticipatamente» rispetto al loro utilizzo. Si tratta, in sostanza, di beni acquistati durante questo – o precedenti – periodi amministrativi ma che non sono stati ancora «consumati».

È chiaro che un impianto, il valore racchiuso nel conto «Impianti», sarà stato solo in parte consumato nel corso dell'anno e, pertanto, solo in parte di *competenza* dell'esercizio, cioè costo di esercizio. Per il resto è un costo che è stato sostenuto *anticipatamente* rispetto al suo utilizzo, cioè un costo anticipato o sospeso.

Perciò, se vogliamo determinare il reddito di esercizio, dobbiamo ***spezzare il «costo»*** rilevato in sede di scritture continuative in due pezzi, quello di **esercizio** e quello **sospeso**.

Il primo dovrà essere poi portato in conto economico – tra le risorse consumate nell'esercizio ora concluso –, il secondo in stato patrimoniale – tra gli investimenti a disposizione degli esercizi futuri.

Per ottenere tale risultato occorrerà, pertanto, **«rettificare»** i valori risultanti dalla contabilità.

Le scritture continuative, quindi, non ci possono dire, tra i tanti costi che hanno trovato la loro manifestazione finanziaria nel corso dell'esercizio, quali sono di esercizio e quali sospesi.

I problemi, però, non finiscono qui.

Può benissimo capitare, e normalmente accade, che siano state consumate delle risorse (costi di esercizio) che però non hanno ancora dato luogo ad una uscita (manifestazione finanziaria). Si pensi, ad esempio, ad un affitto che si paga ogni sei mesi in data 1/4 ed 1/10 in via posticipata.

In questa ipotesi i 3 mesi di canone, dal 1° ottobre al 31 dicembre, non sono stati rilevati, secondo la nota regola di contabilità che vieta la registrazione di un costo, o di un ricavo, in assenza di uscita, o entrata.

Però il servizio «locazione» è stato consumato ed è, pertanto, di competenza nonostante che le scritture continuative non lo abbiano rilevato. I saldi contabili, perciò, andranno **«integrati»**, così da aggiungere anche questi costi a quelli da portare nel conto economico.

I saldi dei conti prodotti a seguito delle scritture continuative, quindi, andranno in parte **rettificati** ed in parte **integrati** mediante quel complesso di scritture che si dicono «di **assestamento**».

31. «Distinguere» i costi di esercizio da quelli sospesi: l'inventario

Le sole scritture continuative non bastano per arrivare al reddito di esercizio e, quindi, per arrivare alla redazione del bilancio. Si tratta di capire, allora, come sia possibile distinguere i costi ed i ricavi di esercizio da quelli sospesi.

Teoricamente si può dare risposta al quesito ora posto in due modi:

* identificando i costi ed i ricavi di esercizio in via diretta e considerando costi e ricavi sospesi tutti gli altri;
* misurando il valore dei beni che sono ancora in azienda. Questi sono, evidentemente, costi e ricavi sospesi, mentre tutti gli altri – rilevati ma non più in azienda – saranno considerati costi e ricavi di esercizio.

È chiaro che, in concreto, la prima strada non è percorribile, perché si tratterebbe di andare a «misurare» i beni ed i servizi utilizzati, cioè le risorse che non ci sono più.

È molto più semplice, invece, valutare il valore dei beni che ci sono ancora.

Questi valori saranno allora considerati costi anticipati. Gli altri, di cui si ritrova un saldo contabile ma non consistenza fisica, sono invece i costi di esercizio.

Come già detto, tale processo di «misurazione», e quindi di valutazione dei beni, si chiama **inventario**.

Più esattamente:

l'inventario è «l'operazione tecnico-contabile» attraverso la quale si procede ad individuare ed a valutare i componenti del capitale dell'impresa.

L'inventario è un processo articolato in 5 fasi fondamentali:

1. ricerca degli elementi attivi e passivi che formano il capitale;
2. descrizione di tutti gli elementi individuati;
3. classificazione per categorie qualitativamente omogenee;
4. valutazione;
5. rappresentazione dei risultati del processo.

Senza entrare in dettaglio è evidente che il **momento della valutazione** è il più delicato, in quanto condiziona fortemente la determinazione del reddito e perché la «misurazione», non essendo vincolata dal parametro delle manifestazione finanziaria, è inevitabilmente discrezionale.

Però, sia la normativa civilistica e fiscale sia i dottori commercialisti hanno redatto dei «**criteri di valutazione**» che permettono di ridurre il grado di soggettività del processo di inventario, introducendovi una serie di «regole».

Non possiamo approfondire questo aspetto. Quello che serve sapere, per ora, è che grazie all'inventario siamo in grado di conoscere il valore da attribuire ai beni che hanno una residua utilità, nonché l'entità dei costi e dei ricavi che non hanno ancora trovato la loro manifestazione finanziaria.

32. La rettifica del valore delle immobilizzazioni: l'ammortamento «diretto»

Le scritture di assestamento si distinguono in due grandi tipologie:

* le scritture di rettifica;
* le scritture di integrazione.

Come già accennato:

Le scritture di rettifica sono finalizzate a spezzare dei costi che si sono già manifestati finanziariamente in componente di esercizio e sospesa; le scritture di integrazione servono a rilevare dei costi di esercizio che non hanno ancora dato luogo ad una uscita e non si trovano, pertanto, in contabilità.

Iniziamo dalle scritture di rettifica ed esattamente da quella relativa alle immobilizzazioni.

Poniamo di avere acquistato nel corso del periodo amministrativo un brevetto ad un prezzo di € 1.000.

La rilevazione a libro giornale sarà stata:

Cod. Conto Dare	Cod. conto Avere					
		Diversi	a	Fornitori		1.210
		Brevetti			1.000	
		IVA ns credito			210	

Il mastro del conto «Brevetti», pertanto, al 31 dicembre porterà un'eccedenza dare di € 1.000.

In sede di inventario, però, il valore del brevetto risulterà, in base ai criteri di valutazione adottati, più basso di quello di acquisto, poniamo pari a € 700.

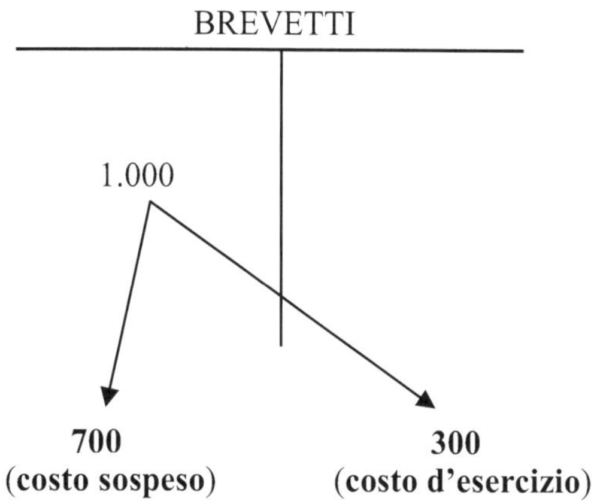

Cosa è accaduto?

Il valore della risorsa «Brevetti» a disposizione della gestione futura – il costo anticipato – è oggi di € 700.

Le restanti € 300, invece, sono state consumate nel corso del periodo amministrativo e rappresentano perciò un costo di esercizio.

In sostanza, € 700 dovranno andare nell'attivo dello stato patrimoniale, € 300 nel dare del conto economico.

Il problema, dunque, è come ottenere contabilmente questo risultato.

La scelta che viene seguita è di lasciare la parte «sospesa» nel conto «Brevetti», perché si conviene che i brevetti sono un bene ad utilità pluriennale e, per assimilazione, si considera un conto di reddito acceso ai costi anticipati (o sospesi).

La quota consumata, invece, si colloca in un conto ad hoc, che si chiama «Quote di ammortamento» o, più semplicemente, «Ammortamento» – dal nome del processo di ripartizione del costo pluriennale in tanti costi di esercizio annuali – seguito dal nome del conto al quale il processo di ammortamento si riferisce. Il conto ammortamento è pertanto un conto di reddito acceso ai costi di esercizio.

La rilevazione che permette di spezzare il «costo» in parte di esercizio e parte sospesa è la seguente:

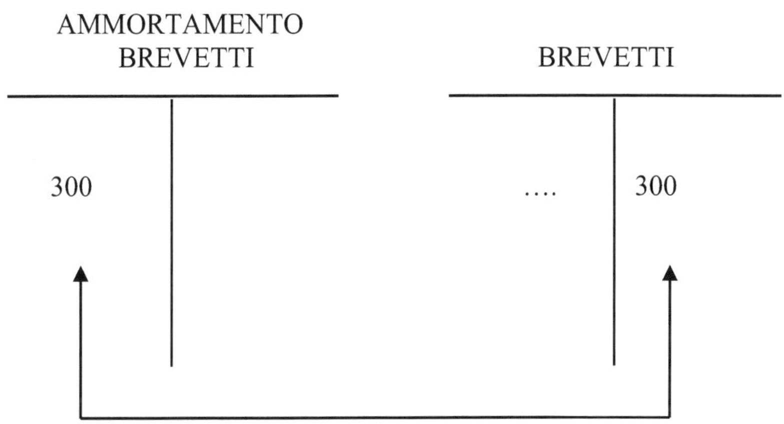

In tale modo il conto «Ammortamento brevetti» contiene € 300, che saranno poi portate in conto economico; il conto brevetti, invece, avrà una eccedenza dare di € 700 (1.000 in dare – 300 in avere), il ché è appunto quanto volevamo ottenere.

Da un punto quantitativo-monetario, pertanto, il conto «Ammortamento » rappresenta un conto di reddito acceso ai costi di esercizio, il conto «Brevetti», invece, un conto di reddito acceso ai costi sospesi.

Quella ora vista è una **scrittura di rettifica diretta**, ed è definita tale in quanto con essa si interviene direttamente nel conto che si vuole «assestare», modificandone così il valore.

In tal modo in bilancio i due conti risulteranno come segue:

STATO PATRIMONIALE	
Brevetti 700	

CONTO ECONOMICO	
Ammortamento brevetti 300	

Dalla lettura dei prospetti di bilancio abbiamo, ora, tre informazioni chiave:

- ◊ il costo di esercizio (€ 300);
- ◊ il costo sospeso (€ 700);
- ◊ il costo di acquisto (€ 300 + € 700 = € 1.000)

Questo, però, è vero solo per il primo esercizio, mentre non accade nei successivi.

Poniamo, per semplicità, che nel periodo amministrativo successivo non si registrino altri acquisti di brevetti e che quello in azienda abbia ormai un valore di appena € 200 (quindi € 200 sarà il costo sospeso; € 500 il costo di esercizio).

Al 31/12 ripeteremo la rilevazione prima effettuata, ovviamente a valori modificati:

Cod. Conto Dare	Cod. conto Avere		...			
		Ammortamento Brevetti	a	Brevetti		500

Così facendo, però, in bilancio troveremo:

STATO PATRIMONIALE		CONTO ECONOMICO	
Brevetti 200		Ammortamento Brevetti 500	

Abbiamo notizia del costo sospeso (€ 200) e del costo d'esercizio (€ 500). La somma dei due, però, non ci misura più il valore originario del bene.

In sostanza, abbiamo perso l'informazione relativa al costo di acquisto (il c.d. «costo storico») del bene o, è lo stesso, all'importo complessivo degli ammortamenti effettuati.

33. L'ammortamento «indiretto»

È importante sapere quanta parte di una immobilizzazione è stata consumata nel corso degli anni o basta conoscere il suo valore residuo?

Per dare risposta a questo quesito ipotizziamo che il costo sospeso degli impianti di un'azienda sia € 100.

È chiaro che se questi 100 euro sono il risultato di un acquisto di € 1.000 sostenuto dieci anni fa è molto diverso da che gli impianti non siano relativamente nuovi.

Infatti, se gli impianti sono vecchi si può pensare che l'azienda abbia dei costi di esercizio più alti o dei prodotti più difettosi, perché macchinari di dieci anni si guastano più spesso di quelli nuovi, commettono molti errori, consumano più energia e richiedono più mano d'opera.

Inoltre, se gli impianti sono così datati vuol dire che il nostro imprenditore ha «tirato i remi in barca», non investe perché non crede più nel settore e finché dura dura e poi...

O, se non è così, gli impianti dovranno essere cambiati presto e ciò comporterà nuovi debiti, maggiori oneri finanziari, spese di addestramento per i lavoratori, ecc.
In poche parole l'età degli impianti, raccontata dall'ammontare complessivo degli ammortamenti, permette di fare molte ipotesi sulla salute di un'impresa.

Per tale ragione l'ammortamento diretto viene fatto, contabilmente, solo per le immobilizzazioni «immateriali» – quelle che non hanno consistenza fisica, come i brevetti ed i marchi – ma non per quelle «materiali» – gli impianti, gli edifici, ecc.

La ragione di tale differenza di trattamento si può ben capire. Infatti, in un paese a cultura industriale come il nostro, le immobilizzazioni tecniche e materiali in genere sono da sempre considerate più importanti delle altre. E se una lacuna informativa è stata tradizionalmente tollerata per brevetti e marchi, non altrettanto accade per impianti e macchinari.
Per questi ultimi, pertanto, l'informazione sul costo storico vuole essere mantenuta.

Per ottenere il risultato desiderato si fa ricorso alla meccanica contabile che, ovviamente, riguarda anche i due conti di riepilogo, cioè il conto economico e lo stato patrimoniale, i quali, a ben vedere, sono dei conti di mastro come gli altri.

Per le immobilizzazioni materiali, invece di rettificare i valori direttamente «in conto» si preferisce farlo, in via indiretta, a livello di stato patrimoniale.

Mantenendo i valori utilizzati per i brevetti il primo anno effettueremo la scrittura:

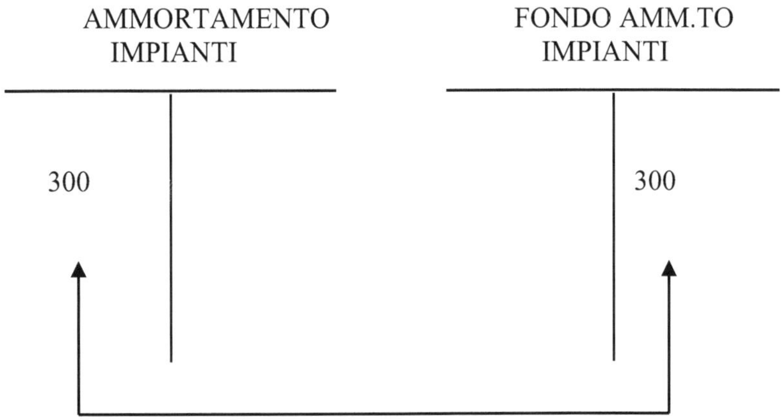

E, a libro giornale:

Cod. Conto Dare	Cod. conto Avere				
		Ammortamento Impianti	a	F.do ammortamento Impianti	300

Come si vede il conto «Impianti» non viene toccato e mantiene quindi un saldo di € 1.000.

Il conto «Ammortamento Impianti» avrà un'eccedenza dare di € 300 ed il «Fondo ammortamento Impianti» di € 300 in avere.

In bilancio:

STATO PATRIMONIALE	
Impianti 1.000	Fondo Amm.to Impianti 300

CONTO ECONOMICO	
Ammortamento Impianti 300	

Chi legge il bilancio sa che la quota di impianti consumata nell'anno è € 300 (risulta in conto economico, alla voce «ammortamento»), che il costo storico degli impianti è di € 1.000 e che il valore di costo sospeso è di € 700 (€ 1.000 in «impianti» meno € 300 in «fondo ammortamento»).

La **rettifica**, si è detto, è **indiretta**, e «Fondo ammortamento», in quanto rettifica di costo sospeso, può essere considerato un conto di reddito acceso ai ricavi sospesi.

La natura del conto «Fondo ammortamento» comprova la logica semplificante della contabilità. Un valore economico che si trova nel passivo dello stato patrimoniale viene definito, data la sua collocazione, ricavo sospeso. In realtà, si tratterebbe appunto di una rettifica di costo sospeso ma la meccanica rilevativa non accetta le sfumature...

Torniamo alla rilevazione. L'anno successivo, ipotizzando un consumo degli impianti di € 500, in bilancio troveremo:

STATO PATRIMONIALE		CONTO ECONOMICO	
Impianti 1.000	Fondo Amm.to Impianti 800	Ammortamento Impianti 500	

Come si vede, le tre informazioni sono mantenute, ottenendo così il risultato desiderato.

È bene sottolineare, comunque, che il fondo ammortamento è una **invenzione contabile**. Esso, di per sé, non esiste, ma serve soltanto per rettificare il valore delle immobilizzazioni.

Un quesito dovrebbe sorgere spontaneo.

Avevamo detto che una delle regole fondamentali della contabilità generale è che **non esiste rilevazione contabile senza manifestazione finanziaria.**

Eppure, adesso, le *rilevazioni dell'ammortamento sembrano contraddire questa affermazione*, in quanto sia nella forma diretta che indiretta abbiamo comunque utilizzato solo e soltanto conti di reddito.

Come si spiega?

In realtà non vi è una contraddizione perché **non si tratta, in questo caso, di contabilizzare un nuovo costo o un nuovo ricavo, ma solo di dividere in due – tra costo d'esercizio e costo sospeso – un valore economico già rilevato** quando il bene, brevetto o impianto che fosse, lo abbiamo acquistato a fronte, allora sì, di una manifestazione finanziaria… In altre parole l'uscita non manca, c'è già stata.

34. Le rimanenze di merci

Un'altra, importante, scrittura di rettifica riguarda le rimanenze di merci.

Come è intuibile, infatti, non tutte le merci acquistate nel corso dell'anno vengono necessariamente «consumate» nello stesso periodo amministrativo. Una parte, invece, può benissimo restare in magazzino, a disposizione dell'esercizio successivo.

È chiaro che, mentre le merci vendute rappresentano un costo di esercizio, quelle in «rimanenza» sono una risorsa a disposizione della gestione futura e, come tali, un costo anticipato.

Poniamo di avere acquistato merci per € 3.000 e di averne ancora € 1.000 in magazzino. La situazione che si viene a determinare è la seguente, in cui il problema consiste di dividere le € 3.000 degli acquisti in parte di costo di esercizio – acquistato e consumato – e parte di costo sospeso – acquistato e da consumare:

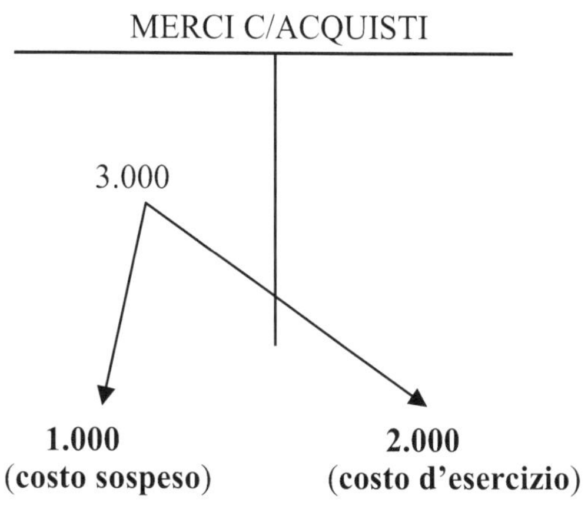

Una strada che si potrebbe, in teoria, seguire è quella di rettificare direttamente in conto, procedendo ad un qualcosa del tipo:

Cod. Conto Dare	Cod. conto Avere				
		Merci c/rimanenze finali	a	Merci c/acquisti	1.000

Così facendo, si lascia il costo di esercizio nel conto «Merci c/acquisti» – perché si è convenuto che gli acquisti siano prevalentemente di esercizio – mentre il costo sospeso viene trasferito nel conto «Merci c/rimanenze finali».

In realtà, questa scrittura, per quanto astrattamente possibile, non viene adottata.

Si preferisce, invece, lasciare l'intero valore di acquisto nel conto «Merci c/acquisti» e rettificarlo, indirettamente, in conto economico.

La logica non è molto dissimile a quella del fondo ammortamento, solo che adesso la rettifica indiretta viene operata nel conto economico e non nello stato patrimoniale.

Tracciamo la scrittura e poi commentiamola, perché presenta delle particolarità che vanno necessariamente analizzate.

A livello di conti di mastro dovremo registrare:

MERCI C/RIM. FIN.	
1.000	

CONTO ECONOMICO	
	1.000

La rilevazione, a libro giornale, è:

Cod. Conto Dare	Cod. conto Avere				
		Merci c/rimanenze finali	a	Conto Economico	1.000

Con essa otteniamo due risultati.

Apriamo, per € 1.000, «**Merci c/rimanenze finali**» – conto di reddito acceso ai costi sospesi che andrà poi chiuso in stato patrimoniale – e portiamo gli stessi 1.000 euro nell'avere del conto economico, dove serve per rettificare il costo degli acquisti, che si trova in dare.

Quindi:

STATO PATRIMONIALE	
Merci c/RF 1.000	

CONTO ECONOMICO	
	Merci c/RF 1.000

Le «stranezze» sono due.

Una è che *abbiamo utilizzato, per la prima volta, «Conto Economico»* – il quale si può chiamare, come mastro, anche «profitti e perdite» – per portavi un importo in avere.
La particolarità consiste nel fatto che quando si usa un conto di riepilogo è necessario riportare nel mastro anche la voce a cui il valore corrisponde perché, altrimenti, il bilancio non sarebbe leggibile.

Questo spiega la seconda «stranezza», è cioè che *«Merci c/rimanenze finali» lo ritroviamo sia in stato patrimoniale che in conto economico.*
Nei prospetti di bilancio assume, però, un significato diverso. In stato patrimoniale – dove normalmente si ritrova sotto la denominazione «merci» – svolge la sua funzione, naturale, di conto acceso ai costi sospesi; in conto economico, invece, è una posta di rettifica, un po' come il fondo ammortamento in stato patrimoniale.

Da un punto quantitativo monetario, comunque, è sempre un conto di reddito acceso ai costi sospesi.

Attenzione! Su alcuni testi di contabilità la rilevazione delle rimanenze viene effettuata in modo lievemente diverso, ed esattamente come segue:

Cod. Conto Dare	Cod. conto Avere			...		
		Merci	a		Merci c/rimanenze finali	1.000

Solo in sede di chiusura dei conti troveremo poi:

Cod. Conto Dare	Cod. conto Avere			...		
		Merci c/rimanenze finali	a		Conto Economico	1.000

In questo caso il significato di questa seconda rilevazione è diverso. Infatti, «Merci c/rimanenze finali» viene aperto in avere, con la prima scrittura, in sede di assestamento, e chiuso poi un dare nel riepilogo generale dei conti.

Contabilmente seguire una o l'altra strada è indifferente. Importante è capire perché alcuni, seguono questa seconda strada, che pure comporta più rilevazioni.

La ragione risiede nel volere portare in bilancio denominazioni di conto già utilizzate nel corso nelle operazioni contabili, dal momento che, come abbiamo già osservato, le rimanenze vengono appunto denominate «merci» quando appaiono in stato patrimoniale.

L'esigenza è rispettabile, perché favorisce la così detta ricostruibilità del bilancio – uno dei requisiti che il bilancio deve avere secondo i dottori commercialisti, come vedremo poi – ma non risponde ad un obbligo di legge né di teorica contabile.

35. I «risconti» attivi e passivi

Ipotizziamo di rinnovare integralmente un effetto passivo da € 10.000, in scadenza al 1° novembre, per cinque mesi, pagando in via anticipata interessi passivi per € 700 (€ 140 al mese).

La rilevazione del rinnovo degli effetti, all'1/11, è:

Cod. Conto Dare	Cod. conto Avere					
			1/11			
		Diversi	a	Diversi		
		Effetti passivi			10.000	
		Interessi passivi su rinnovi			700	10.700
			a	Effetti passivi	10.000	
			a	Cassa	700	

Al 31/12 in contabilità risulteranno quindi interessi passivi per € 700.

Però, ragionando in termini di competenza, è facile rendersi conto che il costo non può essere considerato interamente di esercizio.

Al 31/12, infatti, abbiamo fruito della dilazione solo per 2 dei 5 mesi già «pagati».

È chiaro, quindi, che 2/5 dell'importo versato corrispondono ad un costo di esercizio, i restanti 3/5, invece, vanno considerati un costo sostenuto anticipatamente rispetto al suo utilizzo e quindi un costo sospeso.

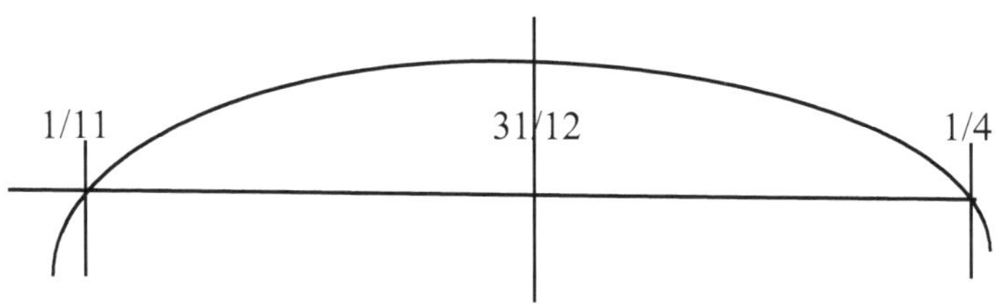

Pertanto, nel conto interessi passivi, il costo andrà ripartito come segue:

Si tratta, anche qui, di trovare una scrittura contabile che ci permetta di dividere il «costo» in quota di esercizio e quota sospesa, tenendo conto che – per quel principio di «assimilazione» utilizzato anche altrove – si preferisce lasciare il costo di esercizio nel conto «interessi passivi».

La rilevazione a cui si ricorre è di **rettifica diretta**, ed esattamente:

RISCONTI ATTIVI	
420	

INTERESSI PASSIVI SU RINNOVI	
....	420

Ed a libro giornale:

Cod. Conto Dare	Cod. conto Avere		31/12		
		Risconti attivi	a	Interessi passivi su rinnovi	420

«Interessi passivi», così rettificato, accoglie il costo di esercizio di € 280 ed è pertanto un conto di reddito acceso ai costi di esercizio; «Risconti attivi», invece, contiene le € 420 ed è quindi un conto di reddito acceso ai costi sospesi.

Pertanto:

> il risconto attivo fa riferimento ad un costo che ha avuto la sua manifestazione finanziaria nell'esercizio in chiusura ma che è da ritenersi, in parte, di competenza economica degli esercizi futuri.

In particolare, si parla di risconto attivo quando ci troviamo di fronte ad un costo che:

- ha trovato manifestazione finanziaria anticipata;
- l'importo del risconto stesso è calcolato in proporzione al tempo;
- l'operazione a cui si riferisce riguarda due o più esercizi contigui.

In bilancio, troveremo i seguenti valori:

STATO PATRIMONIALE	
Risconti attivi su rinnovi 420	

CONTO ECONOMICO	
Interessi Pass. 280	

Ovviamente, come si parla di «Risconti attivi» in relazione a quote di costo, così si parlerà di «Risconti passivi» riferendosi a quote di ricavo.

«Risconti passivi», pertanto, è un conto di reddito acceso ai ricavi sospesi e, come tale, dovrà essere allocato nel passivo dello stato patrimoniale.

Un esempio di fatto di gestione che può dar luogo ad un risconto passivo è rappresentato dalla riscossione anticipata di un canone di locazione semestrale per, poniamo, € 120, in data 1/11.

In tal caso delle 120 euro già riscosse, e quindi già contabilizzate nel conto «Fitti attivi», solo 40 euro rappresentano un ricavo di esercizio, mentre le altre 80 sono di competenza dell'esercizio successivo. Le 80 euro, pertanto, dovranno essere «tolte» dal conto «Fitti attivi» – conto di reddito acceso ai ricavi di esercizio – e portate in «Risconti passivi» – conto di reddito acceso ai ricavi sospesi:

a libro giornale sarà:

Cod. Conto Dare	Cod. conto Avere		31/12			
		Fitti attivi	a	Risconti passivi		80

Mentre a livello di mastri avremo:

FITTI ATTIVI	
80	

RISCONTI PASSIVI	
	80

36. Le «capitalizzazioni»

Una quota parte «sospesa» di costo, per essere promossa al grado di «Risconto attivo», deve rispettare i tre requisiti sopra enunciati: manifestazione finanziaria anticipata, appartenenza a 2 o più esercizi «contigui» e proporzionalità al tempo.

Questo, però, restringe l'ambito di esistenza dei risconti, in definitiva, solo ai canoni, agli interessi passivi ed a fenomeni analoghi.

Ci sono molti altri costi, invece, che possiedono solo due dei tre requisiti: hanno manifestazione finanziaria anticipata, sono in parte di esercizio ed in parte sospesi, ma la loro competenza non può essere determinata in base al fattore tempo.

Quando si verificano tali ipotesi utilizzare il termine risconti, pertanto, non è corretto. Si parla, piuttosto, di **costi o spese anticipate** o, più esattamente, di **oneri pluriennali**.

Qui di seguito ne riportiamo alcuni esempi.

Si avverte però che tali capitalizzazioni, seppure diffuse nella prassi contabile italiana, sono guardate con sfavore da parte del legislatore, che tende a limitarne il ricorso…

Le spese anticipate di pubblicità

È il caso, ad esempio, di un forte investimento in pubblicità che darà i suoi benefici non solo nell'anno in cui è stato finanziariamente effettuato ma anche in quelli successivi.

Poniamo che nel corso dell'anno X si siano sostenute spese di pubblicità per € 1.000.
La rilevazione continuativa sarà stata:

Cod. Conto Dare	Cod. conto Avere					
		…				
		Diversi	a	Fornitori		1.210
		Spese di pubblicità			1.000	
		IVA ns credito			210	

Ipotizzando, però, che in sede di inventario si valuti l'utilità che la campagna pubblicitaria avrà l'anno successivo in € 700 dovremo dividere in due il costo di € 1.000: € 300 sarà il costo di esercizio; – e lo lasciamo nel conto «Spese di pubblicità» – € 700 il costo sospeso – da portarsi in un conto acceso ai costi anticipati, denominabile «Spese anticipate di pubblicità».

A libro giornale avremo:

Cod. Conto Dare	Cod. conto Avere		31/12			
		Spese anticipate di pubblicità	a	Spese di pubblicità		700

Mentre a livello di mastri, la movimentazione sarà:

SPESE ANT. DI PUBB.	
700	

SPESE DI PUBBLICITÀ	
.....	700

«Spese di pubblicità» andrà quindi portato nel dare del conto economico, in quanto costo di esercizio, mentre «Spese anticipate di pubblicità», che rappresenta un conto di reddito acceso ai costi sospesi, sarà allocato nell'attivo dello stato patrimoniale.

Negli anni successivi verrà poi considerato una sorta di immobilizzazione immateriale e, perciò, ammortizzato in via diretta.

Si parla, quando i costi vengono portati a stato patrimoniale, di una loro **capitalizzazione**.

> Capitalizzare un costo vuol dire non considerarlo una componente negativa del reddito dell'esercizio in cui si manifesta finanziariamente bensì un elemento attivo del capitale di funzionamento, rinviandolo ai futuri esercizi.

Le spese di manutenzione straordinaria

Un altro esempio tipico di capitalizzazione è quello delle spese di manutenzione straordinaria.

> Le spese di manutenzione sono «ordinarie» quando vengono effettuate per mantenere la funzionalità del bene – ad esempio la riparazione di un guasto all'impianto di riscaldamento; sono «straordinarie» quando servono per aumentarne la capacità e quindi il valore – come l'aumento della memoria di un computer.

Le «spese di manutenzione straordinaria» vanno ad aumentare durevolmente il valore del bene a cui si riferiscono perché la loro utilità si dispiega necessariamente su più esercizi.

Anch'esse vengono quindi capitalizzate, «tirandole fuori» dal conto «Spese di manutenzione» che, dopo la rettifica, accoglierà solo il costo di esercizio:

SPESE DI MAN. STR.	
100	

SPESE DI MANUTENZIONE	
....	100

Conseguentemente, a libro giornale:

Cod. Conto Dare	Cod. conto Avere	31/12				
		Spese di manutenzione straordinaria	A	Spese di manutenzione		100

«Spese di manutenzione» rappresenta un conto di reddito acceso ai costi di esercizio, «Spese di manutenzione straordinaria» è, invece, un conto di reddito acceso ai costi sospesi.

Evidentemente, le «spese di manutenzione straordinaria» non hanno vita propria e, pertanto, vengono normalmente stornate al conto a cui si riferiscono.

Ponendo che esse abbiano riguardato degli impianti:

IMPIANTI	
100	

SPESE DI MAN. STR.	
....	100

Nel libro giornale:

Cod. Conto Dare	Cod. conto Avere	31/12			
		Impianti	a	Spese di manutenzione straordinaria	100

«Spese di manutenzione straordinaria», pertanto, visto che viene aperto e chiuso al 31/12, può anche essere omesso, registrando direttamente la capitalizzazione delle manutenzioni ad impianti, con la rilevazione seguente:

IMPIANTI	
100	

SPESE DI MANUTENZIONE	
....	100

E quindi:

Cod. Conto Dare	Cod. conto Avere					
		Impianti	31/12 a	Spese di manutenzione		100

Attenzione! Aver saltato il passaggio contabile non significa che, concettualmente si sia rilevato un fatto di gestione diverso. Abbiamo semplicemente utilizzato la meccanica contabile per raggiungere in maniera più concisa lo stesso risultato.

Le costruzioni in economia

Può capitare, ancora, che l'azienda decida di costruire per conto proprio un capannone industriale od un impianto, utilizzando materiali vari e mano d'opera.
È chiaro che il valore del bene autocostruito non può essere considerato un componente negativo del reddito di esercizio ma deve essere «capitalizzato».

Le strade teoricamente seguibili da un punto di vista contabile sono due.
La prima è quella di rettificare direttamente tutte le voci di costo da cui abbiamo attinto delle risorse. La rilevazione sarebbe, in tal caso:

Cod. Conto Dare	Cod. conto Avere		31/12			
		Costruzioni in economia	a	Diversi		100
			a	Retribuzioni	30	
			a	Merci c/acquisti	23	
			a	....	...	

È un modo di procedere, però, poco praticabile, perché si basa su due presupposti in realtà non verificabili: che si abbia un'esatta conoscenza dell'entità delle risorse consumate e che il valore del bene realizzato corrisponda al valore esatto di quanto utilizzato.

Di regola, pertanto, si preferisce stimare, in sede di inventario, il valore di quanto fabbricato e procedere ad una rettifica, indiretta, in conto economico.

Cod. Conto Dare	Cod. conto Avere	31/12			
		Costruzioni in economia	a	Conto Economico	100

Il risultato è sempre una capitalizzazione di costi, nel nostro esempio 100 euro. La seconda strada, però, permette di evitare l'imputazione analitica dello storno ai singoli conti.

«Costruzioni in economia» rappresenta un conto di reddito acceso ai costi sospesi e deve essere collocato nell'attivo dello stato patrimoniale. Di regola, però, se la costruzione in economia è stata completata avrà dato luogo ad un qualche tipo di immobilizzazione.

Pertanto, per motivi di chiarezza, si preferisce portarne il valore nella posta che meglio ne esprime la tipologia.

Se per esempio quello che si è realizzato è un edificio, si procederà a chiudere il conto «Costruzioni in economia» a quello «Immobili»:

Cod. Conto Dare	Cod. conto Avere	31/12			
		Immobili	a	Costruzioni in economia	100

In questo caso – soltanto, perciò, se l'edificio è completato – il conto «Costruzioni in economia» viene aperto e chiuso al 31/12 e può, pertanto, essere «evitato», con la scrittura:

Cod. Conto Dare	Cod. conto Avere	31/12			
		Immobili	a	Conto Economico	100

37. Le scritture di integrazione. Fondi spese e fondi rischi

Tutte le scritture di rettifica nella sostanza si traducono nel dividere un costo – o un ricavo – in due parti, quella di esercizio e quella anticipata. La registrazione, pertanto, presenta sistematicamente la rilevazione di due voci di reddito.

Ci siamo infatti chiesti se, ricorrendo a tale procedura, la regola della contabilità per la quale non si può rilevare un costo senza una uscita fosse comunque rispettata.

La risposta è sì, perché il costo, in tutti questi casi, è stato registrato in ragione della manifestazione finanziaria, in sede di scritture continuative.

In assestamento, invece, si trattava solo di «metterlo al posto giusto», in ragione che fosse di esercizio o sospeso.

Il caso è diverso quando si parla di **scritture integrative**. Qui il problema consiste proprio nel rilevare un costo o un ricavo che non ha ancora trovato la sua manifestazione finanziaria e, quindi, non risultante in contabilità.

Pertanto, nel caso delle scritture di integrazione, la manifestazione finanziaria è indispensabile.

Visto che quella «effettiva» non c'è stata, ne calcoliamo una fittizia o, come tecnicamente si dice, «presunta».

> Tutti i valori finanziari che servono a misurare costi e ricavi in sede di assestamento sono **valori numerari presunti**.
> Sono presunti perché non c'è stato, per ora, alcuna relazione di mercato e sono quindi determinati in ragione di stime o di congetture.
> Il fatto che il valore stimato si possa considerare attendibile non modifica, evidentemente, la natura della variazione finanziaria.

Vediamo adesso i principali esempi di scritture integrative.

Il Trattamento di Fine Rapporto

Una particolare componente della retribuzione è rappresentata dalla **indennità di fine rapporto**.

Quest'ultima, però, non viene percepita dal dipendente mese per mese, ma - salvo alcune eccezioni, ad esempio per l'acquisto della prima casa - in un'unica soluzione, a conclusione del rapporto di lavoro.

L'indennità, comunque, matura con il passare del tempo e quindi non sarebbe corretto farla pesare integralmente sul reddito del periodo amministrativo in cui il dipendente va in pensione o cambia lavoro.

Oggi, i dipendenti italiani possono scegliere se destinare il proprio TFR ai fondi pensione (previdenza integrativa) o se mantenerlo all'interno dell'azienda. Nell'ultima ipotesi, però, l'azienda con più di 50 dipendenti non dispone realmente del TFR, essendo obbligata a destinare tali somme ad uno specifico fondo gestito dall'Inps.

Nello specifico le situazioni che si possono verificare sono le seguenti:

- Azienda con meno di 50 dipendenti:
  - TFR trattenuto in azienda;
  - TFR versato ad un fondo di previdenza complementare.
- Azienda con 50 o più dipendenti:
  - TFR versato al fondo di tesoreria gestito dall'INPS;
  - TFR versato ad un fondo di previdenza complementare.

Tutto ciò si riflette sulle scritture di accantonamento al fondo TFR da redigere al termine dell'anno. Vediamo sinteticamente le rilevazioni sul libro giornale nei diversi casi.

Tfr mantenuto in azienda (meno di 50 dipendenti)

Nel caso in cui il TFR viene trattenuto in azienda (ipotesi ammissibile solamente se l'azienda ha meno di 50 dipendenti) a fine anno si determina la quota di costo di competenza dell'esercizio concluso. Contabilmente si rileva da una parte il costo di esercizio, utilizzando il conto «Indennità TFR» e dall'altra il debito che l'impresa ha nei confronti dei suoi dipendenti.

La rilevazione è:

Cod. Conto Dare	Cod. conto Avere	31/12				
		Indennità di fine rapporto	a	Fondo TFR		1.200

Il conto «Fondo Trattamento di Fine Rapporto» - o trattamento di fine rapporto di lavoro subordinato, come viene denominato dal legislatore - è un conto finanziario acceso ai valori numerari presunti passivi e deve essere portato nel passivo dello stato patrimoniale.

Tfr mantenuto in azienda (più di 50 dipendenti)

Se i dipendenti decidono di mantenere il TFR in azienda, e l'azienda ha almeno 50 dipendenti, vi è l'obbligo di versare il TFR maturato al Fondo di Tesoreria dell'INPS.

Sul libro giornale mensilmente si rileva non il costo di competenza (che sarà rilevato a fine esercizio) ma il sorgere di un credito, per le somme versate in relazione al TFR maturato, verso la Tesoreria INPS.

Si avrà quindi una movimentazione in dare del conto finanziario acceso a valori numerari assimilati attivi denominato «Credito v/fondo Tesoreria», ad evidenziare le somme versate all'INPS, e, in contropartita, il conto «INPS c/contributi», per evidenziare il debito dell'azienda nei confronti dell'INPS.

Ipotizzando, quindi, una quota di TFR maturata nel mese di € 100, si avrà:

Cod. Conto Dare	Cod. conto Avere	Credito v/fondo tesoreria	a	INPS c/contributi		100

Successivamente avremo il relativo versamento, supponiamo a mezzo banca:

Cod. Conto Dare	Cod. conto Avere	INPS c/contributi	a	Banca c/c		100

Al 31/12, in sede di scritture di assestamento, si determinerà il costo dell'esercizio (che dovrebbe essere pari alla somma delle quote maturate nei vari mesi e cumulate nel conto «Credito v/fondo tesoreria», salvo conguagli). Esso è misurato attraverso il conto «Fondo TFR» il quale subito dopo è girato al conto «Debiti v/INPS (Tesoreria)», un conto finanziario acceso ai valori numerari assimilati passivi. Le rilevazioni sul libro giornale sono:

Cod. Conto Dare	Cod. conto Avere		31/12		
		Indennità di fine rapporto	a	Fondo TFR	1.200
			d.d		
		Fondo TFR	a	Debiti v/INPS (Tesoreria)	1.200

Tfr destinato ai fondi pensione (o fondo di previdenza complementare)

Se i dipendenti scelgono di destinare il TFR ad un fondo pensione, in contabilità generale, indipendentemente dal numero dei dipendenti, si rileva dapprima il costo dell'esercizio (mensilmente o secondo la periodicità del fondo) con la scrittura:

Cod. Conto Dare	Cod. conto Avere		...		
		Indennità di fine rapporto	a	Fondo TFR	1.200

In seguito, si storna il Fondo TFR al conto «Debiti v/fondi pensione» con la scrittura:

Cod. Conto Dare	Cod. conto Avere		...		
		Fondo TFR	a	Debiti v/fondi pensione	1.200

Il conto «Debiti v/fondi pensione», a differenza del conto «Fondo TFR», è un conto finanziario acceso ai valori numerari assimilati passivi e andrà nella macroclasse D del passivo dello Stato Patrimoniale. Se i dipendenti non indicano il fondo cui riversare le somme esse affluiranno ad uno specifico fondo pensione INPS e il conto sarà denominato «Debiti v/fondi INPS». In tal caso la scrittura diventa:

Cod. Conto Dare	Cod. conto Avere				
		Fondo TFR	a	Debiti v/fondi INPS	1.200

All'atto del versamento delle somme si rileva:

Cod. Conto Dare	Cod. conto Avere				
		Debiti v/fondi pensione	a	Banca c/c	1.200

Oppure:

Cod. Conto Dare	Cod. conto Avere				
		Debiti v/fondi INPS	a	Banca c/c	1.200

Il fondo imposte e tasse

Il «Fondo imposte e tasse» segue una logica del tutto simile al TFR.

Il problema nasce dal fatto che le imposte sul reddito di esercizio dell'anno di cui si va a redigere il bilancio si pagano, in realtà, l'anno successivo e non trovano pertanto manifestazione finanziaria nell'anno a cui effettivamente competono.

Per rispettare quindi il principio della competenza è indispensabile, anche qui, procedere alla rilevazione del costo di esercizio relativo alle imposte a fronte dell'uscita che si presume avverrà nel corso del periodo amministrativo successivo.

La rilevazione sarà:

IMPOSTE & TASSE	
1.000	

FONDO IMPOSTE & TASSE	
	1.000

Non diversamente, a libro giornale:

Cod. Conto Dare	Cod. conto Avere	31/12				
		Imposte e tasse	a	Fondo Imposte e tasse		1.000

Dove «Imposte e tasse» è un conto di reddito acceso ai costi di esercizio – va portato nel dare del conto economico – e «Fondo imposte e tasse», il debito nei confronti dell'erario, è un conto finanziario acceso ai valori numerari presunti passivi – da allocare nel passivo dello stato patrimoniale.

Attenzione, però! Nel bilancio legale il *Fondo Imposte e Tasse* compare sotto la denominazione di Debiti Tributari, che accoglie tutti i debiti nei confronti dell'erario.

Se volessimo quindi rispettare anche in contabilità tale dizione la rilevazione sarebbe:

Cod. Conto Dare	Cod. conto Avere	31/12				
		Imposte sul reddito	a	Debiti tributari		1.000

Il conto «Debiti Tributari», a differenza del «Fondo Imposte e tasse», è un conto finanziario acceso a valori numerari assimilati passivi.

Sia il fondo TFR che il fondo Imposte e tasse sono considerati **fondi spese.**

I fondi spese nascono da accantonamenti realizzati per far fronte a spese di futura manifestazione maturate però nel corso dell'esercizio di cui si redige il bilancio. Su di esse nutriamo un ragionevole grado di certezza sia sul loro verificarsi sia sull'onere che determineranno.

In ragione del diverso grado di aleatorietà che comportano si differenziano dai fondi spese i c.d. **fondi rischi**.

I fondi rischi sono relativi ad accantonamenti costituiti per far fronte ad oneri, di competenza dell'esercizio in corso, di cui si teme la futura manifestazione ma di cui non siamo certi né del verificarsi né, tanto meno, dell'onere che ne conseguirà.

Tipico esempio di fondo rischi è il fondo svalutazione crediti.

Il fondo svalutazione crediti

Può accadere, purtroppo, che alcuni crediti non vengano riscossi. È chiaro che la non riscossione di un credito, la «Perdita su crediti», rappresenta un costo di competenza dell'esercizio in cui il credito stesso è stato concesso.

Pertanto, al 31/12 si procede a stimare la perdita che probabilmente si manifesterà sui crediti in portafoglio, per farla pesare sul reddito dell'esercizio.

Una volta valutata la perdita presunta si procede ad effettuare la seguente rilevazione:

Cod. Conto Dare	Cod. conto Avere	31/12				
		Perdite presunte su crediti	a	Fondo svalutazione crediti		1.150

Anche in questo caso si ripete la logica delle altre scritture di integrazione.

«Perdite presunte su crediti» è un conto di reddito acceso ai costi di esercizio – da mandare in conto economico – e «Fondo svalutazione crediti» è un conto finanziario acceso ai valori numerari presunti passivi – da portare in stato patrimoniale.

38. Le scritture di integrazione. I ratei attivi e passivi

Trattando delle scritture rettificative abbiamo parlato dei risconti. I ratei sono un po' i cugini dei risconti, nel senso che le due operazioni assumono caratteristiche molto simili.

Si parla di ratei, in dettaglio, quando:

* l'operazione riguarda due o più esercizi contigui;
* il valore di competenza dell'esercizio è calcolato in proporzione al tempo.

Queste caratteristiche sono in comune sia al rateo che al risconto. La differenza consiste nel fatto che mentre il risconto si ha quando il fatto di gestione ha trovato manifestazione finanziaria anticipata il rateo, invece, presenta la particolarità che:

* l'operazione non ha ancora dato luogo ad una manifestazione finanziaria.

I ratei sono poste contabili – valori numerari presunti – mediante i quali si misurano finanziariamente quote di costi (o ricavi) di competenza dell'esercizio che non hanno ancora trovato la loro manifestazione finanziaria.

Un esempio chiarirà il concetto. Ipotizziamo di aver preso in affitto un immobile industriale, pattuendo un fitto semestrale di € 6.000 da pagare in via posticipata in data 1/5 ed 1/11. Se ci spostiamo sull'asse dei tempi ci troviamo di fronte ad una situazione come la seguente:

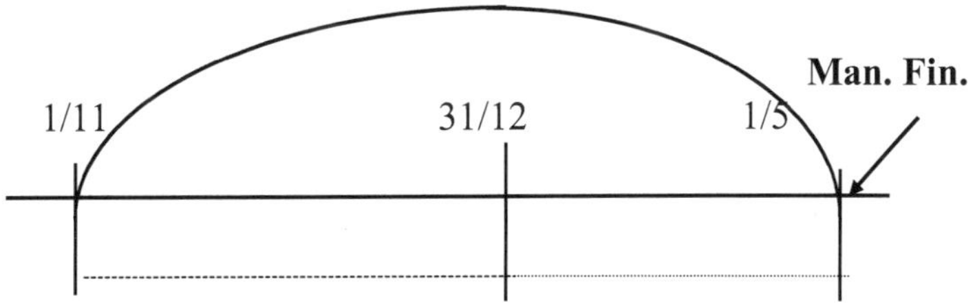

Al 31/12, pertanto, non abbiamo ancora rilevato il costo del canone del periodo che va dal 1° novembre al 31 dicembre per il semplice fatto che l'uscita avrà luogo il 1° maggio dell'anno successivo.
In termini di competenza, però, questo costo deve essere imputato come variazione economica negativa al reddito dell'anno di cui si redige il bilancio.

Pertanto, si tratta, analogamente alle altre scritture di integrazione, di determinare, a fronte di una uscita stimata, il costo di competenza dell'esercizio, che nel caso del rateo passivo viene calcolato in proporzione al tempo.

Nel nostro esempio:

FITTI PASSIVI	
2.000	

RATEI PASSIVI	
	2.000

E, a libro giornale:

Cod. Conto Dare	Cod. conto Avere		31/12		
		Fitti passivi	a	Ratei passivi	2.000

Dove «Fitti passivi» è un conto di reddito acceso ai costi di esercizio e «Ratei passivi» un conto finanziario acceso ai valori numerari presunti passivi.

Il rateo attivo, invece, serve per determinare, in modo del tutto analogo, ricavi di esercizio che non hanno trovato rilevazione contabile perché non c'è stata ancora la manifestazione finanziaria.

Ad esempio, nel caso di un canone semestrale posticipato di affitto da incassare in data 1/5 ed 1/11 per € 3.000, al 31/12 la rilevazione di assestamento sarà:

RATEI ATTIVI	
1.000	

FITTI ATTIVI	
	1.000

Lo stesso a libro giornale:

Cod. Conto Dare	Cod. conto Avere	31/12			
		Ratei attivi	a	Fitti attivi	1.000

«Ratei attivi» rappresenta un valore numerario presunto attivo e «Fitti attivi» un conto di reddito acceso ai ricavi di esercizio.

39. L'accredito e l'addebito degli interessi bancari

Le banche, normalmente, effettuano il calcolo degli interessi attivi e passivi con valuta 31/12 e, chiaramente, gli interessi maturati sono di competenza dell'esercizio che sta concludendosi.
Si tratta, come nelle altre rilevazioni di integrazione, di rilevare un costo o un ricavo a fronte di una variazione finanziaria.

Interessi bancari passivi

Nel caso degli interessi passivi si registrerà:

Cod. Conto Dare	Cod. conto Avere	31/12			
		Interessi passivi	a	Banca c/c	1.000

La natura dei conti è nota.

Un'osservazione merita però l'impiego del conto «Banca c/c».

In effetti **al 31/12 non c'è ancora stato l'accredito sul conto corrente** e quindi, trattandosi di una stima, non sarebbe corretto addebitare subito il conto «Banca c/c».

Come sappiamo, però, il bilancio non viene preparato la notte di San Silvestro e non c'è ragione, pertanto, di non sfruttare le informazioni che acquisiamo nel tempo intercorso dalla fine dell'esercizio al momento in cui realmente costruiamo il bilancio di esercizio.

Prima della sua redazione, pertanto, avremo già l'estratto conto con tutti i dati che servono. Ecco quindi la concreta possibilità di utilizzare il conto «Banca c/c», senza dubbio preferibile a dizioni generiche quali «Crediti diversi» o simili.

Interessi bancari attivi

Per gli interessi attivi si deve ricordare l'applicazione della normativa fiscale, che prevede una ritenuta del 20%, a titolo di acconto.

Pertanto, la ritenuta è un credito, da rilevare in «Erario c/ritenute subite»:

Cod. Conto Dare	Cod. conto Avere		31/12			
		Diversi	a	Interessi attivi bancari		1.000
		Banca c/c			800	
		Erario c/ritenute subite			200	

La natura dei conti può sembrare in contraddizione con quanto abbiamo prima detto, «Banca c/c» ed «Erario c/ritenute subite» sono entrambi, nonostante l'utilizzo in sede di assestamento, **valori numerari assimilati attivi**. Per essi vale una *logica di assimilazione*: sono prevalentemente tali e, per la contabilità, tanto basta.

40. Le «fatture da emettere» e le «fatture da ricevere»

Si è detto che il momento della manifestazione finanziaria coincide, per convenzione e per comodità fiscale, con l'emissione od il ricevimento della fattura.

Questa scelta rappresenta un utile espediente in sede di scritture continuative. Evidentemente, però, può comportare delle «sfasature» in termini di competenza.

Può accadere, ad esempio, che si siano acquistate delle merci in data 20 dicembre X ma che per qualche ragione al 31 del mese non si sia ancora ricevuta la fattura.

In tal caso le merci sono di proprietà dell'azienda già nell'anno X, dal momento che il contratto è stato perfezionato – abbiamo avuto perfino la consegna! – ed il costo dovrà pertanto essere registrato e rientrare nella fase di determinazione del reddito di esercizio dell'anno in cui si redige il bilancio.

È necessario quindi procedere ad effettuare una scrittura di integrazione.

Vediamo come.

Ipotizziamo di avere acquistato merci per € 1.000 + IVA.

La rilevazione sarà:

Cod. Conto Dare	Cod. conto Avere	31/12			
		Merci c/acquisti	a	Fatture da ricevere	1.000

L'IVA, come si nota, non viene rilevata.

Lo sarà soltanto al ricevimento della fattura che, al momento, non abbiamo.

«Fatture da ricevere» è un conto finanziario acceso ai valori numerari presunti passivi, ed esprime il debito – stimato, perché siamo in assenza del documento giustificativo – che abbiamo verso un fornitore.

Analogamente, nel caso in cui si sia venduta merce per € 2.000, ma non si è ancora emessa fattura, dovremo registrare:

Cod. Conto Dare	Cod. conto Avere	31/12			
		Fatture da emettere	a	Merci c/vendite	2.000

Valgono le medesime considerazioni di prima: niente IVA e «Fatture da emettere» è anch'esso un conto finanziario acceso ai valori numerari presunti – questa volta attivi.

L'angolo dei quesiti…

- Qual è la differenza tra Stato Patrimoniale e Inventario?
- Qual è il ruolo delle scritture di rettifica?
- Che differenza c'è fra scrittura continuativa e di assestamento?
- Perché i valori numerari accesi in sede di scritture di integrazione sono tutti valori presunti?
- Cosa è una capitalizzazione?
- A cosa serve l'inventario in sede di assestamento?
- Qual è la differenza tra ratei e risconti?
- Come mai tradizionalmente le immobilizzazioni immateriali vengono ammortizzate con procedura diretta?
- Che natura quantitativo-monetaria ha il conto «Fatture da emettere». Qual è il suo significato?
- Cosa rappresenta il fondo imposte e tasse?

✍ *Per saperne di più* ✍

📖 Carlo **CARAMIELLO**, Ragioneria Generale e Applicata, Milano, Mursia, 1996 (a cura di Alessandro **MUSAIO**).

📖 Domenico **AMODEO**, *Ragioneria generale delle imprese*, Napoli, Giannini, 1965.

CHIUSURA E RIAPERTURA DEI CONTI

41. Arrivare al bilancio: le scritture di chiusura

Al termine delle scritture di assestamento sappiamo ormai quali sono i costi e ricavi di esercizio e quali i costi e ricavi sospesi, e conosciamo l'esatta consistenza dei valori finanziari.

Si procede quindi alla redazione di una nuova situazione contabile o del 2° bilancio di verifica dove, a questo punto, i saldi dei conti – rettificati e integrati nel corso dell'assestamento – saranno pari ai valori di stima dell'inventario.

Possiamo ora arrivare a redigere il bilancio di esercizio. Si tratta, quindi, di «riepilogare» i conti nei prospetti di bilancio, cioè in stato patrimoniale ed in conto economico.

Ciò avviene mediante un processo, quello delle **scritture di chiusura**, articolato in 3 fasi:

1. riepilogo dei conti di reddito accesi ai costi e ricavi di esercizio in conto economico;
2. chiusura del conto economico e determinazione del reddito di esercizio;
3. riepilogo dei conti rimasti aperti a stato patrimoniale.

«Riepilogare» i conti accesi alle componenti del reddito significa chiuderli, trasferendo, contemporaneamente, il valore che racchiudono in conto economico.

Per chiudere un conto acceso ai costi di esercizio, che ha eccedenza dare, si dovrà portare un importo pari al suo saldo in avere.

CONTO ECONOMICO	
Merci c/Acq. 1.000	

MERCI C/ACQUISTI	
(1.000)	1.000

Analogamente dovranno essere chiusi i conti accesi ai ricavi di esercizio, con eccedenza avere, movimentandoli in dare e «portandoli» così a conto economico.

> I conti accesi ai costi di esercizio hanno eccedenza dare e devono pertanto essere chiusi in avere; i conti accesi ai ricavi di esercizio hanno eccedenza avere e devono essere chiusi in dare.

La rilevazione sarà, per i costi di esercizio:

Cod. Conto Dare	Cod. conto Avere	31/12				
		Conto Economico	a	Diversi		.....
				Merci c/acquisti	....	
				Interessi passivi	....	
				Imposte e tasse	....	
				....	....	
				Tutti gli altri costi di esercizio!	....	

E, per i ricavi di esercizio:

Cod. Conto Dare	Cod. conto Avere	31/12				
		Diversi	a	Conto Economico		.....
		Merci c/vendite				
		Interessi attivi			....	
		Fitti attivi			....	
		....			....	
		Tutti gli altri ricavi di esercizio!			....	
					....	

In tal modo si arriva a chiudere tutti i costi e ricavi di esercizio.

Un'avvertenza è però necessaria: il conto economico non viene utilizzato soltanto nelle scritture di chiusura ma, come è si è visto, anche nel corso dell'assestamento – ad esempio per la rilevazione delle rimanenze – e, si vedrà poi, nella fase di apertura dei conti. Pertanto, in esso troveremo già dei valori, ancor prima delle rilevazioni di riepilogo.

Il passaggio successivo, comunque, consiste nel determinare l'utile o la perdita di esercizio, chiudendo così il conto economico stesso (di cui l'utile o la perdita rappresentano l'eccedenza).

Chiaramente se i ricavi sono più dei costi, e c'è quindi un utile, l'eccedenza sarà in avere e per chiudere il conto economico dovremo movimentarlo in dare:

CONTO ECONOMICO	
500	

UTILE D'ESERCIZIO	
	500

E, a libro giornale:

Cod. Conto Dare	Cod. conto Avere	31/12			
		Conto Economico	a	Utile di esercizio	500

Viceversa, se i costi sono più dei ricavi l'eccedenza sarà dare e quindi il conto economico verrà chiuso in avere:

Cod. Conto Dare	Cod. conto Avere	31/12			
		Perdita di esercizio	a	Conto Economico	200

Con questa rilevazione abbiamo chiuso il conto economico ed aperto il conto «Utile di esercizio» o «Perdita di esercizio». Siamo così arrivati alla redazione del Conto Economico, il nostro primo e fondamentale obiettivo: la determinazione analitica del reddito di esercizio.

Il passaggio successivo consiste nel riepilogare in stato patrimoniale tutti i conti rimasti aperti e cioè:

CONTO ECONOMICO	
COSTI DI ESERCIZIO	RICAVI DI ESERCIZIO
UTILE NETTO	

- ◊ i conti di reddito accesi a costi e ricavi sospesi;
- ◊ i conti finanziari attivi e passivi;
- ◊ i conti di capitale.

Anche qui si tratterà di chiudere in dare i conti che hanno eccedenza avere e viceversa.

Saranno quindi riepilogati in dare i valori finanziari passivi; i ricavi sospesi, i conti di capitale (fatte salve alcune eccezioni, come la perdita di esercizio, che ha eccedenza dare):

Cod. Conto Dare	Cod. conto Avere	31/12		
		Diversi a Stato Patrimoniale		.....
		Valori finanziari passivi:	.....	
		Fornitori	.....	
		Fondo TFR	.....	
		Mutui Passivi	.....	
		.....	.....	
		Ricavi sospesi:		
		Risconti passivi	.....	
		F.do amm.to	.....	
		....	.....	
		Conti di capitale:		
		Capitale netto	.....	
		Utile d'esercizio	.....	
		.....	.....	

In avere, invece, verranno chiusi i valori finanziari attivi; i costi sospesi e, se ve ne sono, i conti di capitale che rappresentano variazioni negative del netto:

Cod. Conto Dare	Cod. conto Avere	31/12				
		Stato Patrimoniale	a	Diversi		......
				Valori finanziari attivi:		
			a	Clienti	.....	
			a	Cassa	.....	
			a	Ratei attivi	.....	
			a	.....	.....	
				Costi sospesi:		
			a	Merci c/rim. Finali	.....	
			a	Risconti attivi	.....	
			a	Impianti	.....	
			a	....	.....	
				Conti di capitale:		
			a	Perdita d'esercizio	.....	
			a	.....	.....	

A questo punto si è conclusa anche la fase di chiusura dei conti e, accanto al conto economico, possiamo redigere anche lo stato patrimoniale.

STATO PATRIMONIALE

ATTIVITÀ	PASSIVITÀ & NETTO
VALORI FINANZIARI ATTIVI	VALORI FINANZIARI PASSIVI
COSTI SOSPESI	RICAVI SOSPESI
	CAPITALE NETTO

42. La riapertura dei conti

Il 1° gennaio si ricomincia.

Con il bilancio al 31/12, evidentemente, non si conclude la vita dell'azienda. Ecco quindi che, a partire dal 1° gennaio, per misurare i fatti di gestione tramite la tenuta dei conti, diviene necessario «riaprire» i conti.

Attenzione, però! Verranno riaperti esclusivamente i conti di stato patrimoniale.

Questi soli, infatti, rappresentano risorse a disposizione della gestione dell'anno che inizia.

I costi e ricavi di esercizio al 31/12, invece, sono costi e ricavi «morti», risorse consumate nel corso dell'anno passato e che non è certo possibile «resuscitare».

Ecco quindi che si procede a riaprire i conti, con una scrittura del tutto simmetrica rispetto a quella di chiusura effettuata al 31 dicembre dell'anno appena concluso.

Si deve notare, però, che alcune voci, ed esattamente le rimanenze di merci, i ratei ed i risconti, non possono più chiamarsi «finali».

Per distinguerli da quelli che verranno rilevati in assestamento, pertanto, è opportuno cambiare loro denominazione, specificando, cioè, che sono «iniziali» e non «finali».

La rilevazione è dunque la seguente.

In dare verranno riaperte le attività:

Cod. Conto Dare	Cod. conto Avere		1/1			
		Diversi	a	Stato Patrimoniale		……
		Valori finanziari attivi:			…..	
		Clienti			…..	
		Cassa			…..	
		Ratei attivi			…..	
		…..			…..	
		Costi sospesi:				
		Merci c/rim. Iniziali			…..	
		Risconti attivi			…..	
		Impianti			…..	
		….			…..	
		Conti di capitale:				
		Perdita d'esercizio			…..	
		…..			…..	

In avere, invece, i valori che in stato patrimoniale rappresentano le passività:

Cod. Conto Dare	Cod. conto Avere		1/1			
		Stato Patrimoniale	a	Diversi		…..
				Valori finanziari		
			a	**passivi:**	…..	
			a	Fornitori	…..	
			a	Fondo TFR	…..	
			a	Mutui Passivi	…..	
			a	…..	…..	
				Ricavi sospesi:		
			a	Risconti passivi	…..	
			a	F.do amm.to	…..	
			a	….	…..	
				Conti di capitale:		
			a	Capitale netto	…..	
			a	Utile d'esercizio	…..	
			a	…..	…..	

I conti sono stati riaperti.

In genere, a questo punto, si preferisce chiudere subito quelle voci che generalmente riguardano periodi a cavallo dei due esercizi, quello ora concluso e quello appena iniziato.

Il riferimento, ovviamente, è alle rimanenze di merci, ai risconti (c.d. rimanenze contabili) e, con alcune precisazioni, ai ratei (c.d. rimanenze finanziarie).

La chiusura di «Merci c/rimanenze iniziali»

«Merci c/rimanenze iniziali» vengono considerate figurativamente, il primo acquisto ed il primo consumo dell'anno e sono quindi portate subito nel dare del conto economico, tramite la scrittura di libro giornale:

Cod. Conto Dare	Cod. conto Avere		1/1		
		Conto Economico	a	Merci c/rimanenze iniziali	1.000

A livello di conti di mastro avremo:

CONTO ECONOMICO	
Merci c/rim. iniziali 1.000	

MERCI C/RIM. INIZIALI	
(1.000)	1.000

La chiusura dei risconti

I risconti, a differenza delle merci, non vengono riepilogati a conto economico bensì chiusi nei conti a cui si riferiscono.

In sede di assestamento, facendo un esempio, ci siamo ritrovati ad effettuare la seguente registrazione, in relazione a degli interessi passivi:

Cod. Conto Dare	Cod. conto Avere		31/12/X		
		Risconti attivi	a	Interessi passivi su rinnovi	420

In data 1° gennaio, pertanto, realizzeremo la scrittura inversa:

Cod. Conto Dare	Cod. conto Avere		1/1/X+1		
		Interessi passivi su rinnovi	a	Risconti attivi iniziali	420

A livello di mastri, quindi, avremo:

INTERESSI PASSIVI SU RINNOVI	
420	

RISCONTI ATT. INIZIALI	
(420)	420

Si noti che, contabilmente, il costo sospeso dell'anno X è diventato, nell'anno X+1, un costo di esercizio. E questo è proprio quello che effettivamente accade.

La chiusura dei ratei

I ratei, a differenza delle rimanenze di merci e dei risconti, sono delle scritture di tipo integrativo e non di rettifica.

Essi, pertanto, restano in attesa della manifestazione finanziaria che temporaneamente, avevano il compito di sostituire. Verranno chiusi, perciò, solo nel momento della **manifestazione finanziaria effettiva**.

Nell'esempio effettuato per l'assestamento si era ipotizzato di aver preso in affitto un immobile industriale, pattuendo un fitto semestrale di € 6.000 da pagare in via posticipata in data 1/5 ed 1/11.

Al 31/12, quindi, abbiamo effettuato la registrazione:

Cod. Conto Dare	Cod. conto Avere		31/12/X			
		Fitti passivi	a	Ratei passivi		2.000

Con questa scrittura avevamo, per l'anno X, ottenuto il risultato di rilevare un costo di esercizio che altrimenti non sarebbe comparso in contabilità.

Allo stesso tempo, però, il rateo deve servire nell'anno X+1 ad evitare che il costo, che ha già pesato nell'anno X, pesi anche sull'anno X+1.

Infatti, senza il ricorso al rateo la rilevazione sarebbe:

Cod. Conto Dare	Cod. conto Avere		1/5/X+1			
		Fitti passivi	a	Cassa		6.000

Invece, in data 1/5, interviene il rateo:

Cod. Conto Dare	Cod. conto Avere		1/5/X+1			
		Diversi	a	Cassa		6.000
		Fitti passivi			4.000	
		Ratei passivi iniz.			2.000	

All'uscita di € 6.000, quindi, corrisponde un costo di esercizio di € 4.000, ed una permutazione finanziaria di € 2.000.

Il rateo, pertanto, esercita una doppia funzione.

Da una parte, in sede di assestamento, è servito per contabilizzare il costo o il ricavo «mancante», quello cioè che era di competenza economica dell'esercizio in chiusura ma che mancava della manifestazione finanziaria necessaria per la rilevazione.

In sede di rilevazioni continuative dell'anno successivo serve per evitare di contabilizzare quella parte di costo o di ricavo che, essendo di competenza dell'esercizio passato, aveva contribuito a rilevare al 31/12.

43. L'utilizzo dei fondi spese e rischi

Il meccanismo di funzionamento del rateo, che ne evidenzia la citata «doppia funzione», si ritrova in realtà in tutti i valori numerari che nascono in seguito a scritture di integrazione.

Quindi, generalizzando:

> I valori finanziari presunti accesi in sede di scritture di integrazione nel corso dell'assestamento hanno un duplice ruolo:
>
> * rilevare, nel corso dell'assestamento, dei costi di esercizio che non avevano ancora trovato la loro manifestazione finanziaria;
> * evitare, quando la manifestazione finanziaria avviene, che questa comporti la rilevazione del costo rilevato nell'assestamento dei conti dell'anno precedente, il quale altrimenti verrebbe contabilizzato due volte.

È interessante, comunque, vedere degli esempi di utilizzo dei vari fondi.

Il fondo TFR

Iniziamo dal fondo trattamento fine rapporto.

Nell'improbabile ipotesi che il dipendente vada in pensione la notte di San Silvestro la rilevazione di liquidazione e pagamento del trattamento di fine rapporto sarebbe rappresentata da una permutazione finanziaria pura, il pagamento di un debito e nient'altro:

la liquidazione:

Cod. Conto Dare	Cod. conto Avere				
		Fondo TFR	a	Dipendenti c/liquidazioni	1.000

il pagamento:

Cod. Conto Dare	Cod. conto Avere				
		Dipendenti c/liquidazioni	a	Banca c/c	1.000

Se però, come è normale, il dipendente terminerà il suo rapporto di lavoro a metà di un periodo amministrativo, ecco che non si potrà prelevare l'intero importo da corrispondergli dal fondo.

Infatti, per la parte maturata nell'anno in corso, al 31/12 precedente non è stato, ovviamente, accantonato niente. Essa rappresenta quindi un costo di esercizio, per il quale addebiteremo «Indennità di fine rapporto», conto di reddito acceso ai costi di esercizio.

La liquidazione, pertanto, sarà:

Cod. Conto Dare	Cod. conto Avere					
		Diversi	a	Dipendenti c/liquidazioni		1.200
		Fondo TFR			1.000	
		Indennità di fine rapporto			200	

Mentre il pagamento resterà, a parte i valori, lo stesso:

Cod. Conto Dare	Cod. conto Avere				
		Dipendenti c/liquidazioni	a	Banca c/c	1.200

Le scritture contabili sono differenti nel caso in cui, invece, ad andare in pensione sia un dipendente di una azienda con più di 50 dipendenti che, a suo tempo, aveva scelto di mantenere il TFR in azienda. In tal caso le somme maturate a titolo di TFR sono evidenziate nel conto «Debiti v/INPS (Tesoreria)». Al momento della cessazione del rapporto di lavoro è l'azienda (e non l'INPS) che effettua direttamente la liquidazione e il pagamento il TFR al dipendente registrando sul proprio libro giornale:

Cod. Conto Dare	Cod. conto Avere					
		Debiti v/INPS (Tesoreria)	a	Dipendenti c/liquidazioni		1.200
		Dipendenti c/liquidazioni	a	Banca c/c		1.200

In seguito l'azienda si rivale sull'INPS. Ciò, di fatto, avviene attraverso il sistema delle compensazioni. L'azienda, infatti, compensa il debito per il versamento mensile dei contributi (per il TFR maturato e per gli oneri sociali a suo carico) con le somme versate per conto dell'INPS al dipendente. Contabilmente, al momento della rilevazione del debito mensile per i contributi a carico, l'impresa registra:

Cod. Conto Dare	Cod. conto Avere					
		Diversi	a	INPS c/contributi		10.000
		Crediti v/fondo tesoreria (TFR maturato)			1.000	
		Oneri sociali			9.000	

All'atto del pagamento l'uscita di banca sarà pari alla differenza tra il debito per contributi (supponiamo pari ad € 10.000) e le somme versate al dipendente per conto dell'INPS (€ 1.200), evidenziate nella scrittura con la movimentazione in avere del conto «Crediti v/fondo Tesoreria». A libro giornale si avrà:

Cod. Conto Dare	Cod. conto Avere					
		INPS c/contributi	a	Diversi		10.000
				Crediti v/fondo tesoreria	1.200	
				Banca c/c	8.800	

Il fondo imposte e tasse

Per il fondo imposte e tasse il problema della competenza mista essenzialmente non si pone, poiché l'ammontare delle imposte sul reddito è frutto di una «autoliquidazione» ed è quindi molto improbabile che sia diverso da quello preventivato.

La rilevazione del pagamento, di principio, è quindi la seguente:

Cod. Conto Dare	Cod. conto Avere		...			
		Fondo imposte e tasse	a	Banca c/c		1.000

Nella rara eventualità di un errore di valutazione dell'importo delle imposte, comunque, la parte eccedente a quanto accantonato rappresenterà un costo di esercizio. Pertanto:

Cod. Conto Dare	Cod. conto Avere		...			
		Diversi	a	Banca c/c		1.100
		Fondo imposte e tasse			1.000	
		Imposte e tasse			100	

Si deve però tenere conto che la normativa fiscale prevede, ormai da molti anni, il versamento di un acconto sulle imposte, da versarsi in una o due soluzioni – a seconda dell'importo – nel corso dell'anno.

L'acconto è pari ad una percentuale calcolata sul reddito dell'anno precedente.

In sostanza nel corso dell'anno X+1 dovremo versare un tot per cento di quello che abbiamo versato nell'anno X come acconto delle imposte dell'anno X+1.

La rilevazione dell'acconto dà luogo ad una permutazione finanziaria, con una uscita di conto corrente a fronte dell'insorgere di un credito verso l'erario:

Cod. Conto Dare	Cod. conto Avere		...			
		Erario c/acconti	a	Banca c/c		480

In sede di assestamento, perciò, possiamo seguire due strade:

- quella da noi adottata in precedenza, che prevede l'accantonamento al fondo imposte per un importo pari all'onere delle imposte;
- o, in alternativa, la rilevazione del solo debito netto, con lo storno di quanto addebitato in «Erario c/acconti».

Poniamo che le imposte sul reddito dell'anno X siano pari a € 1.000 e gli acconti versati nel corso dell'anno € 480. Nel primo caso la rilevazione di assestamento sarà:

Cod. Conto Dare	Cod. conto Avere		...			
		Imposte e tasse	a	Fondo imposte e tasse		1.000

Al momento della liquidazione del debito, pertanto, si dovrà compensare anche il credito verso l'erario:

Cod. Conto Dare	Cod. conto Avere		...			
		Fondo imposte e tasse	a	Diversi		1.000
			a	Banca c/c	520	
			a	Erario c/acconti	480	

Nel secondo caso l'assestamento verrà rilevato come:

Cod. Conto Dare	Cod. conto Avere		...			
		Imposte e tasse	a	Diversi		1.000
			a	Fondo imposte e tasse	520	
			a	Erario c/acconti	480	

Ed il pagamento delle imposte:

Cod. Conto Dare	Cod. conto Avere		...			
		Fondo imposte e tasse	a	Banca c/c		

Quale delle due strade seguire? La prima modalità di rilevazione è la più corretta, perché consente di evitare una «compensazione di partite» tra voci attive e passive.

Il fondo svalutazione crediti

L'utilizzo del fondo svalutazione crediti ha luogo nel momento in cui si deve prendere atto della impossibilità, totale o parziale, di riscuotere un credito.

Nell'ipotesi in cui non ci sia un fondo svalutazione – e quindi non si sia rilevata la perdita presunta nel corso dell'assestamento dell'anno precedente – si deve registrare l'onere dell'insolvenza in «Perdite su crediti», un conto acceso ai costi di esercizio:

Cod. Conto Dare	Cod. conto Avere		...			
		Perdite su crediti	a	Clienti		1.000

Invece, se il fondo svalutazione c'è, vuol dire che il costo è stato fatto pesare sul conto economico dei periodi amministrativi precedenti e rilevarlo significherebbe una «duplicazione».

Ecco, quindi, che la scrittura sarà di permutazione finanziaria:

Cod. Conto Dare	Cod. conto Avere		...			
		Fondo svalutazione crediti	a	Clienti		1.000

Questo nei tratti generali. Si può poi ipotizzare che il credito venga incassato parzialmente, diciamo per € 400:

Cod. Conto Dare	Cod. conto Avere		...			
		Diversi	a	Clienti		1.000
		Banca c/c			400	
		Fondo svalutazione crediti			600	

Oppure, che il fondo non sia abbastanza «capiente» – ipotizziamo di avere un fondo di € 700 – per coprire tutta la perdita. Una parte dovrà allora pesare sul reddito di esercizio dell'anno in corso:

Cod. Conto Dare	Cod. conto Avere			...		
		Diversi	a	Clienti		1.000
		Fondo svalutazione crediti			700	
		Perdite su crediti			300	

44. L'«utilizzo» del fondo ammortamento: la cessione dei cespiti

Poniamo di vendere a € 1.000 un impianto usato che presenti le seguenti «caratteristiche»:

costo di acquisto (c.d. «costo storico»): € 2.000
fondo ammortamento: € 900

Evitiamo, per adesso, di tener conto dell'IVA.

Anzitutto, si tratterà di **chiudere il fondo ammortamento**. Esso, infatti, vuole soltanto per segnalare il consumo del bene nel corso degli anni, e serve esclusivamente come informazione di bilancio. È chiaro, quindi, che quando il bene viene dismesso non ha più ragione di esistere.

Si procede, perciò, allo storno del fondo, portando così il conto «Impianti» dal costo storico al suo **valore contabile**.

Cod. Conto Dare	Cod. conto Avere			...		
		Fondo ammortamento impianti	a	Impianti		900

A livello di mastri avremo:

FONDO AMM.TO IMP.	
900	900

IMPIANTI	
2.000	900

A questo punto si tratta di registrare la vendita che, abbiamo detto, ha luogo per € 1.000.

Poniamo di effettuare la cessione movimentando il conto «Impianti» al prezzo di vendita.

La rilevazione, a libro mastro, sarebbe:

CLIENTI	
1.000	

IMPIANTI	
2.000	900
	1.000

Attenzione, però! Come si vede, così facendo, diamo un'informazione errata.

Il saldo del conto «Impianti», infatti, presenta una eccedenza dare di € 100. Chi legge, quindi, penserà che ci sono degli impianti in azienda, cosa che non è vera.

Si pensi, ancora, se il prezzo pattuito per il medesimo impianto fosse stato di € 1.300.

Registrando la vendita al prezzo di ricavo si sarebbe verificata una cosa ancora più strana: avremmo avuto un'eccedenza avere in un conto acceso agli elementi attivi del patrimonio.

Dagli esempi effettuati risulta ormai chiaro che non è possibile movimentare l'avere del conto «Impianti» a valori di ricavo perché questo potrebbe dare una errata informazione a chi legge.

L'unica alternativa, pertanto, è far funzionare il conto non a costi (in dare) e ricavi (in avere) ma a «costi e costi».

L'eventuale differenza tra valore contabile e prezzo di vendita non viene quindi allocata nel conto acceso alle immobilizzazioni bensì in un conto apposito.

Tale differenza verrà considerata, inoltre, un costo od un ricavo di esercizio, anche se di natura eccezionale o, come si dice tecnicamente, straordinaria.

Il conto che si utilizza è **«Plusvalenze patrimoniali»** se il prezzo di vendita è superiore al valore contabile e **«Minusvalenze patrimoniali»** nel caso opposto.

Il primo rappresenta un conto di reddito acceso ai ricavi di esercizio, il secondo ai costi di esercizio.

Pertanto, se il bene viene ceduto a € 1.000 avremo:

Cod. Conto Dare	Cod. conto Avere					
		Diversi	a	Clienti		1.100
		Clienti			1.000	
		Minusvalenze patrimoniali			100	

Computando anche l'IVA, che va in entrambi i casi calcolata sul prezzo di vendita:

Cod. Conto Dare	Cod. conto Avere					
			...			
		Diversi	a	Diversi		
		Clienti			1.210	
		Minusvalenze patrimoniali			100	1.310
			a	Impianti	1.100	
			a	IVA ns debito	210	

E nel caso di un prezzo di € 1.200, invece:

Cod. Conto Dare	Cod. conto Avere					
			...			
		Clienti	a	Diversi		1.452
			a	Impianti	1.100	
			a	Plusvalenze patrimoniali	100	
			a	IVA ns debito	252	

Anche qui, come si è detto, l'IVA è computata sul prezzo di vendita.

Infatti, il trattamento «contabile» della cessione non può certo essere rilevante ai fini IVA, dove ciò che importa è il valore di cessione.

L'angolo dei quesiti…

- Quali sono i conti che vengono interessati dalla fase della riapertura?
- In cosa consiste la doppia funzione delle scritture integrative?
- Che conto è merci c/rimanenze iniziali?
- E risconti attivi iniziali?
- Quando viene chiuso il conto risconti passivi iniziali?
- La chiusura dei ratei passivi iniziali quando ha luogo?

Per saperne di più

- Carlo **CARAMIELLO**, *Contabilità generale*, Milano, Ipsoa, 1988.
- Giovanni **FERRERO,** FLAVIO **DEZZANI**, *Contabilità e bilancio d'esercizio*, Milano, Giuffré, 1992.

LE RILEVAZIONI TIPICHE DELLE SOCIETÀ

45. Un «imprenditore collettivo»

L'attività di azienda può essere molto complessa o richiedere più risorse di quante una singola persona possa disporre. L'entità dell'investimento o la laboriosità dell'iniziativa possono far sì, pertanto, che più persone uniscano le loro forze per costituire insieme una iniziativa imprenditoriale.

Si tratta, allora, di costituire una società.

Di società ve ne sono di più tipi, e sono tutte regolate, almeno nei loro lineamenti essenziali, dal codice civile. Ogni società, quindi, deve rispettare un insieme di norme giuridiche e gestionali e godere di una propria autonomia, anzitutto patrimoniale, anche rispetto ai soci stessi.

Le **società** possono essere «**di persone**» o «**di capitali**».

Nelle prime l'autonomia patrimoniale di cui si è ora detto è limitata, al punto che o tutti i soci – nelle società semplici e nelle società in nome collettivo – o almeno alcuni – nelle società in accomandita semplice – hanno una **responsabilità illimitata**, anche se **sussidiaria** rispetto alla società e **solidale** tra loro, nei confronti delle obbligazioni assunte dall'impresa collettiva.

> In una società di persone il creditore deve prima chiedere quanto gli spetta alla società ma se questa non è in grado di pagare può rivolgersi anche ad uno solo dei soci e pretendere l'importo totale. Sarà poi quest'ultimo, se ritiene, a rivalersi sugli altri soci.

Nelle seconde – sono le società a responsabilità limitata e le società per azioni, oltre alla figura particolarissima della società in accomandita per azioni – la società gode di **personalità giuridica** e pertanto risponde in via esclusiva dei propri impegni.

In altre parole, chi presta del denaro alla società potrà richiedere il dovuto solo alla società stessa e non rivalersi sulle proprietà dei soci.

Nelle società di capitali i soci non rispondono delle obbligazioni assunte dalla società. Un suo eventuale fallimento non coinvolge le proprietà personali dei soci ma solo il patrimonio sociale.

Per quanto riguarda l'aspetto contabile quasi tutte le rilevazioni viste fino ad ora restano valide.

Cambiano, è chiaro, le scritture relative alla costituzione dell'azienda ed alle operazioni che riguardano il patrimonio netto.

Si vuole illustrare, inoltre, anche una operazione tipica delle società per azioni, quella relativa al prestito obbligazionario.

46. La costituzione e l'aumento di capitale nelle società di persone

La nascita di una società di persone prevede due fasi essenziali.

La prima è quella della sottoscrizione: i soci, al momento della costituzione della società, si impegnano a versare quanto concordato come quota del capitale «sociale».

Contabilmente ciò porta:

- ⇒ alla movimentazione in dare di una serie di conti numerari intestati ai singoli sottoscrittori e quindi a quanti sono i soci della nuova società;
- ⇒ all'apertura, in avere, del conto «Capitale Sociale», che ha la stessa natura del conto «Capitale Netto», ed è pertanto un conto di capitale.

Cod. Conto Dare	Cod. conto Avere					
		Diversi	a	Capitale sociale		1.000
		Socio Bianchi c/sottoscrizione			500	
		Socio Rossi c/sottoscrizione			300	
		Socio Azzurri c/sottoscrizione			200	

La fase successiva è quella dell'effettivo versamento di quanto sottoscritto da parte dei soci. Questo, se il conferimento è in denaro, si configura come una permutazione finanziaria:

Cod. Conto Dare	Cod. conto Avere					
		Banca c/c	a	Diversi		1.000
				Socio Bianchi c/sottoscrizione	500	
				Socio Rossi c/sottoscrizione	300	
				Socio Azzurri c/sottoscrizione	200	

Nel caso di conferimento in natura, invece, si avrà, ad esempio:

Cod. Conto Dare	Cod. conto Avere					
		Immobili	a	Socio Bianchi c/sottoscrizioni		500

È possibile immaginare anche un conferimento di azienda. In tale ipotesi la rilevazione sarà del tipo seguente:

Cod. Conto Dare	Cod. conto Avere					
		Diversi	a	Diversi		
		Clienti			300	
		Impianti			700	
		Immobili			1.000	2.000
			a	Fornitori	500	
			a	Mutui passivi	1.000	
			a	Socio Bianchi c/sottoscrizione	500	

Per quanto riguarda l'aumento di capitale le scritture sono analoghe.
Si tratta, anche qui, di sottoscrivere il capitale e di versare quanto ci si è impegnati a dare.
Chiaramente, l'aumento di capitale, come tutte le altre modifiche che si vogliano apporre allo statuto della società, deve trovare concordi i soci a prescindere dalle quote in loro possesso.

Avremo quindi:

Cod. Conto Dare	Cod. conto Avere		...			
		Diversi	a	Capitale sociale		500
		Socio Bianchi c/sottoscrizione			250	
		Socio Rossi c/sottoscrizione			150	
		Socio Azzurri c/sottoscrizione			100	

Segue poi l'effettivo versamento degli importi dovuti, secondo la meccanica sopra illustrata.

47. Le operazioni sul capitale in una società per azioni: la costituzione

Le operazioni di sottoscrizione e di aumento del capitale nelle società di capitale sono abbastanza simili a quelle sopra viste anche se vi sono alcuni elementi di complicazione aggiuntivi.
Infatti, il capitale sociale qui non ha soltanto quel ruolo funzionale che lo rende indispensabile per qualsiasi impresa ma ha anche un ruolo di garanzia per i terzi: chi deve avere dei soldi dalla società può rivalersi solo sulle sue attività e non anche sulle proprietà personali dei soci.
Pertanto, la sua integrità ed effettiva consistenza non sono problemi dei soli soci – detti azionisti nelle S.p.A. e quotisti nelle S.r.l. – ma riguardano l'«interesse generale» e sono quindi seguiti con grande attenzione del legislatore.

Per quanto ci riguarda prendiamo a riferimento la società per azioni, che rappresenta la forma di società di capitale più emblematica.

La costituzione della società prevede una lunga serie di obblighi civilistici, contabili e fiscali.

Anzitutto la costituzione della società deve avvenire di fronte ad un notaio con l'obbligo per i soci di versare presso un istituto di credito almeno il 25% dei conferimenti in denaro del capitale.

Il capitale sociale, inoltre, per le società costituite a partire dal 1° gennaio non può essere inferiore a 120.000 euro.

La prima rilevazione, pertanto, sarà:

Cod. Conto Dare	Cod. conto Avere		...			
		Diversi	a	Capitale sociale		120.000
		Banca c/c vincolato			30.000	
		Azionisti c/sottoscrizioni			90.000	

In questa rilevazione troviamo:

- «Banca c/c vincolato» è un conto numerario assimilato attivo che accoglie il credito nei confronti della banca ed è «vincolato» nel senso che può essere estinto solo dopo la effettiva costituzione della società stessa;
- «Azionisti c/sottoscrizioni» è un conto numerario assimilato attivo e rappresenta il credito nei confronti degli azionisti che hanno appunto sottoscritto il capitale impegnandosi a versare quanto di loro competenza;
- «Capitale Sociale» è un conto di capitale e rappresenta il valore nominale delle azioni sottoscritte, le quali non possono avere valore nominale inferiore ad € 1 (per le società costituite a partire dal 1° gennaio 2002).

Una volta che i soci promotori hanno costituito la società di fronte al notaio gli amministratori «libereranno» i versamenti di legge vincolati:

Cod. Conto Dare	Cod. conto Avere		...			
		Banca c/c	a	Banca c/c vincolato		30.000

Si tratta di una permutazione finanziaria. Mette in evidenza che i soldi presenti nel conto corrente bancario sono ora liberamente disponibili per le operazioni societarie.

Quando poi gli amministratori lo riterranno opportuno potranno richiedere agli azionisti di versare la parte restante di quanto si sono impegnati a dare nel momento della sottoscrizione.

La rilevazione può essere effettuata attraverso due passaggi:

- dapprima si rileva il fatto che alcuni o tutti i «decimi» restanti sono stati richiamati:

Cod. Conto Dare	Cod. conto Avere			...	
		Azionisti c/decimi richiamati	a	Azionisti c/sottoscrizioni	90.000

- al momento dell'effettivo versamento, poi:

Cod. Conto Dare	Cod. conto Avere			...	
		Banca c/c	a	Azionisti c/decimi richiamati	90.000

Anche qui si tratta di operazioni di permutazione finanziaria. Tutti i conti movimentati sono conti numerari assimilati attivi.

Analogamente a quanto si è visto per le società di persone anche qui si può avere l'ipotesi del conferimento in natura.

La rilevazione sarà, nel caso di un conferimento di immobili:

Cod. Conto Dare	Cod. conto Avere			...	
		Immobili	a	Azionisti c/sottoscrizioni	40.000

Rispetto alle società di persone, però, l'importanza del capitale sociale è maggiore, perché esso rappresenta, come si è detto, un «fondo di garanzia» per i terzi.

Il legislatore, pertanto, si preoccupa che il valore dei beni «ceduti» alla società sia congruo.

A norma dell'art. 2343 c.c., infatti:
- il valore del bene deve essere comprovato da una perizia giurata redatto da un esperto nominato dal tribunale;
- entro 6 mesi dal conferimento gli amministratori ed i sindaci devo procedere alla valutazione del bene;
- se il valore del bene risulta di oltre il 20% inferiore a quello stimato si deve procedere a ridurre il capitale sociale, a meno che l'azionista integri il valore o receda dalla società.

È chiaro che anche il caso di recesso del socio comporterà una riduzione del capitale sociale.

Per capire la meccanica contabile facciamo un esempio:

- il socio ha conferito un immobile valutato € 40.000;
- i sindaci verificano che il valore effettivo del bene è di € 25.000;
- la società riduce il capitale sociale di € 15.000.

Le rilevazioni saranno:

Cod. Conto Dare	Cod. conto Avere				
		Svalutazioni ex art. 2343	a	Immobili	15.000

In questo modo si prende atto che il valore dell'immobile è di € 25.000.

Il conto «Svalutazioni ex art. 2343», che agisce come conto di capitale, viene poi chiuso a «Capitale Sociale», riducendone il valore.

In tal caso verranno stralciate azioni per un pari valore nominale.

Cod. Conto Dare	Cod. conto Avere				
		Capitale sociale	a	Svalutazioni ex art. 2343	15.000

48. Le operazioni sul capitale in una società per azioni: gli aumenti reali e virtuali di capitale

Il capitale sociale di una società per azioni può essere modificato secondo più modalità.

La prima, più naturale, consiste in un suo aumento dovuto ad un nuovo apporto in denaro o in beni.

La seconda è attraverso una modifica della composizione del patrimonio netto, trasformando cioè una riserva in capitale sociale, o ancora, convertendo dei debiti in capitale.

Nella prima ipotesi si tratta di **aumento reale** nel secondo di **aumento virtuale**.

Non vogliamo addentrarci troppo in questi argomenti. È bene però introdurre alcune nozioni che permettano di comprendere queste tematiche.

Anzitutto le azioni hanno un «valore nominale», pari a minimo € 1, che deve essere lo stesso per tutte le azioni, a prescindere da quando siano state emesse.

Se il capitale viene aumentato qualche anno dopo la costituzione dell'impresa si porrà il problema di attribuire alle nuove azioni un valore che non necessariamente corrisponderà a quello nominale, stabilito in sede di fondazione della società.

Si parla, nel caso di un aumento di capitale, di «prezzo di emissione» delle azioni, il quale può essere o pari o superiore al valore nominale delle azioni stesse. Non può essere inferiore, però, perché questo farebbe venire meno la funzione di garanzia del capitale, annacquandolo.

Ai vecchi azionisti, inoltre, viene riconosciuto dal codice civile il diritto a mantenere la propria percentuale di proprietà della società.

Essi godono cioè di un «diritto di opzione». In sostanza le azioni devono essere prima offerte a coloro che sono già azionisti e questi possono o sottoscrivere le nuove azioni o, se ritengono, anche vendere il loro diritto a terzi o, semplicemente, lasciarlo decadere, cioè non esercitarlo.

L'aumento reale

Vediamo le rilevazioni, partendo dal caso più semplice, quello di un aumento alla pari di € 100.000.

In questo caso tutti i 100.000 euro confluiranno nell'avere del conto «Capitale Sociale» mentre in dare movimenteremo per il 75% il conto «Azionisti c/sottoscrizioni» e per il 25% il conto corrente bancario:

Cod. Conto Dare	Cod. conto Avere		...			
		Diversi	a	Capitale sociale		100.000
		Banca c/c			25.000	
		Azionisti c/sottoscrizioni			75.000	

Se il prezzo di emissione delle nuove azioni fosse pari a € 2 contro un valore nominale di un euro allora avremmo invece un aumento «sopra la pari».

In tal caso solo € 50.000 confluiranno nella voce «capitale sociale» mentre il resto andrà allocato in «riserva sovrapprezzo azioni».

Per norma di legge, però, in questo caso al momento della sottoscrizione si deve versare il 25% del capitale sociale e l'intero sovrapprezzo.

La rilevazione, pertanto, sarà:

Cod. Conto Dare	Cod. conto Avere		...			
		Diversi	a	Diversi		
		Banca c/c			62.500	
		Azionisti c/sottoscrizioni			37.500	100.000
			a	Capitale sociale	50.000	
			a	Riserva sovrapprezzo azioni	50.000	

L'aumento virtuale

Gli aumenti di capitale virtuali, si è detto, sono quelli che non comportano ingresso di nuove risorse finanziarie ma solo una sistemazione delle poste del patrimonio netto.

In tal caso si procede a ridurre delle riserve e ad aumentare per lo stesso importo il capitale sociale:

Cod. Con-to Dare	Cod. conto Avere	Riserva straordina-ria	… a	Capitale sociale	100.000

Un secondo tipo di aumento virtuale, anche se forse è improprio chiamarlo così, è quello che prevede la «conversione» di debiti in capitale.

Nell'ipotesi più semplice, cioè di una conversione di un debito in un aumento di capitale alla pari, avremo:

Cod. Conto Dare	Cod. conto Avere	Finanziamenti da soci	… a	Capitale sociale	100.000

Ovviamente se il finanziamento da convertire non fosse verso i soci o non in proporzione rispetto alle quote di loro proprietà occorrerà che i vecchi azionisti rinuncino al loro diritto di opzione.

49. I prestiti obbligazionari

Le società per azioni possono finanziarsi anche attraverso l'emissione di «prestiti obbligazionari».
Si tratta di un finanziamento a medio-lungo termine ed è quindi analogo ad un mutuo.

Le differenze fondamentali rispetto al mutuo sono riconducibili al fatto che:
- chi presta il denaro alla società non è un unico interlocutore, cioè l'istituto di credito ma, in via di principio, una molteplicità di risparmiatori;
- il prestito obbligazionario può essere emesso non solo al valore nominale ma anche sotto o sopra la pari.

Le «regole» del prestito obbligazionario ordinario:
- si possono emettere obbligazioni per una somma complessivamente non eccedente il doppio del capitale sociale, della riserva legale e delle riserve disponibili risultanti dall'ultimo bilancio approvato. I sindaci attestano il rispetto del suddetto limite - l'emissione delle obbligazioni, se non diversamente stabilito, è deliberata dagli amministratori.

Vediamo cosa accade contabilmente, partendo dalla ipotesi più semplice, quella di una emissione «alla pari».

La prima rilevazione è quella relativa alla sottoscrizione del prestito da parte dei risparmiatori:

Cod. Conto Dare	Cod. conto Avere					
		Obbligazionisti c/sottoscrizioni	a	Prestito Obbligazionario		100.000

Dove:

- «Obbligazionisti c/sottoscrizioni» è un conto numerario assimilato attivo e rappresenta il credito nei confronti dei risparmiatori che hanno appunto sottoscritto il prestito e si sono impegnati a versare quanto di loro competenza;
- «Prestito obbligazionario» è un conto finanziario acceso a debiti di finanziamento e rappresenta il debito della società nei confronti dei finanziatori in questione.

Qualora il prestito non sia stato emesso alla pari avremo, ad esempio, a fronte di un prestito di € 100.000, un credito verso gli obbligazionisti di, poniamo, € 95.000.

I 5.000 euro «mancanti» rappresentano una perdita di emissione o, più tecnicamente, un «disaggio di emissione».

Ma cosa è il disaggio?

Il disaggio rappresenta una forma di remunerazione del prestito. È quindi assimilabile a degli interessi che vengono liquidati in un'unica soluzione al momento della sottoscrizione del prestito. In sostanza questi «interessi» hanno fin da subito la loro manifestazione finanziaria anche se l'obbligazionista li incasserà quando gli verrà restituito il valore nominale dell'obbligazione. Sono comunque relativi a tutto il periodo di durata delle obbligazioni ed andranno quindi ripartiti nell'arco di durata del mutuo.

In sostanza, «Disaggio di emissione» è un conto di reddito acceso ai costi sospesi e corrisponde ad un risconto attivo pluriennale.

Contabilmente la rilevazione di sottoscrizione del prestito sarà:

Cod. Conto Dare	Cod. conto Avere		...			
		Diversi	a	Prestito Obbligazionario		100.000
		Obbligazionisti c/sottoscrizioni			95.000	
		Disaggio di emissione			5.000	

Analogamente se il prestito fosse emesso sopra la pari, avremo:

Cod. Conto Dare	Cod. conto Avere		...			
		Obbligazionisti c/sottoscrizioni	a	Diversi		100.000
			a	Prestito Obbligazionario	95.000	
			a	Aggio di emissione	5.000	

Dove la voce «Aggio di emissione» costituisce un risconto passivo pluriennale, e quindi un conto di reddito acceso ai ricavi sospesi.

Al momento della riscossione della cedola di interessi, poi, avremo:

Cod. Conto Dare	Cod. conto Avere		...		
		Interessi su obbligazioni	a	Obbligazionisti c/interessi	1.000

E, astraendosi dal problema delle ritenute fiscali, si rileverà poi il pagamento degli interessi stessi:

Cod. Conto Dare	Cod. conto Avere		...		
		Obbligazionisti c/interessi	a	Banca c/c	1.000

Dove:

- «Interessi su obbligazioni» è un conto di reddito acceso ai costi di esercizio;
- «Obbligazionisti c/interessi» è un conto finanziario acceso a valori numerari assimilati attivi;
- «Banca c/c» è un conto finanziario acceso a valori numerari assimilati attivi.

A differenza di quanto accade nel mutuo, il rimborso della singola obbligazione non è graduale. Può esserlo, però, il prestito nel suo complesso.

Se il prestito è di 10.000 obbligazioni ed ha durata decennale la società può stabilire, ad esempio, di rimborsare 1.000 obbligazioni ogni anno.

In questo caso, per evitare iniquità, di regola si procede ad estrarre le obbligazioni che verranno rimborsate e, di conseguenza, avremo:

Cod. Conto Dare	Cod. conto Avere		...		
		Prestito Obbligazionario	a	Obbligazionisti c/obbligazioni estratte	10.000

E quindi:

Cod. Conto Dare	Cod. conto Avere				
		Obbligazionisti c/obbligazioni estratte	a	Banca c/c	10.000

L'unico conto non utilizzato prima è «Obbligazionisti c/obbligazioni estratte». Si tratta di un valore numerario assimilato passivo, che esprime il debito nei confronti dei risparmiatori a cui si rimborsa il prestito.

Al 31/12, infine, avremo due rilevazioni di assestamento da fare. Una relativa al calcolo del rateo di interessi di competenza dell'esercizio ma per i quali non vi è stata ancora manifestazione finanziaria; l'altra riguardante quella parte di disaggio di emissione che è di competenza dell'esercizio:

Per il rateo la rilevazione sarà:

Cod. Conto Dare	Cod. conto Avere				
		Interessi su obbligazioni	a	Ratei Passivi	....

Per il disaggio, invece, la scrittura potrebbe essere:

Cod. Conto Dare	Cod. conto Avere				
		Ammortamento	a	Disaggio di emissione	....

O, forse più correttamente:

Cod. Conto Dare	Cod. conto Avere				
		Interessi su obbligazioni	a	Disaggio di emissione	....

Un caso particolare: il prestito obbligazionario convertibile

I «prodotti finanziari», al pari degli altri, devono essere collocati su un mercato. Si tende pertanto a creare più tipologie di prodotti, cercando di differenziarli per renderli appetibili alle variegate esigenze della clientela di riferimento.

Di obbligazioni, pertanto, ve ne sono di molteplici tipi. Qui prendiamo in considerazione le obbligazioni convertibili in azioni della società emittente.

A differenza delle obbligazioni ordinarie quelle convertibili permettono al risparmiatore di scegliere tra:

- il rimborso delle obbligazioni sottoscritte, ovviamente al loro valore nominale;
- la conversione delle obbligazioni in azioni, in ragione di un rapporto di cambio predeterminato.

È l'assemblea straordinaria a stabilire che le obbligazioni possano essere convertite in azioni della società, definendo:

- il periodo di conversione, cioè quando si debba procedere alla opzione «resto obbligazionario o divento azionista»;
- il rapporto di cambio, ovvero «quante obbligazioni in cambio di una azione».

Le «regole» del prestito obbligazionario convertibile: - il prestito deve essere deliberato in sede di assemblea straordinaria degli azionisti; - il capitale sociale deve essere interamente versato, altrimenti non avrebbe giustificazione un nuovo aumento di capitale… - … infatti contestualmente all'emissione del prestito deve essere deliberato un **futuro aumento di capitale** pari all'importo complessivo della possibile conversione - ai vecchi azionisti spetta il diritto di opzione sulle obbligazioni convertibili, dato il collegamento che queste hanno con l'aumento di capitale e… - … per la medesima ragione è vietato emettere obbligazioni convertibili sotto la pari, poiché questo potrebbe comportare un annacquamento del capitale.

Vediamo quali sono le scritture del prestito obbligazionario convertibile che si differenziano da quelle relative alle obbligazioni ordinarie.

Anzitutto quelle di emissione, dove rispetto al prestito ordinario cambia solo la denominazione del conto accreditato (qui «Prestito obbligazionario convertibile»).

Cod. Conto Dare	Cod. conto Avere	...				
		Obbligazionisti c/sottoscrizioni	a	Prestito Obbligazionario Convertibile		100.000

Sono del tutto analoghe le rilevazioni relative ad interessi ed al rimborso del prestito e quindi le omettiamo, facendo rinvio alle pagine precedenti.

Particolare, invece, è l'ipotesi della conversione.

In questo caso si procederà anzitutto all'aumento di capitale.

Ipotizzando una emissione alla pari di 100.000 obbligazioni da 1 euro con rapporto di cambio 1 obbligazione per 1 azione avremo:

Cod. Conto Dare	Cod. conto Avere	...				
		Azionisti c/sottoscrizioni	a	Capitale sociale		100.000

E, subito dopo, l'estinzione del debito:

Cod. Conto Dare	Cod. conto Avere	...				
		Prestito Obbligazionario Convertibile	a	Azionisti c/sottoscrizioni		100.000

Se invece il rapporto di cambio fosse di 2 obbligazioni per ogni azione allora avremo una emissione di azioni sopra la pari:

Cod. Conto Dare	Cod. conto Avere	...				
		Azionisti c/sottoscrizioni	a	Diversi		100.000
			a	Capitale sociale	50.000	
			a	Riserva Sovraprezzo Azioni	50.000	

E, in seguito, la medesima rilevazione di estinzione del debito prima evidenziata:

Cod. Conto Dare	Cod. conto Avere		…			
		Prestito Obbligazionario Convertibile	a	Azionisti c/sottoscrizioni		100.000

Come mai in caso di rapporto di cambio di 2 obbligazioni per una azione dobbiamo effettuare un aumento di capitale sopra la pari?

Perché in tal caso a fronte di un importo di € 100.000, costituito dal valore nominale delle obbligazioni emesse, si conferiscono azioni che hanno un valore nominale di € 50.000.

La differenza non è altro che un sovrapprezzo tra valore nominale delle azioni e loro prezzo di emissione. Si tratta quindi di un aumento di capitale sopra la pari e come tale lo trattiamo.

Nulla cambia, rispetto a quanto visto per il prestito ordinario, in sede di assestamento, dove, ad ogni fine esercizio, rileveremo il rateo di interessi e, se del caso, il riscontro sull'aggio di emissione. Il disaggio, si ricorda, non è possibile ritrovarlo nel caso delle obbligazioni convertibili in quanto ne è vietata l'emissione sotto la pari.

L'angolo dei quesiti…

- Cosa differenzia una società per azioni da una società in nome collettivo?
- Cosa è il fondo sovrapprezzo azioni?
- A cosa serve il diritto di opzione?
- Quali sono le differenze tra obbligazioni ordinarie ed obbligazioni convertibili?
- Perché le obbligazioni convertibili non possono essere emesse sotto la pari?

✎ *Per saperne di più* ✎

📖 Fabrizio **CERBIONI,** Lino **CINQUINI,** Ugo **SOSTERO**, *Contabilità e bilancio*, Milano, McGraw Hill, 2011.

📖 Michele **PISANI**, *Le rilevazioni contabili per il bilancio di esercizio*, Milano, FrancoAngeli, 2008.

IL RISULTATO D'ESERCIZIO: DESTINAZIONE DELL'UTILE E SISTEMAZIONE DELLE PERDITE*

Il risultato d'esercizio si ottiene dalla differenza tra ricavi e costi di competenza economica dell'esercizio.

Sul libro giornale esso è evidenziato quando, al 31/12, si determina il saldo a chiusura del conto economico riferito all'esercizio.

Contabilmente, in caso di utile, si rileva:

Cod. Conto Dare	Cod. conto Avere		31/12		
		Conto Economico	a	Utile d'esercizio	4.000

Oppure, in caso di perdita:

Cod. Conto Dare	Cod. conto Avere		31/12		
		Perdita d'esercizio	a	Conto Economico	4.000

Con tali rilevazioni il Conto economico si chiude, mentre rimane aperto il conto Utile d'esercizio (o Perdita d'esercizio). Esso, in quanto conto economico di capitale, affluisce nel Passivo dello Stato Patrimoniale di derivazione contabile (o nell'Attivo in caso di perdita d'esercizio).

In sede di chiusura generale dei conti, in caso di utile si registra:

* Capitolo a cura di R. Mazzotta

Cod. Conto Dare	Cod. conto Avere	31/12			
		Utile d'esercizio	a	Stato Patrimoniale	4.000

Oppure, in caso di perdita:

Cod. Conto Dare	Cod. conto Avere	31/12			
		Stato Patrimoniale	a	Perdita d'esercizio	4.000

Nel nuovo anno, una volta approvato il bilancio, i soci decidono sulla destinazione dell'utile o sulla sistemazione della perdita.

50. La destinazione dell'utile di esercizio

Una volta conseguito un utile d'esercizio, i soci, in sede di approvazione del bilancio di esercizio, devono decidere sul come "utilizzarlo". Esso, infatti, può essere accantonato in riserve, al fine di potenziare la gestione e di fronteggiare i rischi futuri, e/o essere distribuito ai soci (gli azionisti), quale remunerazione del rischio cui hanno sottoposto il loro capitale.

Di fatto, la decisione sulla destinazione dell'utile, è condizionata da:

- vincoli stabiliti dalla legge;

- vincoli stabiliti nell'atto costitutivo;

- vincoli imposti dall'Assemblea.

I vincoli stabiliti dalla legge, con le disposizioni del codice civile, sono volti a preservare l'integrità del capitale e, a tal fine, dispongono che non si possono distribuire utili:

- se non realmente conseguiti (art. 2433);

- se prima non è reintegrata l'eventuale perdita (art. 2433);

- se, in presenza in bilancio di costi di impianto e di ampliamento e costi di ricerca, sviluppo e pubblicità capitalizzati non residuano riserve disponibili sufficienti a coprire l'ammontare dei costi non ammortizzati (art. 2426 C.c. punto 5).

Il codice civile pone poi un vincolo di destinazione prevedendo l'accantonamento obbligatorio del 5% degli utili a Riserva Legale (art. 2430) finché questa non raggiunge il 20% del capitale sociale.

I vincoli stabiliti nell'atto costitutivo sono, invece, regole di distribuzione degli utili stabilite nello Statuto. Un esempio di vincolo statutario è la destinazione di una percentuale di utile ad una riserva denominata Riserva Statutaria, una riserva da utilizzare solo nei casi previsti dallo Statuto.

L'assemblea, infine, può imporre dei vincoli prevedendo un altro accantonamento dell'utile ad una riserva denominata Riserva Straordinaria.

L'utile conseguito al netto delle somme destinate alle riserve è denominato Utile distribuibile. L'Utile distribuibile rappresenta la parte di utili che potenzialmente può essere distribuita ai soci; anche se non è detto che poi essa venga interamente distribuita.

Sulla destinazione dell'utile distribuibile, dunque, decidono gli azionisti, che faranno le loro scelte in proposito (e cioè se destinarlo tutto o in parte a dividendo).

Successivamente, si procede a calcolare il dividendo unitario lordo, pari al rapporto tra utile destinato a essere distribuito e numero di azioni in circolazione. Il dividendo per azione deve essere arrotondato alle unità di euro o alle decine di centesimi. Potrebbe aversi, pertanto, un residuo, che imputato al conto Utili a nuovo. Questi ultimi, nell'esercizio successivo, andranno a sommarsi agli utili distribuibili.

A titolo esemplificativo supponiamo che la società Omega SpA (capitale sociale € 2.000.000 suddiviso in 10.000 azioni dal valore nominale di € 200) consegua un utile di € 61.500. L'Assemblea dei soci approva il bilancio e il piano di riparto degli utili prevedendo di destinare:

- il 5% a Riserva Legale;

- il 2% a Riserva Statutaria;

- il 3% a Riserva Straordinaria;

- distribuzione degli utili restanti agli azionisti, arrotondato alle decine di centesimi.

Sulla base di tali informazioni il piano di riparto degli utili dell'esercizio è:

Utile dell'esercizio	€	61.500
- 5% alla Riserva Legale (5% di € 61.500)	€	3.075
- 2% alla Riserva Statutaria (2% di € 61.500)	€	1.230
- 3% alla Riserva Straordinaria (3% di € 61.500)	€	1.845
Utile distribuibile agli azionisti	€	55.350

Dividendo unitario lordo
Utile da distribuire/numero azioni = € 55.350/10.000 = € 5,535 arrotondato a € 5,50

Utile da distribuire agli azionisti	€ 55.350
- utile distribuito (€ 5,50* 10.000 azioni)	€ 55.000
Utili a nuovo	€ 350

Contabilmente si rileva:

Cod. Conto Dare	Cod. conto Avere					
		Utile d'esercizio	a	Diversi		61.500
			a	Riserva legale	3.075	
			a	Riserva statutaria	1.230	
			a	Riserva straordinaria	1.845	
			a	Azionisti c/dividendi	55.000	
			a	Utili a nuovo	350	

Dove i conti Utile d'esercizio, Riserva Legale, Riserva Statutaria e Utili a nuovo sono conti economici di capitale e sono, quindi, quote ideali del netto, mentre Azionisti c/dividendi è un conto finanziario acceso a valori numerari assimilati passivi.

All'atto del pagamento dei dividendi, ipotizzando un regolamento a mezzo banca, sul libro giornale si rileva:

Cod. Conto Dare	Cod. conto Avere					
		Azionisti c/dividendi	a	Banca c/c		55.000

51. La sistemazione delle perdite

Se la gestione presenta, invece, una perdita, l'assemblea deve procedere alla sua sistemazione, atteso il fatto che essa, individuando situazioni in cui l'impresa ha distrutto ricchezza, determina una diminuzione del capitale conferito. Tre sono le alternative possibili:

1) sospensione della sistemazione;

2) sistemazione contabile della perdita;

3) copertura effettiva della perdita.

Nel primo caso l'assemblea decide di non procedere al ripianamento ma di lasciare la perdita quale componente negativo del Patrimonio Netto. In tal caso, nell'esercizio successivo non è possibile distribuire utili se prima non si copre la perdita dell'anno precedente. In genere, si sceglie la sospensione della sistemazione, quando si ritiene che il risultato sia frutto di difficoltà temporanee e/o straordinarie.

Contabilmente, ipotizzando di aver conseguito una perdita d'esercizio di € 3.000, sul libro giornale, si movimentano due conti economici di capitale quali:

⇒ Perdite a nuovo, movimentato in dare
⇒ Perdita d'esercizio, movimentato in avere.

Cod. Conto Dare	Cod. conto Avere		...			
		Perdita a nuovo	a	Perdita d'esercizio		3.000

Nel secondo caso si procede con la sistemazione contabile della perdita la quale può avvenire attraverso l'utilizzo delle riserve e/o con la riduzione del capitale sociale.

Se la scelta è di sistemare la perdita attraverso le riserve si utilizzano dapprima le riserve disponibili (riserve di prima linea) e come ultima alternativa la riserva statutaria e legale.

Ipotizzando di utilizzare le riserve (Straordinaria, Statutaria e Legale tutte pari ad € 1.000) a copertura della perdita, sul libro giornale si movimentano:

⇒ in dare i conti economici di capitale Riserva straordinaria, Riserva statutaria e Riserva legale;
⇒ e in avere il conto Perdita d'esercizio

Cod. Conto Dare	Cod. conto Avere		...			
		Diversi	a	Perdita d'esercizio		3.000
		Riserva Straordinaria			1.000	
		Riserva Statutaria			1.000	
		Riserva Legale			1.000	

Se, invece, la perdita non riesce ad essere coperta dalle riserve, la parte eccedente può essere rilevata come perdita a nuovo. Ipotizzando di dover coprire una perdita di € 3.400, si rileva:

Cod. Conto Dare	Cod. conto Avere					
		Diversi	a	Perdita d'esercizio		3.400
		Riserva Straordinaria			1.000	
		Riserva Statutaria			1.000	
		Riserva Legale			1.000	
		Perdite a nuovo			400	

Se si sceglie, invece, di estinguere la perdita attraverso la riduzione del capitale sociale; sul libro giornale si rileverà:

Cod. Conto Dare	Cod. conto Avere					
		Capitale sociale	a	Perdita d'esercizio		4.000

Se il capitale sociale, però, per effetto della sua riduzione, scende sotto i limiti stabiliti dalla legge, è necessario reintegrarlo al livello del limite o procedere alla trasformazione societaria.

Per comprendere quanto si vuole dire, si ipotizzi di avere una riserva legale di 8.000 e una riserva straordinaria di 2.000 e di aver conseguito nell'esercizio una perdita di € 30.000 con un capitale sociale di € 45.000. In questo caso la perdita è superiore al valore di un terzo del capitale sociale per cui la società deve ridurre il capitale sociale. Supponendo che la società riduca il capitale sociale e deliberi di portare il capitale sociale ad € 20.000 e di coprire le perdite con le riserve sul libro giornale si rileva:

Cod. Conto Dare	Cod. conto Avere		...			
		Diversi	a	Perdita d'esercizio		40.000
		Riserva straordinaria			2.000	
		Riserva legale			8.000	
		Capitale sociale			30.000	

Di seguito si rileva la ricostruzione del capitale sociale da parte degli azionisti con la scrittura:

Cod. Conto Dare	Cod. conto Avere		...			
		Azionisti c/sottoscrizioni	a	Capitale sociale		5.000

Nel <u>terzo caso</u>, infine, si ha la copertura effettiva attraverso il reintegro da parte dei soci i quali intervengono a coprire in toto o in parte la perdita mediante nuovi versamenti.

In questo caso, la registrazione contabile è effettuata movimentando i conti:

- ⇒ Azionisti c/versamenti a copertura perdita, conto finanziario acceso a valori numerari assimilati, in dare
- ⇒ e in avere il conto Perdita d'esercizio

Cod. Conto Dare	Cod. conto Avere		...			
		Azionisti c/versamenti a copertura perdite	a	Perdita d'esercizio		2.400

L'angolo dei quesiti…

- Cosa si intende per sistemazione della perdita?
- Cosa si intende per destinazione dell'utile?
- Chi decide sulla destinazione dell'utile?
- Quando, per effetto di una perdita, è necessario reintegrare il capitale?
- Cosa sono le riserve? Come si possono articolare?

Per saperne di più

- Francesco **GIUNTA**, Michele **PISANI**, *Il Bilancio*, APOGEO, 2005
- A **PROVASOLI**, Maurizio **PINI**, Alfredo **VIGANO'**, *Financial Accounting. Rilevazioni per il bilancio d'esercizio e il bilancio consolidato,* McGraw Hill, 2010

I FINANZIAMENTI "NON BANCARI"†

Il mercato dei capitali è da tempo interessato da un processo di innovazione finanziaria e dalla nascita di nuovi intermediari "non bancari" che, pian piano, si sono affiancati alle banche offrendo prodotti e servizi sempre più flessibili e rispondenti alle esigenze delle imprese. Tra i nuovi "prodotti" ne ricordiamo in particolare due: il *leasing* e il *factoring*.

52. Il leasing

Il *leasing* è un contratto mediante il quale un'azienda (in genere una società specializzata) concede in locazione ad un'altra (il conduttore) un bene, che acquista o fa costruire dalla stessa, dietro pagamento di un canone periodico per un determinato periodo di tempo.

> Il *leasing* permette di utilizzare beni di proprietà di terzi senza dover sostenere lo sforzo finanziario per acquistarli (finanziamento indiretto dell'azienda locatrice al conduttore).

Il *leasing* si può articolare in due categorie principali:

a) *leasing* operativo (o locazione operativa)

† Capitolo a cura di R. Mazzotta

b) *leasing* finanziario (o locazione finanziaria)

Nel *leasing* operativo intervengono due parti: la società di leasing che concede in locazione i beni, per un periodo di tempo breve e solitamente inferiore alla loro vita economico-tecnica, e l'utilizzatore, che di regola non ha però la possibilità di acquistare i beni alla scadenza del contratto. Siamo, quindi, assai vicini alla semplice locazione.

Nel *leasing* finanziario interviene un terzo attore, la società di leasing, che acquista per conto di un'impresa un bene e lo cede in locazione alla stessa per un determinato periodo di tempo, concedendole però la possibilità di acquistare il bene stesso alla scadenza del contratto.

Una forma particolare di leasing è quella del *lease back*. Con il *lease back* un imprenditore vende a una società di *leasing* un bene e nello stesso tempo stipula con la società un contratto di locazione finanziaria in virtù del quale mantiene la disponibilità del bene e continua ad utilizzarlo nella propria impresa con la possibilità di riacquistarne la proprietà dietro il pagamento del "prezzo di riscatto". In questa fattispecie i soggetti che intervengono sono due (come nel *leasing* operativo) ma la natura dell'operazione è prettamente finanziaria; inoltre, a differenza del *leasing* finanziario, il *lease back*, permettendo lo smobilizzo di investimenti già fatti, consente all'impresa di recuperare liquidità.

I vantaggi dell'operazione di leasing sono così sintetizzabili:

1) completo finanziamento dell'investimento richiesto dal bene oggetto del contratto (ad eccezione del caso in cui vi sia un maxi-canone iniziale);

2) conoscenza a priori dei costi dell'operazione;

3) flessibilità dell'operazione.

Come per le altre operazioni la contabilizzazione si effettua sulla base del documento ufficiale, la fattura, nel quale sono riportati i canoni dovuti a fronte del contratto stipulato e l'eventuale riscatto. Le fasi in cui si sviluppa l'operazione e le conseguenti rilevazioni contabili sono relative a:

1) la stipulazione del contratto;

2) il pagamento dei canoni di leasing;

3) la rilevazione di eventuali risconti attivi o ratei attivi;

4) l'eventuale riscatto del bene.

Nella prassi contabile due sono le modalità utilizzabili per registrare l'operazione di leasing:

1) il metodo patrimoniale e

2) il metodo finanziario.

53. La contabilizzazione del leasing con il metodo patrimoniale

Il metodo patrimoniale contabilizza i beni in leasing facendo riferimento essenzialmente alla "forma" giuridica del rapporto e non alla sostanza dello stesso. In altre parole, per l'utilizzatore i canoni periodici corrisposti alla società di leasing sono intesti quali "costi". In genere l'adozione di tale metodo è privilegiato per le rilevazioni inerenti al leasing operativo.

Supponiamo che il primo settembre dell'anno X la nostra impresa stipuli un contratto di *leasing* relativo ad un macchinario accordandosi per il pagamento di 24 canoni mensili anticipati di euro 200. Vediamo le scritture contabili relative alle diverse fasi:

1) stipula del contratto

Alla stipula del contratto si rileva l'impegno per i canoni periodici che si dovranno pagare. Contabilmente ciò porta:

⇒ alla movimentazione in dare del conto Macchinari in leasing;

⇒ e in avere, del conto Creditori c/leasing

Macchinari in leasing e Creditori c/leasing sono conti d'ordine appartenenti al sistema improprio degli impegni, in bilancio essi si ritrovano in calce nello Stato Patrimoniale.

Poiché l'impresa si impegna a pagare 24 canoni periodici di € 200 ciascuno la rilevazione sul libro giornale è:

Cod. Conto Dare	Cod. conto Avere					
		Macchinari in leasing	a	Creditori c/leasing		4.800

2) pagamento canoni periodici

La fase successiva è quella del versamento dei canoni periodici di *leasing*. I canoni sono soggetti ad IVA. Contabilmente ciò porta dapprima alla rilevazione del debito:

⇒ movimentando in dare i conti Canoni di leasing, conto economico di reddito acceso a costi, e IVA ns credito;

⇒ e in avere il conto Fornitori

Cod. Conto Dare	Cod. conto Avere					
		Diversi	a	Fornitori		242
		Canoni di leasing			200	
		IVA ns credito			42	

Quindi si rileva l'effettivo pagamento dei canoni

Cod. Conto Dare	Cod. conto Avere					
		Fornitori	a	Banca c/c		242

Registrato il pagamento si rileva la riduzione degli impegni per Beni in leasing (per un valore pari al costo sostenuto):

Cod. Conto Dare	Cod. conto Avere					
		Creditori c/leasing	a	Macchinari in leasing		200

I conti Creditori c/leasing e Macchinari in leasing verranno, pertanto, movimentati ogni volta che si paga un canone, alla fine del contratto il saldo di tali conti dovrà essere pari a zero.

3) l'eventuale rilevazione di ratei o risconti

In chiusura dell'esercizio si deve verificare se sono stati contabilizzati tutti i canoni di competenza dell'esercizio apportando, ove necessario, le dovute "integrazioni" per includere canoni non contabilizzati ma di competenza economica dell'esercizio in chiusura o "escludere" al fine di escludere i canoni già contabilizzati ma non di competenza economica dell'esercizio in chiusura.

Nel caso di "integrazione" dei canoni di competenza non rilevati finanziariamente si rileva:

Cod. Conto Dare	Cod. conto Avere	31/1			
		Canoni di leasing	a	Ratei passivi	....

Nel caso in cui si devono "escludere" quote di canoni non di competenza già contabilizzati si rileva:

Cod. Conto Dare	Cod. conto Avere	31/12			
		Risconti attivi	a	Canoni di leasing	....

Mentre all'atto dell'estinzione dell'impegno si registra invece:

Cod. Conto Dare	Cod. conto Avere	...			
		Creditori c/leasing	a	Macchinari in leasing	200

Il risultato di un tal modo di procedere porta ad avere, al 31/12/X, la seguente situazione nello Stato Patrimoniale e nel Conto economico:

Stato Patrimoniale

Attività	Passività
-	-

Conto Economico

Costi	Ricavi
Canoni leasing 800	

Conti d'ordine

Macchinari in leasing 4.000

Il contratto di leasing può anche prevedere la corresponsione di un maxi-canone iniziale. Quest'ultimo deve essere ripartito in base alla competenza economica commisurata alla durata del contratto stesso. In chiusura dell'esercizio, pertanto, l'impresa utilizzatrice del bene deve calcolare la quota parte del maxi-canone non di competenza, da trasferire dal reddito al capitale attraverso i "risconti attivi".

Supponiamo a questo punto che sempre in data primo settembre X si stipuli un contratto di leasing relativo ad un macchinario accordandosi per il pagamento di 24 canoni mensili di euro 200 da versare a partire dal primo ottobre e per il pagamento di un maxi-canone iniziale di euro 600 da pagare subito.

In tal caso le scritture contabili diventano:

a) alla stipula del contratto

1) rilevazione impegno per i canoni periodici futuri

Il valore dei beni in leasing è dato dalla somma dei canoni periodici (24 canoni mensili da euro 200) e dal maxi-canone iniziale (di euro 600).

Cod. Conto Dare	Cod. conto Avere	...				
		Macchinari in leasing	a	Creditori c/leasing		5.400

2) rilevazione debito per maxi-canone iniziale:

Cod. Conto Dare	Cod. conto Avere	...				
		Diversi	a	Fornitori		726
		Canoni di leasing			600	
		IVA ns credito			126	

3) pagamento maxi-canone iniziale

Cod. Conto Dare	Cod. conto Avere	...				
		Fornitori	a	Banca c/c		726

b) al ricevimento delle fatture relative ai canoni di leasing si effettuano le scritture viste in precedenza:

Cod. Conto Dare	Cod. conto Avere		...			
		Diversi	a	Fornitori		242
		Canoni di leasing			200	
		IVA ns credito			42	

Quindi si rileva l'effettivo pagamento dei canoni

Cod. Conto Dare	Cod. conto Avere		...			
		Fornitori	a	Banca c/c		242

c) in sede di assestamento

In sede di assestamento, poiché vi è il pagamento di un maxi-canone iniziale, si deve rilevare un risconto attivo. Per calcolare la quota di costo già contabilizzata ma da rinviare al futuro è necessario calcolare in via preliminare il canone medio mensile.

Il canone medio mensile si determina rapportando il totale dei canoni (periodici più maxi-canone) al numero dei mesi in cui si sviluppa l'operazione. Nel caso in oggetto il totale dei canoni è pari ad € 5.400 e i mesi in cui si sviluppa l'operazione sono 25, da cui si ottiene un canone medio mensile di € 216. Poiché i mesi di competenza sono quattro (da settembre a dicembre) il costo di competenza è di € 864 (€ 216 x mesi 4). I canoni versati sono invece pari ad € 1.200 (il maxi-canone di € 600 più tre canoni periodici di € 200).

Al 31/12/X si deve, quindi, sospendere la parte di costi non di competenza pari ad € 336 (€ 1.200 – € 864). La scrittura sul libro giornale è:

Cod. Conto Dare	Cod. conto Avere		31/12			
		Risconti attivi	a	Canoni di leasing		336

Nell'esercizio successivo fra i costi del Conto economico compaiono i canoni di leasing stornati nel precedente esercizio (attraverso la chiusura dei risconti attivi iniziali all'1/1) di € 336 nonché i 12 canoni periodici di € 200. Complessivamente, quindi, i costi connessi all'operazione di leasing nel corso dell'anno X1 sono pari ad € 2.736. La quota di competenza è però pari ad € 2.592 (€ 216 x 12 canoni). Al 31/12/X1, quindi, poiché i costi imputati al conto economico in parte sono di competenza economica del futuro esercizio, si deve stornare dai costi per canoni di leasing la parte non di competenza. Ciò determina un risconto attivo pari ad € 144.

54. La contabilizzazione del leasing con il metodo finanziario

La contabilizzazione del leasing, con o senza versamento di maxi-canone, con il metodo finanziario, invece, è effettuata dando maggiore risalto alla sostanza economica dell'operazione (l'acquisizione di un bene) e non tanto alla forma giuridica della stessa.

In tal caso il bene utilizzato è iscritto tra le immobilizzazioni dell'azienda che lo utilizza ed è sottoposto al processo di ammortamento. In contropartita l'azienda rileva un debito verso la società di leasing per un importo pari ai canoni da pagare. I canoni di leasing che periodicamente saranno pagati, come accade con le rate periodiche dei mutui, sono composti dalla quota capitale, diretta a rimborsare il debito, e dalla quota interessi, diretta a ricompensare il servizio reso. Per contabilizzare correttamente l'operazione, però, si deve in via preliminare calcolare il tasso di rendimento implicito dell'operazione. Esso rappresenta il tasso di interesse da utilizzare per determinare la quota interessi e di, conseguenza, la quota capitale.

Questo metodo dovrebbe essere utilizzato preferibilmente per rilevare le operazioni di leasing finanziario.

Ipotizziamo che il primo settembre dell'anno X la nostra impresa stipuli un contratto di *leasing* relativo ad un macchinario del valore di euro 50.000. I canoni anticipati sono 25 pari ad euro 2.000 cadauno. L'accordo prevede il versamento di un maxi-canone iniziale di euro 6.000, valore di riscatto € 1.000. La vita utile del macchinario è di 8 anni e il tasso di interesse implicito è del 1,15%. Vediamo le scritture contabili relative alle diverse fasi.

Con il metodo finanziario le rilevazioni sul libro giornale diventano:

1) stipula del contratto.
Alla stipula del contratto si iscrive il bene nell'attivo dello Stato Patrimoniale per il valore originario dei beni in leasing. Contabilmente ciò porta:

⇒ alla movimentazione in Dare del conto Macchinari in leasing, conto economico di reddito acceso a costi sospesi;
⇒ e in Avere, del conto Debiti v/società di leasing, conto finanziario acceso a debiti di finanziamento.

Cod. Conto Dare	Cod. conto Avere					
		Macchinari in leasing	a	Debiti v/società di leasing		50.000

Di seguito si liquida e paga il maxi-canone. Con il metodo finanziario il maxi-canone pagato è portato in detrazione al debito verso la società di leasing. A libro giornale si avrà:

Cod. Conto Dare	Cod. conto Avere					
		Diversi	a	Fornitori		7.260
		Debiti v/società di leasing			6.000	
		IVA ns credito			1.260	

2) pagamento canoni periodici.

Il canone di leasing deve essere scomposto in due parti: la quota diretta a rimborsare il debito, registrata movimentando in Dare il conto Debiti v/società di leasing, e la quota interessi, registrata movimentando in Dare il conto Interessi su leasing, conto economico di reddito acceso a costi.

Per calcolare la quota interessi si deve dapprima determinare il debito residuo (debito originario meno quote capitale versate). Su tale valore si calcoleranno gli interessi relativi. Con riferimento al nostro esempio, quindi, al pagamento della prima quota il debito residuo è di euro 44.000 (euro 50.000 meno maxi canone) per cui applicandovi il tasso di interesse dell'1,15% si ottiene la quota interessi pari a euro 506.

La quota capitale si calcola, invece, sottraendo dal canone complessivo la quota interessi.

Cod. Conto Dare	Cod. conto Avere					
		Diversi	a	Fornitori		2.420
		Debiti v/società di leasing			1.494	
		Interessi su leasing			506	
		IVA ns credito			420	

Quindi si rileva l'effettivo pagamento dei canoni

Cod. Conto Dare	Cod. conto Avere					
		Fornitori	a	Banca c/c		2.420

Tutti i successivi pagamenti saranno contabilizzati seguendo lo stesso criterio e utilizzando la ripartizione tra quota capitale e quota interessi. Di seguito si presenta un stralcio del piano del rimborso del debito con la distinzione tra le due componenti.

	Pagamento	Quota interessi	Quota capitale	Debito residuo
				50.000
Maxi-canone	6.000		6.000	44.000
Settembre X	2.000	506	1.494	42.506
Ottobre X	2.000	489	1.511	40.995
Novembre X	2.000	471	1.529	39.466
Dicembre X	2.000	454	1.546	37.920
Totale anno X	14.000	1.920	12.080	37.920

In chiusura dell'esercizio oltre a dover verificare, come nel caso precedente, se sono stati contabilizzati tutti i canoni di competenza dell'esercizio apportando, ove necessario, le dovute "integrazioni" o "rettifiche", si deve calcolare la quota di ammortamento sul bene in leasing.

Sul libro giornale, sapendo che la vita utile del bene è di otto anni, si rileva l'ammortamento di tali beni in misura del 12,5%, quindi:

Cod. Conto Dare	Cod. conto Avere					
		Ammortamenti Immobilizzazioni in leasing	a	F.do amm.to immobilizzazioni in leasing		6.250

Al momento della scadenza del contratto, qualora si riscatti il bene, si rileva:

Cod. Conto Dare	Cod. conto Avere					
		Diversi	a	Fornitori		1.210
		Macchinari			1.000	
		IVA ns credito			210	

Il risultato di tale procedimento nello stato patrimoniale e nel conto economico si presentano come segue:

Stato Patrimoniale	
Attività	Passività
Macchinari in leasing 50.000	Debiti v/soc. leasing 37.920

Conto Economico	
Costi	Ricavi
Ammortamenti 6.500 Interessi passivi 1.920	

Conti d'ordine
-

55. Il factoring

Il *factoring* è un contratto che prevede la cessione, da parte dell'impresa ad un intermediario specializzato (il factor), di tutti crediti (derivanti da vendite con regolamento differito) non ancora scaduti. Il *factor* si impegna, dietro compenso, ad incassarli. Egli, inoltre, può concedere a richiesta degli anticipi e ne può garantire il buon fine.

Il *factoring* si differenzia, in sostanza, dalle altre forme di smobilizzo per l'eventuale garanzia del buon fine e per il fatto che il credito erogabile dipende dall'ammontare dei crediti commerciali di cui si dispone (e non dalle garanzie che l'impresa può fornire).

Il *factoring* si può presentare in due diverse forme:

1) *factoring* con accredito alla scadenza (*maturity factoring*)
2) *factoring* con accredito anticipato (*credit cash factoring*).

Nel *factoring* con accredito a scadenza la società di *factoring* paga i crediti solo alla scadenza trattenendo le dovute commissioni di *factoring*. L'operazione non dà alcun contributo finanziario all'impresa ma fornisce i servizi tipici dell'operazione, in particolare la gestione della contabilità clienti.

Nel *factoring* con accredito anticipato l'impresa cedente ha la possibilità di ottenere, fin dal momento della presentazione dei crediti, l'anticipazione di una somma pari, in genere, all'80% delle fatture con scadenza tra i 120-180 giorni. La differenza tra il valore nominale dei crediti ceduti e l'importo anticipato prende il nome di scarto. Quest'ultimo ha lo scopo di garantire il *factor* per la rivalsa di eventuali resi o abbuoni. Il saldo è accreditato alla scadenza delle fatture stesse. In questo caso ai servizi tipici dell'operazione si affianca la funzione prettamente finanziaria.

La cessione dei crediti può avvenire con la clausola pro-soluto o con la clausola pro-solvendo.

Se la cessione avviene con la clausola:
- pro-soluto (o senza rivalsa) il rischio di insolvenza ricade sulla società di *factoring*
- pro-solvendo (o con rivalsa) il rischio di insolvenza rimane a carico dell'azienda che cede i crediti

In relazione a ciò distingueremo tra:
- *factoring* con accredito anticipato senza rivalsa (pro-soluto)
- e *factoring* con accredito anticipato con rivalsa (pro-solvendo).

Analizziamo ora le scritture contabili per le diverse metodologie

A) Factoring senza accredito anticipato

Le scritture contabili si articolano come segue:

1) vendita di prodotti:

Cod. Conto Dare	Cod. conto Avere					
		Clienti	a	Diversi		36.300
			a	Prodotti c/vendite	30.000	
			a	IVA ns debito	6.300	

2) formalizzazione relativa alla cessione del credito ad una società di factoring movimentando dapprima i conti:

⇒ Crediti fattorizzati, conto finanziario acceso a valori numerari assimilati attivi, in Dare

⇒ e il conto Clienti in Avere

Cod. Conto Dare	Cod. conto Avere					
		Crediti fattorizzati	a	Clienti		36.300

e successivamente i conti:

⇒ Crediti fattorizzati in avere per registrarne la chiusura in quanto ora registrati nel conto

⇒ Società di *factoring*, conto finanziario acceso a valori numerari assimilati attivi/passivi, nel caso in oggetto esso rappresenta il credito vantato nei confronti della società di factoring per i crediti non ancora riscossi

Cod. Conto Dare	Cod. conto Avere					
		Società di factoring	a	Crediti fattorizzati		36.300

3) ricevimento fattura della società di factoring per le commissioni di factoring e le spese di gestione amministrativa.

Contabilmente si movimentano i conti:

⇒ Società di *factoring*, espressione del debito nei confronti della società di *factoring* per i servizi resi, in Avere;

⇒ Commissioni di *factoring* e oneri accessori di *factoring*, conti economici di reddito accesi a costi, nel Dare;

⇒ e IVA ns credito calcolata sulle commissioni e gli oneri in Dare.

Cod. Conto Dare	Cod. conto Avere					
		Diversi	a	Società di factoring		720
		Commissioni di factoring			500	
		Oneri accessori di factoring			100	
		IVA ns credito			120	

4) incasso a scadenza dei crediti da parte della società di *factoring* e accredito all'impresa cedente del netto ricavo

Cod. Conto Dare	Cod. conto Avere					
		Banca c/c	a	Società di factoring		35.280

B) Factoring con accredito anticipato

Nel *factoring* con accredito anticipato, con o senza rivalsa, la società di factoring anticipa una somma, in genere, intorno all'80% del valore delle fatture; la restante parte rimane a garanzia di eventuali resi merci per difetti qualitativi (esclusi dalla garanzia).

Contabilmente le scritture sono le seguenti:

1) vendita di prodotti con formalizzazione relativa alla cessione del credito ad una società di *factoring*

Cod. Conto Dare	Cod. conto Avere					
		Clienti	a	Diversi		36.300
			a	Prodotti c/vendite	30.000	
			a	IVA ns debito	6.300	
		Crediti fattorizzati	a	Clienti		36.300

Una volta fattorizzati i crediti la società di *factoring* ne accredita la percentuale concordata (supponiamo l'80%).

Nel caso in cui la cessione è pro-solvendo, piuttosto che chiudere il conto Crediti Fattorizzati – che verrà chiuso solo alla scadenza – si apre il conto Società di factoring, che in questo caso esprime il debito dell'azienda nei confronti della società di *factoring* per la somma anticipata dalla stessa. Ipotizzando che le commissioni siano pari ad € 600 + IVA e che gli interessi sulle somme anticipate sono pari ad € 80, sul libro giornale si registra:

Cod. Conto Dare	Cod. conto Avere	...				
		Diversi	a	Società di factoring		29.040
		Banca c/c			28.234	
		Commissioni di factoring			600	
		Interessi passivi di factoring			80	
		IVA ns credito			126	

Se la cessione, invece, è pro-soluto si ha, come nel caso del *factoring* senza anticipo, la rilevazione con la quale si registra il passaggio dei crediti alla società di *factoring*, si chiude, quindi, il conto Crediti Fattorizzati, e di conseguenza si registra l'accredito della somma da parte della società di *factoring* al netto delle commissioni e degli interessi passivi di *factoring*:

Cod. Conto Dare	Cod. conto Avere	...				
		Società di factoring	a	Crediti fattorizzati		36.300

Cod. Conto Dare	Cod. conto Avere	...				
		Diversi	a	Società di factoring		29.040
		Banca c/c			28.234	
		Commissioni di factoring			600	
		Interessi passivi di factoring			80	
		IVA ns credito			126	

2) incasso a scadenza dei crediti da parte della società di *factoring* e accredito all'impresa cedente della quota residua non anticipata

- se la cessione è pro-solvendo:

Cod. Conto Dare	Cod. conto Avere	...			
		Diversi	a Crediti fattorizzati		36.300
		Società di factoring		29.040	
		Banca c/c		7.260	

- se la cessione è pro-soluto

Cod. Conto Dare	Cod. conto Avere	...			
		Banca c/c	a Società di factoring		7.260

L'angolo dei quesiti…

- Cosa differenzia il leasing finanziario dal leasing operativo?
- Cosa differenzia e cosa accomuna il leasing finanziario e operativo con il lease back?
- Cosa è il maxi-canone?
- Cosa si intende per "prezzo di riscatto"?
- Cosa è il factoring?
- Come si differenzia il *factoring* senza anticipo dal *factoring* con anticipo?

Per saperne di più

📖 SUMMA CONTABILE 2011, Il Sole 24 Ore, 2011

📖 Giuseppe **FABBRINI**, Alessandro **MUSAIO**, (a cura di), *Contabilità e bilancio. Fondamenti e disciplina*, Milano, Franco Angeli, 2004.

ANCORA DUE PAROLE SUL BILANCIO

56. Il Bilancio a struttura logica è sufficiente?

Siamo arrivati a redigere il così detto bilancio a struttura logica.

Il nostro lavoro, però, è completato solo in parte.

Infatti, prima di ritenerci soddisfatti del lavoro svolto dobbiamo chiederci se i prospetti di stato patrimoniale e di conto economico sono sufficienti per far comprendere a chi legge – ricordiamo che il bilancio è essenzialmente uno strumento di informativa esterna – come stia andando l'azienda, ovvero, parafrasando il codice civile, dobbiamo capire se siamo in grado di dare una chiara rappresentazione della situazione economica, patrimoniale e finanziaria dell'impresa.

Comunque, normativa a parte, poniamoci un paio di quesiti:

- anzitutto, il bilancio a struttura logica, rispetta appieno la logica che all'inizio avevamo proposto (prospetto fonti/impieghi per lo stato patrimoniale, schema della attività di gestione per il conto economico)?
- oltre a ciò, ammesso che la logica del Bilancio di tradizione contabile sia questa, siamo sicuri che essa soddisfi realmente le esigenze informative di chi deve leggere il bilancio?

Chiaramente i problemi sono di tipo diverso e vanno, pertanto, affrontati separatamente...

Riformulare lo stato patrimoniale

Iniziamo dallo stato patrimoniale.

Abbiamo già notato che non tutte le poste in esso riportate rappresentano fonti finanziarie o investimenti in senso sostanziale.

È il caso, ad esempio, delle immobilizzazioni tecniche. Esse, infatti, vengono portate nell'attivo al loro costo storico e poi rettificate attraverso il fondo ammortamento.

Questo viene fatto per ottime ragioni di carattere informativo. Non rispecchia però il criterio di rappresentazione di fonti e impieghi che sta a fondamento dello stato patrimoniale. Il fondo ammortamento non è un finanziamento, ma nasce da una operazione di tipo meramente contabile.

Solo detraendo il fondo dalla voce dell'attivo a cui si riferisce, sarà possibile ricondurre il tutto al valore di «investimento netto».

Perché questo? Perché così è possibile vedere quale sia il valore contabile effettivo del nostro investimento e, allo stesso tempo, si elimina una posta dal Passivo – il fondo ammortamento appunto – che non ha natura finanziaria.

Questo vale per il fondo ammortamento e per tutte le altre poste correttive, incluso anche il fondo svalutazione crediti e, se ci pensiamo bene, anche per la perdita di esercizio, che non rappresenta certo un investimento quanto, piuttosto, una rettifica del capitale netto.

In sostanza, lo stato patrimoniale «contabile» ha bisogno di alcune rielaborazioni per far sì che possa diventare un vero prospetto fonti/impieghi.

È necessario quindi ricondurre alcune voci dal valore di costo storico al loro valore di investimento netto.

Tale «operazione» riguarda, come si è visto, anzitutto le immobilizzazioni materiali (dalle quali devono essere stornati i relativi fondi ammortamenti).

Poste che si possono trovare in analoga situazione sono quelle relative ai crediti commerciali (dalle quali andrà stornato il relativo fondo svalutazione crediti ed il fondo rischi su cambi) ed, eventualmente, il magazzino, quando esista un fondo oscillazione prezzi.

Quindi questo è il primo tipo di rielaborazione alla quale dobbiamo sottoporre lo Stato Patrimoniale, passaggio necessario per ricondurci alla logica di fonti e impieghi.

Ma cerchiamo di dare risposta alla seconda domanda che ci eravamo posti, e cioè se questa logica fonti e impieghi è sufficiente per una interpretazione corretta del significato economico finanziario che è sotteso al Bilancio.

La risposta è un'altra volta negativa, perché quello che noi chiediamo allo stato patrimoniale è qualcosa di più di sapere se l'attivo è maggiore del passivo.

Questo infatti ci consente di dire che i beni a nostra disposizione sono in grado, astrattamente e complessivamente, di coprire i debiti che abbiamo, però non dà risposta a quello che è un problema, anzi «il problema» della gestione finanziaria:

non ci basta sapere se ci sono più crediti che debiti o più investimenti che fonti di terzi, è necessario essere certi che i tempi di scadenza dei debiti sono compatibili con le disponibilità finanziarie che la cessione e la rotazione degli investimenti sono in grado di creare.

In sostanza se abbiamo un miliardo di debiti che scadono il 1° gennaio e dieci miliardi di crediti che scadono il 31 dicembre si fallisce lo stesso.

Pertanto ci interessa avere notizia, anzitutto, che la qualità – oltreché la quantità – di attività e passività siano compatibili in termini di scadenza temporale.

Per ottenere questo tipo di informazione cosa possiamo fare?

La risposta è immediata: *dobbiamo cercare di aggregare le poste contabili in gruppi e classi attive e passive che siano temporalmente compatibili.*

Si tratta, quindi, di prendere degli «scatoloni» e di inserirvi le voci in base ad un criterio di trasformabilità in numerario, in denaro.

Chiaramente questo viene fatto seguendo un metro abbastanza convenzionale e approssimativo; in pratica si distinguono le attività e le passività a seconda che scadano entro il futuro esercizio o oltre il futuro esercizio e cioè che la loro scadenza sia inferiore o superiore ai dodici mesi.

Così andiamo a individuare le attività correnti o capitale circolante, che sono quei beni o già in denaro o che comunque diventeranno denaro entro i dodici mesi, e le attività immobilizzate o fisse, il così detto capitale fisso.

Stesso criterio per il passivo: avremo debiti che scadono entro i dodici mesi, le cosiddette passività correnti; debiti che scadono oltre i dodici mesi – le passività consolidate – e, infine, quelle fonti finanziarie che in una situazione di normalità non verranno mai rimborsate, ovvero il capitale netto.

Pertanto, il problema della riclassificazione patrimoniale si sintetizza in questo: andare a individuare quelle poste che rientrano in una scatola invece che in un'altra.

Lo schema generale di riclassificazione, quindi, diviene il seguente:

LO STATO PATRIMONIALE

ATTIVITÀ CORRENTI	PASSIVITÀ CORRENTI
	PASSIVITÀ CONSOLIDATE
ATTIVITÀ IMMOBILIZZATE	CAPITALE NETTO

Per l'attivo la soluzione è abbastanza immediata: nelle attività correnti figureranno, anzitutto, la cassa ed i crediti commerciali.

Oltre a ciò vi faremo rientrare anche le giacenze di magazzino e tutte le altre rimanenze, sia contabili (i risconti) che numerarie (i ratei).

È evidente il tipo di approssimazione che viene fatta, soprattutto per quel che riguarda il magazzino: non è assolutamente detto, infatti, che tutto quello che vi si trova sia liquidabile in tempi brevi...

Resta il fatto, però, che una linea guida bisogna pur trovarla e che spesso è difficile individuare la componente immobilizzata di certe voci di bilancio.

In sintesi, allora, collocheremo tra le attività correnti:

- ✓ cassa;
- ✓ banca;
- ✓ crediti verso clienti (a breve termine);
- ✓ altri crediti a breve;
- ✓ ratei e risconti;
- ✓ magazzino.

Per converso nello scatolone delle attività immobilizzate dovrà rientrare tutto il resto, e quindi, tutti i beni con trasformabilità in numerario che avrà luogo oltre l'arco temporale di un periodo amministrativo.

Vi risulteranno, in sostanza:

- ✓ immobilizzazioni materiali;
- ✓ immobilizzazioni immateriali;
- ✓ immobilizzazioni finanziarie.

Come si vede il criterio che si utilizza è un criterio necessariamente molto approssimativo.

Precisato questo torniamo ai nostri scatoloni e vediamo come comportarci con riferimento alle passività.

Qui si tratta di distinguere tra passività correnti, passività consolidate e mezzi propri.

Ci sono delle passività correnti di immediata percezione.

Un esempio ne è il fondo imposte e tasse: sappiamo benissimo che a trenta giorni dall'approvazione del bilancio dovremo pagare le relative imposte sul reddito, per cui è chiaro che si tratta di un debito che verrà pagato entro i 12 mesi; grosso modo si può dire lo stesso di tutti i debiti commerciali...

In sostanza fra le Passività correnti avremo:

- ✓ debiti commerciali;
- ✓ ratei;
- ✓ fondo imposte e tasse.

Più problematica è la collocazione di quei debiti che complessivamente possono essere considerati a medio lungo termine (trattamento di fine rapporto, mutui passivi, prestiti obbligazionari), ma che non lo sono integralmente: è chiaro, infatti, che una quota del mutuo dovrà essere rimborsata entro i 12 mesi successivi, come è probabile che qualche dipendente maturi il diritto alla liquidazione, per intero o per parte, della liquidazione.

Pertanto ci saranno delle fette di questi debiti a medio lungo termine che sono in realtà da considerarsi a breve.

Ecco quindi che dei pezzi di questi debiti a medio e lungo termine, in realtà debiti a medio lungo termine non sono e nella nostra riclassificazione dobbiamo tenerne conto.

Il mutuo può essere decennale ma certo ci saranno due rate semestrali da versare entro l'anno. Il fondo TFR è anch'esso un debito a medio lungo termine ma ci sarà pure qualche dipendente che va in pensione quest'anno.

Questo criterio di riclassificazione dello stato patrimoniale è quello **finanziario** ed è stato elaborato dal sistema bancario, non a caso ovviamente, dal momento che si concentra proprio sulle potenzialità dell'impresa cliente di far fronte ai suoi impegni... Ce ne sono, ovviamente, anche di alternativi. Molto diffuso, ad esempio, è quello di **competenza gestionale**, di cui però non possiamo parlare in dettaglio.

In proposito basta sapere che la domanda a cui con esso si vuole dare prioritariamente risposta non è se l'imprenditore ha i soldi per far fronte ai suoi debiti, ma come ha usato questi soldi, cioè se investe nella sua attività di impresa o se li ha, magari, investiti in titoli e altri beni accessori.

In pratica, da questo punto di vista, quello che rileva è la funzione o **destinazione** dei beni: avremo quindi uno scatolone delle attività caratteristiche, di quelle accessorie e di quelle finanziarie, ed analogamente saranno divise le passività.

Conto economico e aree di gestione

Riflettiamo ora sul conto economico e chiediamoci come mai presenta una struttura a «sezioni contrapposte», ovvero con tutti i costi in una sezione e tutti i ricavi dall'altra parte.

Il fondamento logico su cui si basa il conto economico a doppia sezione è pertanto quello di carattere zappiano.

Zappa, il fondatore dell'economia aziendale, nega la possibilità di correlare singoli costi e singoli ricavi o gruppi di costi e gruppi di ricavi.

Pertanto, se si sostiene che sia possibile soltanto confrontare tutti i costi con tutti i ricavi non si può che arrivare ad un unico e complessivo risultato di esercizio.

Infatti, dal momento che non si possono legare tra loro gruppi di costi e gruppi di ricavi, l'unica possibilità è appunto quella di metterli tutti insieme, da un lato gli uni, dall'altro gli altri e, per somma algebrica, determinare il reddito.

Questo tipo di concezione teorica può e deve essere condivisa. Però, portata alle estreme conseguenze, crea dei problemi a livello di comprensione dei risultati della gestione.

Per esemplificare, basta che fra quei ricavi ci sia una grande plusvalenza, ed ecco che quel risultato di gestione diviene non confrontabile con quello dell'anno precedente.

E, comunque, quale giudizio sulla redditività di un'impresa, che ha fatto € 100 di utile di cui € 90 grazie ad eventi di carattere straordinario, è possibile formulare?

Nessuno.

In economia aziendale la lettura del conto economico serve per formulare giudizi sugli andamenti economici futuri. È quindi essenziale la distinzione tra fatti di gestione destinati a ripetersi e fatti eccezionali.

Diviene chiaro, quindi che è indispensabile distinguere la gestione in almeno due "aree":

- ✓ una di gestione di carattere **ordinario**;
- ✓ una di tipo **straordinario**.

Il problema, allora, diviene quello di individuare un criterio sufficientemente "netto" per distinguere le operazioni inerenti all'una rispetto a quelle dell'altra.

Un criterio che è possibile adottare è quello della **ricorrenza**:

- ✓ è *ordinario* tutto ciò che normalmente si ripete a livello di gestione (quindi è ordinario acquistare e vendere merci, è ordinario dare in affitto il magazzino per alcuni anni, non è ordinario vendere un magazzino o il fatto che mi bruci un impianto).
- ✓ è *straordinario* quanto ha risentito di qualche elemento eccezionale e che accade raramente. Quindi ciò che non è volontario (sopravvenienze e insussistenze) ed anche quanto è volontario ma non ripetitivo (plusvalenze e minusvalenze patrimoniali).

Andiamo a vedere più in dettaglio quello che rientra all'interno della gestione ordinaria.

Si è detto che è ordinario acquistare e vendere merci ed ordinario anche dare in affitto un magazzino.

È chiaro, però, che vi sono delle differenze: è ben diverso se l'impresa, un calzaturificio, raggiunge un certo livello di reddito producendo e vendendo scarpe, oppure grazie a degli investimenti immobiliari.

Se l'utile viene realizzato producendo e vendendo scarpe vuol dire che l'azienda svolge bene la sua vera attività di impresa, mentre se ottiene investendo in titoli di stato o affittando degli immobili chiaramente il giudizio non può essere altrettanto netto...

In sostanza è interessante sapere se l'azienda produce utile attraverso quella che è la sua attività *caratteristica* oppure attraverso attività che possiamo chiamare di tipo *accessorio*, cioè ripetitive ma non caratteristiche.

Normalmente, ancora, queste due attività vengono tenute distinte da un'altra area di gestione anch'essa ripetitiva e quindi ordinaria, quella **finanziaria**, che è finalizzata alla raccolta di finanziamenti, ed è quindi di tipo esclusivamente oneroso.

Ovviamente, è interessante tenere questo tipo di gestione separata delle altre. Basta pensare a quante aziende vendono bene le loro scarpe ma, al tempo stesso, «lavorano per le banche»: hanno cioè una sana gestione operativa ma presentano una situazione di squilibrio finanziario che le porta ad avere una gestione finanziaria fortemente passiva.

Ecco, dunque, che tenere distinti gli oneri finanziari dal resto, diventa utile ai fini di certe analisi di redditività.

In sostanza, così facendo, abbiamo individuato più aree di attività in cui è possibile distinguere la gestione da un punto di vista analitico e conoscitivo, ferma restando la sua unitarietà concettuale:

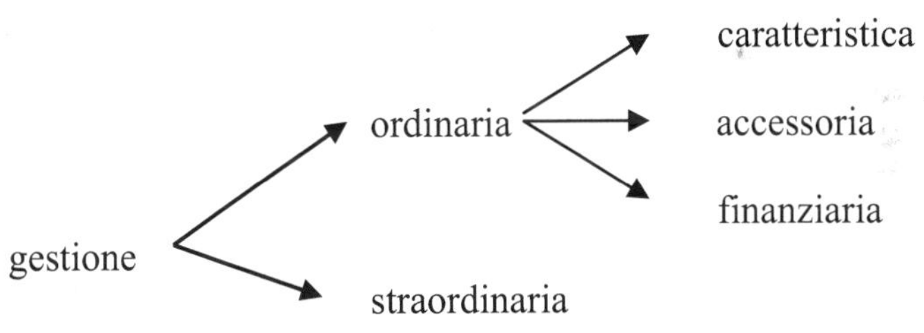

Dal conto economico a sezioni contrapposte a quello scalare

Se la gestione viene distinta in più aree il conto economico a sezioni contrapposte risulta inadatto perché, come logica conseguenza di tale suddivisione, vorremo sapere qual è l'utile della gestione caratteristica, il risultato della gestione accessoria e così via.

Da questo segue appunto un prospetto di conto economico completamente diverso: si passerà, infatti, da un conto a **sezioni contrapposte** di tipo classico ad uno **scalare**.

Le proposte, sia nella dottrina che nella pratica, su come in concreto rielaborare il Conto Economico sono molteplici: tutte però partono da un punto fermo, quello di identificare un risultato operativo, che viene visto come differenza fra ricavi operativi e costi operativi.

In sostanza, il fondamento di tutte le rielaborazioni di conto economico vertono su una modalità comune: anzitutto vediamo cosa fa la gestione caratteristica, poi il resto.

A) RICAVI CARATTERISTICI
B) - COSTI CARATTERISTICI
C) RISULTATO OPERATIVO CARATTERISTICO (A-B)
D) + RICAVI ACCESSORI
E) - COSTI ACCESSORI
F) SALDO GESTIONE ACCESSORIA (D-E)
G) RISULTATO OPERATIVO (C+F)
H) - ONERI FINANZIARI
I) RISULTATO ORDINARIO (G-H)
L) + RICAVI STRAORDINARI
M) - COSTI STRAORDINARI
N) RISULTATO STRAORDINARIO (L+M)
O) RISULTATO ANTE IMPOSTE (I+N)
P) IMPOSTE SUL REDDITO
Q) RISULTATO DELL'ESERCIZIO (O-P)

Quella qui presentata, ovviamente, è solo una esemplificazione, perché è chiaro che, sempre in ossequio alla logica di esemplificare le diverse aree della gestione, possiamo arrivare a vedere diversi modelli di conto economico…

Al di là delle soluzioni tecniche – stato patrimoniale finanziario o di competenza gestionale, conto economico di un tipo o di un altro – è comunque chiaro che il vecchio bilancio lascia insoddisfatti molti suoi lettori, al punto che fino a quando era in vigore era prassi generalizzata quello di non leggerlo senza una preventiva sua rielaborazione.

E ora? Ora è cambiata la normativa, e quella nuova, per quanto perfettibile, segna un grande passo in avanti in termini di qualità dell'informazione.

57. E la legge? Gli schemi di bilancio secondo il Codice Civile

Abbiamo fatto cenno alle riclassificazione di bilancio perché senza di esse è impossibile capire come mai il legislatore sia arrivato a formulare degli schemi di bilancio per molti aspetti assai lontani da quelli tradizionali.

Il codice civile, infatti, dietro la spinta della normativa comunitaria, richiede un bilancio articolato non in due ma in tre documenti, ed esattamente:

- ✓ stato patrimoniale
- ✓ conto economico
- ✓ nota integrativa

La **nota integrativa** rappresenta una sorta di note a piè di pagina, ed è destinata a dare notizie ed approfondimenti che stato patrimoniale e conto economico, essendo prospetti estremamente sintetici, non possono dare.

Non rientra nell'economia di una introduzione alla contabilità trattare a fondo il bilancio legale.

Qui basta ricordare che, i prospetti ora presentati rappresentano comunque una grande novità ed un sensibile passo avanti rispetto al vecchio bilancio tradizionale.

Infatti:

- i due prospetti sono molto più vicini ai prospetti di riclassificazione sopra presentati rispetto a quelli a struttura logica. Questo evidentemente ne agevola la lettura e la comprensibilità;
- sono prospetti a struttura obbligatoria. Ciò significa che essi non sono modificabili, se non in misura molto modesta, dai redattori del

bilancio, il ché evidentemente riduce al massimo i rischi di fraintendimento sul significato delle singole poste;

- il bilancio deve presentare i valori delle singole voci in due esercizi successivi e permette pertanto di cogliere subito l'andamento tendenziale dell'impresa.

Tutto perfetto? Certo che no, ma ciò nonostante siamo di fronte ad uno straordinario passo avanti nell'informativa di bilancio.

Di seguito presentiamo i prospetti di legge:

SITUAZIONE PATRIMONIALE

ATTIVO	PASSIVO
A) CREDITI VERSO SOCI PER VERSAMENTI ANCORA DOVUTI	A) PATRIMONIO NETTO
	I - Capitale
B) IMMOBILIZZAZIONI	II - Riserva del sovrapprezzo azioni
I - Immobilizzazioni immateriali	III - Riserva di rivalutazione
II - Immobilizzazioni materiali	IV - Riserva legale
III - Immobilizzazioni finanziarie	V - Riserve statutarie
Totale immobilizzazioni (B)	VI - Riserva per azioni proprie in portafoglio
	VII - Altre riserve
C) ATTIVO CIRCOLANTE	VIII - Utile (perdite) portati a nuovo
I - Rimanenze	IX - Utile (perdita) dell'esercizio
II - Crediti	
III - Attività finanziarie	B) FONDI PER RISCHI E ONERI
IV - Disponibilità liquide	
Totale attivo circolante (C)	C) TRATTAMENTO DI FINE RAPPORTO DI LAVORO SUBORDINATO
	D) DEBITI
D) RATEI E RISCONTI	E) RATEI E RISCONTI

Conto Economico

A) VALORE DELLA PRODUZIONE
1) Ricavi delle vendite e delle prestazioni
2) Variazione delle rimanenze di prodotti in corso di lavorazione, semilavorati e finiti
3) Variazione dei lavori in corso su ordinazione
4) Incrementi di immobilizzazioni per lavori interni
5) Altri ricavi e proventi
B) COSTI DELLA PRODUZIONE
6) Per materie prime, sussidiarie, di consumo e di merci
7) Per servizi
8) Per godimento di beni di terzi
9) Per il personale
10) Ammortamenti e svalutazioni
11) Variazioni delle rimanenze di materie prime, sussidiarie, di consumo e merci
12) Accantonamenti per rischi
13) Altri accantonamenti
14) Oneri diversi di gestione
Differenza tra Valore della Produzione e Costi della Produzione (A-B)
C) PROVENTI E ONERI FINANZIARI
15) Proventi di partecipazioni
16) Altri proventi finanziari
17) Interessi e altri oneri finanziari
17 bis) Utili e perdite su cambi
D) RETTIFICHE DI VALORE DI ATTIVITÀ FINANZIARIE
18) Rivalutazioni
19) Svalutazioni
E) PROVENTI E ONERI STRAORDINARI
20) Proventi
21) Oneri
Risultato prima delle imposte (A-B+/-C+/-D+/-E)
22) Imposte sul reddito dell'esercizio
23) Utile (Perdita) dell'esercizio

58. I comandamenti di bilancio: postulati e principi contabili

Non vogliamo parlare in dettaglio delle norme che regolano la redazione del bilancio.

È importante però ricordare che il codice civile e alcuni enti professionali, di categoria o di protezione del risparmio, hanno elaborato delle regole da seguire nella redazione del bilancio, regole che non si risolvono certo nel proporre degli schemi formali come quelli ora visti.

La ragione è evidente.

> Si vuole evitare, per quanto possibile, che discrezionalità e soggettività, certo inevitabili nella fase di valutazione delle risorse, diventino puro arbitrio.

Il bilancio, infatti, è anzitutto un documento di informativa esterna. È destinato ai «terzi», cioè alle persone interessate all'andamento dell'azienda e, se non viene redatto seguendo dei criteri convenzionali, noti ed accettati da tutti, la sua attendibilità e la sua utilità sarebbero prossime allo zero.

Le regole redatte, in particolare, si riferiscono sia agli **aspetti sostanziali** sia a quelli **formali** di bilancio.

Esattamente:

> parlando di «aspetti sostanziali» si fa riferimento ai criteri di valutazione, cioè alle logiche di determinazione e quantificazione dei valori di bilancio. Gli «aspetti formali», invece, riguardano le modalità di esposizione dei valori stessi e, quindi, la definizione dei prospetti di bilancio

Le regole dettate sono di due tipi:

* anzitutto, si hanno i **postulati di bilancio**, che sono dei veri e propri principi generali a cui si deve ispirare la redazione del bilancio;
* inoltre, vi sono i **criteri di valutazione**, i quali hanno la natura di precise indicazioni su come in concreto operare nella determinazione dei valori di singoli beni.

Un esempio di *postulato* è rappresentato dal principio della prudenza che, nella determinazione del reddito di esercizio, richiede di tenere conto delle perdite presunte e di non contabilizzare i ricavi non realizzati.

Per attribuire un valore alle rimanenze di merci, invece, si deve seguire un *criterio di valutazione*, che ci dice di adottare come valore di bilancio il minore tra il «valore normale» di mercato ed il costo, calcolato seguendo delle precise modalità di computo, quali quelle previste dal LIFO.

> Le fonti normative a cui si deve fare principale riferimento sono, per quel che riguarda il bilancio civilistico:
>
> - il codice civile, che ha accolto i riferimenti normativi del D.Lgs. 127/89;
> - i principi contabili emanati, fino al 2001, dal Consiglio Nazionale dei Dottori e dei Ragionieri Commercialisti e, successivamente, dall'Organismo Italiano di Contabilità (OIC).

Ovviamente nella redazione del bilancio devono per prima cosa essere seguite le indicazione di legge.

I principi contabili dell'OIC, invece, hanno un ruolo di integrazione e di supplenza.

La legge, infatti, regola per sua natura le fattispecie più generali e non scende mai scende in dettaglio.

Ecco dunque che, quando la norma civilistica lascia spazi interpretativi o non tratta certi temi, si ricorre ai principi contabili…

L'angolo dei quesiti…

- Cosa sono i principi contabili?
- Ed i postulati di bilancio?
- Cosa succede all'«interno» di una rata costante di mutuo?
- Quando è preferibile richiedere un finanziamento a medio-lungo termine?
- Qual è la tra anticipazione fissa ed anticipazione in conto corrente?
- Quali sono le differenze tra resi ed abbuoni?
- Cosa sono le ritenute d'acconto?
- Che natura quantitativo-monetaria ha il conto «Anticipazioni bancarie»? E «Resi su vendite»?
- Qual è la natura dei conti IVA? Come mai?
- Se non ricevo la fattura di acquisto posso effettuare la rilevazione?

Per saperne di più

- Sergio **TERZANI**, *Il sistema dei bilanci*, Milano, Franco Angeli, 2002.
- Francesco **GIUNTA**, Michele **PISANI**, *Il Bilancio*, APOGEO, 2005.

ESERCIZI*

* La parte seconda è a cura di R. Mazzotta

Alcune precisazioni:

- Ogni qual volta vi sono delle operazioni effettuate tramite banca, se non espressamente indicato, si utilizza il conto ***banca c/c***, inteso come conto finanziario acceso a valori numerari assimilati attivi.
- L'aliquota IVA alla quale si si fa riferimento è sempre la più diffusa aliquota del 21%, a meno che non ne sia espressamente indicata una diversa
- Si è privilegiato l'uso di abbreviazioni piuttosto che la dizione per esteso. Ogni qual volta si è alla ricerca di un'espressione abbreviata è opportuno individuarla secondo l'ordine alfabetico per come è abbreviata
- Negli esercizi si fa riferimento a schemi di Stato Patrimoniale e Conto economico di stretta derivazione contabile e non ai prospetti di bilancio, se non quando strettamente necessario. I prospetti di Stato Patrimoniale e Conto economico ai quali faremo riferimento sono, cioè, il risultato dell'epilogo dei conti (Conto economico) e di chiusura (Stato Patrimoniale) della contabilità generale, che talvolta chiameremo "a struttura logica" e che sono, evidentemente, diversi da quelli di legge.
- Laddove non specificato si intende che l'azienda sia nelle condizioni di poter mantere al suo interno il Trattamento di Fine Rapporto.

Indice delle abbreviazioni utilizzate nelle soluzioni degli esercizi

AMM.TO = Ammortamento
ANTICIPAZ. PASS. = anticipazione passiva
ARRED. = arredamento
ATTREZ. = attrezzature
AUTOMEZ. o AUT. = automezzi
AZIONISTI C/SOTT. = azionisti c/sottoscrizione
BANCA C/RI.BA. = banca c/ricevute bancarie
CLIENTI C/RI.BA = clienti c/ricevute bancarie
COMMISS. BANC. = commissioni bancarie
COSTRUZ. IN ECON. = costruzioni in economia
CREDITI V/INPS TES. = Crediti verso Inps Tesoreria
DEBITI V/INPS TES. = Debiti verso Inps Tesoreria
DIPEND. C/LIQUIDAZ. = dipendenti c/liquidazioni
DIPEND. C/RETRIBUZ. = dipendenti c/retribuzioni
ERARIO C/RIT. SUB. = erario c/ritenute subite
ERARIO C/RIT. EFF. = erario c/ritenute effettuate
F.DO AMM.TO ARR. = fondo ammortamento arredamento
F.DO AMM.TO AUT. = fondo ammortamento automezzi
F.DO AMM.TO FABB. = fondo ammortamento fabbricati
F.DO AMM.TO IMP. = fondo ammortamento impianti
F.DO IMPOSTE = fondo imposte
F.DO SVAL. CREDITI = fondo svalutazione crediti
FABB. = fabbricati
FATTURE DA EMET.= fatture da emettere
FATTURE DA RIC. = fatture da ricevere
IMBALLAGGI C/ACQ. = imballaggi c/acquisti
IMP. = impianti
IMPOSTE SUL REDDITO = Imposte sul reddito
IND. DI FINE RAPP. = indennità di trattamento di fine rapporto
INPS C/ASS. FAM. = inps c/assegni familiari
INT. ATTIVI = interessi attivi
INT. ATT. DI MORA = interessi attivi di mora
INT. PASSIVI = interessi passivi

INT. PASS. DI MORA = interessi passivi di mora
INTERESSI SU MUTUI = interessi passivi su mutui
MACCH. = macchinari
MATERIE C/ACQUIS. = materie c/acquisti
MATER. C/ACQUISTO = materiali c/acquisto
PREMIO ASSICURAZ. = premio assicurazione
PROD. C/ACQUISTI = prodotti c/acquisti
PROD. C/VENDITE = prodotti c/vendite
RIM. FIN. = rimanenze finali
RIM. INIZ. = rimanenze iniziali
RIMB. SPESE PROT. = rimborso spese di protesto
RISERVA STATUT. = riserva statutaria
RISERVA SOVRAP. AZIONI = riserva sovraprezzo azioni
SCONTI PASS. BANC. = sconti passivi bancari
SPESE ANT. DI PUB. = spese anticipate di pubblicità
SPESE COSTITUZ. = spese di costituzione
SPESE D'IMP. = spese d'impianto
SPESE DI PUBBLIC. = spese di pubblicità
SPESE DI TRASP. = spese di trasporto
SPESE MAN. STRAOR. = spese di manutenzione straordinaria
SPESE MANUTENZ. = spese di manutenzione
SPESE PREST. SERV. = spese per prestazioni servizi
PERDITE PRES. SU CREDITI = perdite presunte su crediti
TFR = trattamento di fine rapporto

C.E. = conto economico
C.F. = conto finanziario

Esercizio n. 1

Si analizzino i sotto elencati fatti di gestione individuando, per ognuno, i conti da utilizzare per la registrazione a libro giornale, la loro natura e le connesse variazioni.

Esempio: vendute merci in contanti per € 500

L'operazione comporta la movimentazione, sotto l'aspetto finanziario, del conto CASSA e, sotto l'aspetto economico, del conto MERCI C/VENDITE.

CASSA, *conto finanziario (CF) acceso a valori numerari certi attivi, subisce una variazione numeraria certa attiva (+ cassa), da registrare nella sezione Dare (D), per € 500*

MERCI C/VENDITE, *conto economico (CE) di reddito acceso a ricavi d'esercizio, subisce una variazione economica positiva, da registrare nella sezione Avere (A), per € 500*

1. riscossa in contanti una nostra fattura di vendita per € 5.000;
2. liquidate retribuzioni per € 1.200;
3. pagati in contanti fitti passivi per € 300;
4. versati € 2.000 sul c/c bancario;
5. emessa fattura di vendita di prodotti per € 2.000 + IVA;
6. regolata una fattura di vendita di € 3.000 per € 500 a mezzo banca e per la differenza con un effetto a tre mesi;
7. ottenuto un mutuo di € 15.000 contro il relativo versamento sul c/c bancario;
8. ricevuta fattura per l'acquisto di materie prime per € 600+ IVA;
9. girato ad un fornitore un effetto in precedenza ricevuto da un cliente di € 6.000;
10. riscossi fitti attivi per € 500 in contanti;
11. acquistati mobili per € 40.000, regolamento con emissione di effetti;
12. saldato a mezzo banca un debito verso fornitori di € 7.000;
13. pagata in contanti la prima rata di un mutuo, la quota capitale è di € 3.000, la quota interessi è di € 1.000;
14. sostenute, a mezzo banca, spese di manutenzione per € 800;
15. pagate, a mezzo banca, imposte di competenza dell'esercizio per € 400;
16. riscossi in contanti interessi su dilazioni di pagamento concesse a clienti per € 2.000;
17. pagato in contanti un premio di assicurazione di € 800;
18. riscosso in contanti un effetto in scadenza di € 6.000;
19. ricevuta fattura per l'acquisto di impianti per € 5.000;
20. apportati dal proprietario nella sua azienda individuale € 50.000 in contanti.

1. I conti che si movimentano sono, sotto l'aspetto finanziario, CASSA, per registrare l'aumento delle disponibilità di cassa, e CLIENTI. Non si movimentano conti nell'aspetto economico.
   CASSA, CF acceso a valori numerari certi attivi, subisce una variazione numeraria certa attiva (+ cassa), D, per € 5.000
   CLIENTI, CF acceso a valori numerari assimilati attivi, subisce una variazione numeraria assimilata passiva (- crediti), A, per € 5.000.
   L'operazione comporta la movimentazione di soli conti finanziari generando una permutazione finanziaria.
2. I conti che si utilizzano sono, sotto l'aspetto finanziario, DIPENDENTI C/RETRIBUZIONI e, sotto l'aspetto economico, RETRIBUZIONI.
   DIPENDENTI C/RETRIBUZIONI, CF acceso a valori numerari assimilati passivi, subisce una variazione numeraria assimilata passiva (+ debiti), A, per € 1.200.
   RETRIBUZIONI, CE di reddito acceso a costi d'esercizio, subisce una variazione economica negativa (costo), D, per € 1.200.
3. I conti che si utilizzano sono, sotto l'aspetto finanziario, CASSA e, sotto l'aspetto economico, FITTI PASSIVI.
   CASSA, CF acceso a valori numerari certi attivi, subisce una variazione numeraria certa passiva (- cassa), A, per € 300.
   FITTI PASSIVI, CE di reddito acceso a costi d'esercizio, subisce una variazione economica negativa (costo), D, per € 300.
4. La registrazione dell'operazione comporta la movimentazione di due conti finanziari: BANCA C/C e CASSA.
   BANCA C/C, CF acceso a valori numerari assimilati attivi, subisce una variazione numeraria assimilata attiva (+ banca), D, per € 2.000.
   CASSA, CF acceso a valori numerari certi attivi, subisce una variazione numeraria certa passiva (- cassa), A, per € 2.000.
   Le due variazioni numerarie si compensano tra di loro e danno luogo ad una permutazione finanziaria.
5. Per registrare l'operazione si utilizzano sotto l'aspetto finanziario i conti CLIENTI e IVA NS DEBITO e sotto l'aspetto economico PRODOTTI C/VENDITE.
   CLIENTI, CF acceso a valori numerari assimilati attivi, subisce una variazione numeraria assimilata attiva (+ crediti), D, per € 2.420.
   IVA NS DEBITO, CF acceso a valori numerari assimilati passivi, subisce una variazione numeraria assimilata passiva (+ debiti), A, per € 420.
   PRODOTTI C/VENDITE, CE di reddito acceso a ricavi d'esercizio, subisce una variazione economica positiva (ricavo), A, per € 2.000.
6. L'operazione riguarda solo l'aspetto finanziario, i conti che si utilizzano sono CLIENTI, BANCA C/C ED EFFETTI ATTIVI.

CLIENTI, CF acceso a valori numerari assimilati attivi, subisce una variazione numeraria assimilata passiva (- crediti), A, per € 3.000.
BANCA C/C, CF acceso a valori numerari assimilati attivi, subisce un variazione numeraria assimilata attiva (+banca), D, per € 500.
EFFETTI ATTIVI, CF acceso a valori numerari assimilati attivi, subisce una variazioni numeraria assimilata attiva (+crediti), D, per € 2.500.

7. Si movimentano in opposte sezioni due conti di natura finanziaria, ovvero MUTUI PASSIVI e BANCA C/C.
   BANCA C/C, CF acceso a valori numerari assimilati attivi, subisce una variazione numeraria assimilata attiva (+ banca), D, per € 15.000.
   MUTUI PASSIVI, CF acceso a debiti di finanziamento, subisce una variazione finanziaria passiva (+ debiti), A, per € 15.000.
8. Si movimentano sotto l'aspetto finanziario i conti FORNITORI e IVA NS CREDITO e sotto l'aspetto economico il conto MATERIE PRIME C/ACQUISTO.
   FORNITORI, CF acceso a valori numerari assimilati passivi, subisce una variazione numeraria assimilata passiva (+ debiti), A, per € 726.
   IVA NS CREDITO, CF acceso a valori numerari assimilati attivi, subisce variazione numeraria assimilata attiva (+ crediti), D, per € 126.
   MATERIE PRIME C/ACQUISTI, CE di reddito acceso a costi d'esercizio, subisce una variazione economica negativa, D, per € 600.
9. Si movimentano conti di pari importo e di segno contrario solo nell'aspetto finanziario (permutazione finanziaria). I conti da utilizzare sono FORNITORI e EFFETTI ATTIVI.
   FORNITORI, CF acceso a valori numerari assimilati passivi, subisce una variazione numeraria assimilata attiva (- debiti), D, per € 6.000.
   EFFETTI ATTIVI, CF acceso a valori numerari assimilati attivi, subisce una variazione numeraria assimilata passiva (- crediti), A, per € 6.000.
10. Si movimentano, sotto l'aspetto finanziario, il conto CASSA e, sotto l'aspetto economico, il conto FITTI ATTIVI.
    CASSA, CF acceso a valori numerari certi attivi, subisce una variazione numeraria certa attiva (+ cassa), D, per € 500.
    FITTI ATTIVI, CE di reddito acceso a ricavi d'esercizio, subisce una variazione economica positiva (ricavo), A, per € 500.
11. Si utilizza il conto EFFETTI PASSIVI sotto l'aspetto finanziario e il conto MOBILI sotto l'aspetto economico.
    MOBILI, CE di reddito acceso a costi sospesi, subisce una variazione economica negativa, D, per € 40.000.
    EFFETTI PASSIVI, CF acceso a valori numerari assimilati passivi, subisce una variazione numeraria assimilata passiva (+ debiti), A, per € 40.000.
12. Per registrare le operazioni si utilizzano solo conti finanziari movimentati in opposte sezioni, ovvero BANCA C/C e FORNITORI.

BANCA C/C, CF acceso a valori numerari assimilati attivi, subisce una variazione numeraria assimilata passiva (- banca), A, per € 7.000.

FORNITORI, CF acceso a valori numerari assimilati passivi, subisce variazione numeraria assimilata attiva (- debiti), D, per € 7.000.

13. Per registrare l'operazioni si utilizzano due conti sotto l'aspetto finanziario, CASSA e MUTUI PASSIVI, e un conto sotto l'aspetto economico, INTERESSI SU MUTUI.

    CASSA, CF acceso a valori numerari certi attivi, subisce una variazione numeraria certa passiva (- cassa), A, per € 4.000.

    MUTUI PASSIVI, CF acceso a debiti di finanziamento, subisce una variazione finanziaria attiva (- debiti di finanziamento), D, per € 3.000.

    INTERESSI SU MUTUI, CE di reddito acceso a costi d'esercizio, subisce una variazione economica negativa, D, per € 1.000.

14. L'operazione comporta la movimentazione sotto l'aspetto finanziario del conto BANCA C/C e sotto l'aspetto economico del conto SPESE DI MANUTENZIONE.

    SPESE DI MANUTENZIONE, CE di reddito acceso a costi d'esercizio, subisce una variazione economica negativa, D, per € 800.

    BANCA C/C, CF acceso a valori numerari assimilati attivi, subisce una variazione numeraria assimilata passiva (- banca), A, per € 800.

15. L'operazione comporta la movimentazione di un conto sotto l'aspetto finanziario, BANCA C/C, e di un conto sotto l'aspetto economico, IMPOSTE SUL REDDITO.

    IMPOSTE SUL REDDITO, CE di reddito acceso a costi d'esercizio, subisce una variazione economica negativa, D, per € 400.

    BANCA C/C, CF acceso a valori numerari assimilati attivi, subisce una variazione numeraria assimilata passiva (- banca), A, per € 400.

16. L'operazione comporta sotto l'aspetto finanziario del conto CASSA e sotto l'aspetto economico del conto INTERESSI ATTIVI.

    INTERESSI ATTIVI, CE di reddito acceso a ricavi d'esercizio, subisce una variazione economica positiva, A, per € 2.000.

    CASSA, CF acceso a valori numerari certi attivi, subisce una variazione numeraria certa attiva (+ cassa), D, per € 2.000.

17. L'operazione comporta la movimentazione sotto l'aspetto finanziario del conto CASSA e sotto l'aspetto economico del conto PREMIO DI ASSICURAZIONE.

    CASSA, CF acceso a valori numerari certi attivi subisce una variazione numeraria certa passiva (- cassa), A, per € 800.

    PREMIO ASSICURAZIONE, CE di reddito acceso a costi d'esercizio, subisce una variazione economica negativa, D, per € 800.

18. L'operazione comporta la movimentazione in opposte sezioni di due conti finanziari, ovvero CASSA e EFFETTI ATTIVI.

    CASSA, CF acceso a valori numerari certi attivi, subisce una variazione numeraria certa attiva (+ cassa), D, per € 6.000.

EFFETTI ATTIVI, CF acceso a valori numerari assimilati attivi, subisce una variazione numeraria assimilata passiva (- crediti), A, per € 6.000.

19. L'operazione comporta la movimentazione sotto l'aspetto finanziario del conto FORNITORI e sotto l'aspetto economico del conto IMPIANTI.
IMPIANTI, CE di reddito acceso a costi sospesi subisce una variazione economica negativa, D, per € 5.000.
FORNITORI, CF acceso a valori numerari assimilati passivi, subisce una variazione numeraria assimilata passiva (+ debiti), A, per € 5.000.
20. L'operazione comporta sotto l'aspetto finanziario la movimentazione del conto CASSA e sotto l'aspetto economico del conto CAPITALE NETTO.
CASSA, CF acceso a valori numerari certi attivi, subisce una variazione numeraria certa attiva (+ cassa), D, per € 50.000.
CAPITALE NETTO, CE di capitale, subisce una variazione economica positiva (+ capitale netto), A, per € 50.000.

Esercizio n. 2

Rilevare sul libro giornale e sul libro mastro le seguenti operazioni indicando, inoltre, per ciascuno dei conti utilizzati la loro natura:

3/1: liquidate spese di trasporto per € 300 + IVA;

5/1: acquistate merci dal fornitore Alto per € 8.000 + IVA, pagamento a termine;

6/1: rese merci difettose al fornitore Alto per un valore di € 2.000 + IVA;

7/1: ottenuto dal fornitore Alto un abbuono di € 200 + IVA ;

8/1: regolato il debito verso il fornitore Alto per € 2.018 in contanti e la restante parte 1/2 a mezzo banca e 1/2 con effetti a 60 giorni;

10/1: emessa fattura relativa alla vendita di merci per € 30.000 + IVA al cliente Basso;

12/1: riscontrate delle differenze qualitative il cliente Basso restituisce merci per euro 1.3000 + IVA;

15/1: il cliente Basso restituisce ulteriori merci per un importo di € 200;

20/1: si concede al cliente Basso un abbuono di € 150;

30/1: il cliente Basso regola il proprio debito per € 10.000 in contanti e, per la differenza, con effetti a 90 giorni;

3/2: acquistate materie prime per € 3.000 + IVA. A regolamento si accetta un effetto a 60 gg e il fornitore concede un abbuono di euro 30;

10/2: liquidate spese di manutenzione per € 6.000 + IVA, pagamento a dilazione;

15/2: regolata la fattura relativa alle spese di manutenzione rilasciando al fornitore € 2.000 in contanti, un assegno bancario di € 1.000 ed effetti passivi a saldo;

26/2: pagate a mezzo banca:

a) le utenze telefoniche pari ad € 800 + IVA;
b) l'energia elettrica per € 500 + IVA;
c) il premio di assicurazione annuale per incendi e furti pari ad € 1.300;

8/3: pagato a mezzo banca l'effetto passivo in scadenza verso il fornitore Alto;

10/3: acquistati mobili per € 600 + IVA. Regolamento a mezzo banca;

15/3: apportato dal titolare un fabbricato del valore di € 200.000;

20/3: acquistato un automezzo al prezzo di € 15.000 + IVA; regolamento per € 6.000 con girata di effetti in portafoglio e per la restante parte a mezzo banca;

31/3: si liquida, ed eventualmente si paga a mezzo banca, l' IVA di competenza del periodo.

Cod. conto Dare	Cod. Conto Avere					Parziali	Totali
		1		3/1			
			DIVERSI	a	FORNITORI		363,00
			Liquidate spese di trasporto				
			SPESE DI TRASPORTO			300,00	
			IVA NS CREDITO			63,00	
		2		5/1			
			DIVERSI	a	FORNITORI		9.680,00
			Acquistate merci dal fornitore Alto, pagamento a termine				
			MERCI C/ACQUSITO			8.000,00	
			IVA NS CREDITO			1.680,00	
		3		6/1			
			FORNITORI	a	DIVERSI		2.420,00
			Rese merci difettose al fornitore Alto con variazione IVA				
				a	RESI SU ACQUISTI	2.000,00	
				a	IVA C/VARIAZIONI	420,00	
		4		7/1			
			FORNITORI	a	DIVERSI		242,00
			Ottenuto dal fornitore Alto un abbuono				
				a	ABBUONI ATTIVI	200,00	
				a	IVA C/VARIAZIONI	42,00	
		5		8/1			
			FORNITORI	a	DIVERSI		7.018,00
			A regolamento del debito verso il fornitore Alto				
				a	BANCA C/C	2.500,00	
				a	CASSA	2.018,00	
				a	EFFETTI PASSIVI	2.500,00	
		6		10/1			
			CLIENTI	a	DIVERSI		36.300,00
			Vendute merci al cliente Basso				
				a	MERCI C/VENDITE	30.000,00	
				a	IVA NS DEBITO	6.300,00	
		7		12/1			
			DIVERSI	a	CLIENTI		1.573,00
			Rese merci per differenze qualitative al cliente Basso				
			RESI SU VENDITE			1.300,00	
			IVA C/VARIAZIONI			273,00	
		8		15/1			
			RESI SU VENDITE	a	CLIENTI		200,00
			Rese ulteriori merci dal cliente				
		9		20/1			
			ABBUONI PASSIVI	a	CLIENTI		150,00
			Concesso abbuono al cliente Basso				
		10		30/1			
			DIVERSI	a	CLIENTI		34.377,00

	Riscossi i crediti verso clienti, parte in contanti e parte con effetti		
	CASSA	10.000,00	
	EFFETTI ATTIVI	24.377,00	
11	3/2		
	DIVERSI a FORNITORI		3.630,00
	Acquistate materie prime		
	MATERIE PRIME C/ACQUISTI	3.000,00	
	IVA NS CREDITO	630,00	
12	d.d.		
	FORNITORI a DIVERSI		3.630,00
	Pagati con effetti i fornitori di materie prime		
	a EFFETTI PASSIVI	3.600,00	
	a ABBUONI ATTIVI	30,00	
13	10/2		
	DIVERSI a FORNITORI		7.260,00
	Liquidate spese di manutenzione		
	SPESE MANUTENZ.	6.000,00	
	IVA NS CREDITO	1.260,00	
14	15/2		
	FORNITORI a DIVERSI		7.260,00
	Regolate spese di manutenzione		
	a CASSA	2.000,00	
	a BANCA C/C	1.000,00	
	a EFFETTI PASSIVI	4.260,00	
15	26/2		
	DIVERSI a BANCA C/C		2.873,00
	Pagate spese varie a mezzo banca		
	SPESE TELEFONICHE	800,00	
	ENERGIA ELETTRICA	500,00	
	PREMIO ASSICURAZIONE	1.300,00	
	IVA NS CREDITO	273,00	
16	8/3		
	EFFETTI PASSIVI a BANCA C/C		2.500,00
	Pagato a mezzo banca l'effetto in scandenza		
17	10/3		
	DIVERSI a FORNITORI		726,00
	Acquistati mobili		
	MOBILI	600,00	
	IVA NS CREDITO	126,00	
18	d.d.		
	FORNITORI a BANCA C/C		726,00
	Pagati a mezzo banca i fornitori di mobili		
19	15/3		
	FABBRICATO a CAPITALE NETTO		200.000,00
	Apportato fabbricato dal titolare		
20	20/3		
	DIVERSI a FORNITORI		18.150,00
	Acquistato automezzo		

	AUTOMEZZI		15.000,00	
	IVA NS CREDITO		3.150,00	
21	d.d.			
	FORNITORI	a DIVERSI		18.150,00
	Regolati debiti verso fornitori			
		a EFFETTI ATTIVI	6.000,00	
		a BANCA C/C	12.150,00	
22	31/3			
	ERARIO C/IVA	a IVA NS CREDITO		7.182,00
	Girata l' IVA a credito nel conto erario			
23	d.d.			
	IVA NS DEBITO	a ERARIO C/IVA		6.300,00
	Girata l' IVA a debito nel conto erario			
24	d.d.			
	IVA C/VARIAZIONI	a ERARIO C/IVA		189,00
	Girata l' IVA c/variazioni al conto erario			

N.B. Il numero fra parentesi che si trova vicino ad ogni importo riportato sui vari mastrini si riferisce al numero di articolo sul libro giornale che ha comportato la movimentazione del conto

SPESE DI TRASPORTO

(1)	300,00		

IVA NS CREDITO

(1)	63,00	7.182,00	(22)
(2)	1.680,00		
(11)	630,00		
(13)	1.260,00		
(15)	273,00		
(17)	126,00		
(20)	3.150,00		

FORNITORI

(3)	2.420,00	363,00	(1)
(4)	242,00	9.680,00	(2)
(5)	7.018,00	3.630,00	(11)
(12)	3.630,00	7.260,00	(13)
(14)	7.260,00	726,00	(17)
(18)	726,00	18.150,00	(20)
(21)	18.150,00		

MERCI C/ACQUISTO

(2)	8.000,00		

RESI SU ACQUISTI

		2.000,00	(3)

IVA C/VARIAZIONI

(7)	273,00	420,00	(3)
(24)	189,00	42,00	(4)

ABBUONI ATTIVI

		200,00	(4)
		30,00	(12)

BANCA C/C

		2.500,00	(5)
		1.000,00	(14)
		2.873,00	(15)
		2.500,00	(16)
		726,00	(18)
		12.150,00	(21)

CASSA

	…	2.320,00	(5)
(10)	10.000,00	2.000,00	(14)

EFFETTI PASSIVI

(16)	2.500,00	2.500,00	(5)
		3.600,00	(12)
		4.260,00	(14)

CLIENTI

(6)	36.300,00	1.573,00	(7)
		200,00	(8)
		150,00	(9)
		34. 377,00	(10)

MERCI C/VENDITE

		30.000,00	(6)

IVA NS DEBITO

(23)	6.300,00	6.300,00	(7)

RESI SU VENDITE

(7)	1.250,00		
(8)	200,00		

ABBUONI PASSIVI

(9)	150,00		

EFFETTI ATTIVI

(10)	24.150,00	6.000,00	(21)

MATERIE PRIME C/ACQUISTI

(11)	3.000,00		

SPESE DI MANUTENZIONE

(13)	6.000,00		

SPESE TELEFONICHE

(15)	800,00		

ENERGIA ELETTRICA

(15)	500,00		

PREMIO ASSICURAZIONE

(15)	1.300,00		

MOBILI

FABBRICATO

CAPITALE NETTO

(17)	600,00		

(19)	200.000,00		

		200.000,00	(19)

AUTOMEZZI

(20)	15.000,00		

ERARIO C/IVA

(22)	7.182,00	6.300,00	(23)
		189,00	(24)

Natura dei conti

ABBUONI ATTIVI: conto economico di reddito acceso a ricavi d'esercizio
ABBUONI PASSIVI: conto economico di reddito acceso a costi d'esercizio
AUTOMEZZI: conto economico di reddito acceso a costi pluriennali
BANCA C/C: conto finanziario acceso a valori numerari assimilati attivi
CAPITALE NETTO: conto economico di capitale
CASSA: conto finanziario acceso a valori numerari certi attivi
CLIENTI: conto finanziario acceso a valori numerari assimilati attivi
FORNITORI: conto finanziario acceso a valori numerari assimilati passivi
EFFETTI ATTIVI: conto finanziario acceso a valori numerari assimilati attivi
EFFETTI PASSIVI: conto finanziario acceso a valori numerari assimilati passivi
ENERGIA ELETTRICA: conto economico di reddito acceso a costi d'esercizio
ERARIO C/IVA: conto finanziario acceso a valori numerari assimilati attivi/passivi
FABBRICATO: conto economico di reddito acceso a costi pluriennali
IVA C/VARIAZIONI: conto finanziario acceso a valori numerari assimilati attivi/passivi
IVA NS CREDITO: conto finanziario acceso a valori numerari assimilati attivi
IVA NS DEBITO: conto finanziario acceso a valori numerari assimilati passivi
MATERIE PRIME C/ACQUISTI: conto economico di reddito acceso a costi d'esercizio
MERCI C/ACQUISTO: conto economico di reddito acceso a costi d'esercizio
MERCI C/VENDITE: conto economico di reddito acceso a ricavi d'esercizio
MOBILI: conto economico di reddito acceso a costi pluriennali
PREMIO DI ASSICURAZIONE: conto economico di reddito acceso a costi d'esercizio
RESI SU ACQUISTI: conto economico di reddito acceso a ricavi d'esercizio (rettifica di costo)
RESI SU VENDITE: conto economico di reddito acceso a costi (rettifiche di ricavi)
SPESE DI MANUTENZIONE: conto economico di reddito acceso a costi d' esercizio
SPESE DI TRASPORTO: conto economico di reddito acceso a costi d'esercizio.
SPESE TELEFONICHE: conto economico di reddito acceso a costi d'esercizio

Esercizio n. 3

Si rilevino sul libro giornale e sul libro mastro le seguenti operazioni:

15/4: ricevuta dal fornitore Gamma la fattura riguardante l'acquisto di un impianto per € 200.000 + IVA. Il regolamento avviene per metà in contanti e per metà con emissione di due effetti cambiari di pari importo con scadenza a 60 e 90 giorni;

23/4: emessa fattura di vendita di merci per € 300.000 + IVA al gliente Gamma. Regolamento per 1/3 in contanti, 1/3 a dilazione e 1/3 ricevendo effetti cambiari a tre mesi;

15/6: pagati a mezzo banca gli effetti in scadenza;

23/6: si concede ad un cliente il rinnovo totale di effetti in scadenza di € 20.000 per due mesi. Gli interessi incorporati nel nuovo effetto sono pari ad € 1.200;

30/6: presentati in banca effetti all'incasso per € 50.000. Dopo due giorni la banca accredita sul c/c bancario l'importo degli effetti al netto delle commissioni bancarie pari a € 1.000;

3/7: presentati allo sconto, con la clausola pro-solvendo, effetti per complessivi € 12.000 (scadenza fra tre mesi).

4/7: La banca accetta allo sconto effetti per € 10.000 applicando un tasso di sconto del 15% annuale e commissioni bancarie per € 200;

5/7: si concede al cliente il rinnovo parziale (60%) per 2 mesi di un effetto in scadenza del valore nominale di € 80.000. Gli interessi da calcolarsi in misura del 12% sono incorporati nel nuovo effetto. La restante parte è incassata subito in contanti;

15/7: pagati in contanti gli effetti in scadenza;

23/7: incassato a mezzo banca l'effetto in scadenza del cliente Gamma;

2/10: gli effetti già presentanti allo sconto in data 3/7 e per i quali si era già ottenuto l'accredito del netto ricavo sul c/c bancario, risultano insoluti. La banca ne addebita l'importo sul conto corrente;

4/10: levato protesto sugli effetti insoluti tramite banca (spese di protesto € 100 senza IVA). Emessa tratta di rivalsa, con addebito al debitore insolvente delle spese di protesto e dei bolli per € 150, degli effetti insoluti, e di € 100 a titolo di interessi di mora;

4/11: gli effetti protestati sono incassati in contanti;

12/11: si concede al cliente il rinnovo parziale (40%) per 2 mesi di un effetto in scadenza del valore nominale di € 60.000. Gli interessi da calcolarsi in misura del 12% sono incassati subito in contanti con la restante parte dell'effetto;

15/11: si ottiene il rinnovo totale di un effetto in scadenza del valore nominale di € 30.000 per 4 mesi. Gli interessi da calcolarsi in misura del 10% sono pagati subito in contanti;

20/11: si ottiene il rinnovo parziale di un effetto in scadenza del valore nominale di € 40.000 (20%) per tre mesi, gli interessi sul rinnovo pari ad € 600 sono incorporati nel nuovo effetto. La restante parte è pagata subito a mezzo banca.

Cod. conto Dare	Cod. conto Avere			Parziali	Totali
		1	15/4		
			Diversi a FORNITORI		242.000,00
			Ricevuta fattura per acquisto di impianti		
			IMPIANTI	200.000,00	
			IVA NS CREDITO	42.000,00	
			d.d.		
		2	FORNITORI a Diversi		242.000,00
			Regolati i debiti verso i fornitori di impianti		
			a CASSA	121.000,00	
			a EFFETTI PASSIVI (15/6)	60.500,00	
			a EFFETTI PASSIVI (15/7)	60.500,00	
			23/4		
		3	CLIENTI a Diversi		363.000,00
			Vendute merci a clienti		
			a MERCI C/VENDITE	300.000,00	
			a IVA NS DEBITO	63.000,00	
			d.d.		
		4	Diversi a CLIENTI		363.000,00
			Regolati i crediti verso i clienti		
			CASSA	121.000,00	
			CLIENTI	121.000,00	
			EFFETTI ATTIVI	121.000,00	
			15/6		
		5	EFFETTI PASSIVI a BANCA C/C		60.500,00
			Pagati a mezzo banca gli effetti passivi in scadenza		
			23/6		
		6	EFFETTI ATTIVI a Diversi		21.200,00
			Concesso rinnovo per due mesi e interessi incorporati		
			a EFFETTI ATTIVI	20.000,00	
			a INT. ATTIVI	1.200,00	
			30/6		
		7	EFFETTI ALL'INCASSO a EFFETTI ATTIVI		50.000,00
			Presentati all'incasso effetti attivi in portafoglio		
			2/7		
		8	Diversi a EFFETTI ALL'INCASSO		50.000,00
			Accreditato sul c/c gli effetti presentati all'incasso		
			BANCA C/C	49.000,00	
			COMMISS. BANCARIE	1.000,00	
			3/7.		
		9	EFFETTI ALLO SCONTO a EFFETTI ATTIVI		12.000,00
			Presentati allo sconto effetti attivi in portafoglio		
		10	4/7		

		EFFETTI ATTIVI	a	EFFETTI ALLO SCONTO		2.000,00
		Per restituzione degli effetti non ammessi allo sconto				
11	d.d.					
		Diversi	a	EFFETTI ALLO SCONTO		10.000,00
		Accreditato sul c/c il netto ricavo degli effetti scontanti				
		BANCA C/C			9.425,00	
		SCONTI PASS. BANC.		S = (10.000 *15*3) / 1.200	375,00	
		COMMISS. BANCARIE			200,00	
12	5/7					
		Diversi	a	Diversi		
		Concesso rinnovo parziale, interessi incorporati				
		EFFETTI ATTIVI			48.960,00	
		CASSA			32.000,00	
			a	EFFETTI ATTIVI	80.000,00	80.960,00
			a	INT. ATTIVI	960,00	
				I = 48.000*12*2/1.200		
13	15/7	EFFETTI PASSIVI	a	CASSA		
		Pagati in contanti gli effetti passivi in scadenza				60.500,00
14	23/7	BANCA C/C	a	EFFETTI ATTIVI		121.000,00
		Riscossi a mezzo banca gli effetti emessi nei confronti del cliente Gamma				
15	2/10.	EFFETTI INSOLUTI	a	BANCA C/C		10.000,00
		Gli effetti scontati risultano insoluti alla scadenza				
16	4/10	SPESE DI PROTESTO	a	BANCA C/C		100,00
		Sostenute spese di protesto				
17	d.d.	EFFETTI PROTESTATI	a	Diversi		10.250,00
		Emessa tratta di rivalsa				
			a	EFFETTI INSOLUTI	10.000,00	
			a	RIMBORSI SPESE EFFETTI PROT.	150,00	
			a	INT. ATTIVI DI MORA	100,00	
18	4/11	CASSA	a	EFFETTI PROTESTATI		10.250,00
		Incassati in contanti effetti protestati				
19	12/11	Diversi	a	Diversi		
		Concesso rinnovo parziale, interessi non incorporati				
		EFFETTI ATTIVI			24.000,00	
		CASSA			36.480,00	60.480,00

		a EFFETTI ATTIVI	60.000,00	
		a INT. ATTIVI	480,00	
20		15/11		
	Diversi	a Diversi		
	Ottenuto rinnovo di effetti in scadenza			
	EFFETTI PASSIVI		30.000,00	
	INT.PASSIVI		1.000,00	31.000,00
		a EFFETTI PASSIVI	30.000,00	
		a CASSA	1.000,00	
21		20/11		
	Diversi	a Diversi		
	Ottenuto rinnovo parziale di effetto in scadenza			
	EFFETTI PASSIVI		40.000,00	
	INT. PASSIVI		600,00	
		a EFFETTI PASSIVI	8.600,00	40.600,00
		a BANCA C/C	32.000,00	

FORNITORI

(2)	242.000,00	242.000,00	(1)

IMPIANTI

(1)	200.000,00		

IVA NS CREDITO

(1)	40.000,00		

CASSA

	.....	121.000,00	(2)
(4)	121.000,00	60.500,00	(13)
(12)	32.000,00	1.000,00	(20)
(18)	10.250,00		
(19)	36.480,00		

EFFETTI PASSIVI

(5)	60.500,00	60.500,00	(2)
(13)	40.000,00	60.500,00	(2)
(20)		30.000,00	(20)
(21)		8.600,00	(21)

CLIENTI

(3)	363.000,00	363.000,00	(4)
(4)	121.000,00		

MERCI C/VENDITE

		300.000,00	(3)

IVA NS DEBITO

		63.000,00	(3)

EFFETTI ATTIVI

(4)	121.000,00	20.000,00	(6)
(6)	21.200,00	50.000,00	(7)
(10)	2.000,00	12.000,00	(9)
(12)	48.960,00	80.000,00	(12)
(19)	24.000,00	121.000,00	(14)
		60.000,00	(19)

INT. ATTIVI

		1.200,00	(6)
		960,00	(12)
		480,00	(19)

EFFETTI ALL'INCASSO

(7)	50.000,00	50.000,00	(8)

BANCA C/C

(8)	49.000,00	60.500,00	(5)
(11)	9.425,00	10.000,00	(15)
(14)	121.000,00	100,00	(16)
		32.000,00	(21)

COMMISSIONI BANCARIE

(8)	1.000,00		
(11)	200,00		

EFFETTI ALLO SCONTO

(9)	12.000,00	2.000,00	(10)
		10.000,00	(11)

SCONTI PASSIVI BANCARI

(11)	375,00		

EFFETTI INSOLUTI

(15)	10.000,00	10.000,00	(17)

SPESE DI PROTESTO

(17)	100,00		

EFFETTI PROTESTATI

(18)	10.250,00	10.250,00	(19)

RIMBORSO SPESE PER EFF. PROTEST.

		150,00	(17)

INT. ATTIVI DI MORA

		100,00	(17)

INT. PASSIVI

(20)	1.000,00		
(21)	600,00		

Esercizio n. 4

Si rilevino sul libro giornale e sul libro mastro le seguenti operazioni:

26/1: concesso rinnovo parziale (50%) su cambiali in scadenza per € 2.000. Gli interessi sul rinnovo, pari ad € 180, sono riscossi in contanti anticipatamente insieme all'altra parte dell'effetto;

27/1: liquidate retribuzioni per € 125.000 ed assegni familiari per € 15.000. Il debito è regolato tramite banca al netto di ritenute fiscali (IRE) per € 30.000 e delle ritenute INPS per € 15.000;

31/1: liquidati contributi sociali a carico dell'azienda per € 10.000. Pagate a mezzo banca le ritenute fiscali e regolata a mezzo banca la posizione con gli enti previdenziali e assistenziali di cui al punto precedente;

10/2: ottenuto un mutuo di euro 30.000. Le rate sono quadrimestrali posticipate costanti, pari ad € 3.000, la quota interessi è da calcolare in misura del 12%;

10/6: pagata a mezzo banca la prima rata posticipata del mutuo ottenuto in data 10/2;

15/6: vendute merci per € 10.000 + IVA, regolamento per € 5.000 con assegno bancario e per la restante parte con effetti a 60 giorni;

16/6: a saldo di un debito verso fornitori di € 800 emesso un assegno bancario di € 850, la differenza rappresenta gli interessi passivi di mora per ritardo nel pagamento;

18/6: inviati allo sconto effetti attivi in portafoglio per € 30.000;

20/6: ricevuto da un cliente un effetto di € 500 a saldo di un debito di € 502;

22/6: riscosso in contanti un effetto attivo di € 35.000;

23/6: ricevuto da un cliente a saldo di un credito di € 9.600 un effetto attivo a tre mesi di € 10.000, la differenza costituisce interessi attivi per la dilazione di pagamento;

30/6: ottenuta un'anticipazione bancaria di € 80.000 per 180 giorni al tasso del 10%. L'importo netto è accreditato sul c/c bancario, gli interessi sono anticipati;

30/6: liquidata e regolata a mezzo banca l' IVA;

2/7: presentate presso la banca X con clausola dopo incasso ricevute bancarie emesse nei confronti di clienti per € 5.000;

19/7: ricevuto l'accredito delle ricevute bancarie presentate al dopo incasso al netto di commissioni per € 100;

5/8: emesse ricevute bancarie per € 20.000 presentate in garanzia per un finanziamento sbf; la banca trattiene commissioni per € 500;

15/8: incassato in contanti l'effetto attivo in scadenza di euro 7.000;

5/9: incassate regolarmente a scadenza le ricevute bancarie emesse e presentate in garanzia per un finanziamento sbf in data 5/8;

30/9: estinta l'anticipazione bancaria contratta il 30/6;
10/10: pagata a mezzo banca la seconda rata del mutuo ottenuto in data 10/2.

Cod. conto Dare	Cod. conto Avere			Parziali	Totali
		1	26/1		
			Diversi a Diversi		
			Concesso il rinnovo parziale di effetti attivi in scadenza		
			EFFETTI ATTIVI	1.000,00	
			CASSA	1.180,00	2.180,00
			a EFFETTI ATTIVI	2.000,00	
			a INT. ATTIVI	180,00	
		2	27/1		
			Diversi a DIPEND. C/RETRIBUZ.		140.000,00
			Liquidate retribuzioni ai dipendenti		
			RETRIBUZIONI	125.000,00	
			INPS C/ASS. FAM.	15.000,00	
		3	d.d		
			DIPEND. C/RETRIBUZ. a Diversi		140.000,00
			Regolati i debiti verso i dipendenti a mezzo banca		
			a IRE C/RITENUTE	30.000,00	
			a INPS C/RITENUTE	15.000,00	
			a BANCA C/C	95.000,00	
		4	d.d.		
			ONERI SOCIALI a INPS C/CONTRIBUTI		10.000,00
			Liquidati contributi a carico dell'azienda		
		5	d.d.		
			IRE C/RITENUTE a BANCA C/C		30.000,00
			Pagate a mezzo banca le ritenute operate ai dipendenti		
		6	d.d.		
			Diversi a Diversi		
			Posizione dell'azienda nei confronti dell'INPS		
			INPS C/CONTRIBUTI	10.000,00	
			INPS C/RITENUTE	15.000,00	25.000,00
			a INPS C/ASS. FAM.	15.000,00	
			a BANCA C/C	10.000,00	
		7	10/2		
			BANCA C/C a MUTUI PASSIVI		30.000,00
			Contratto mutuo		
		8	10/6		
			Diversi a BANCA C/C		3.000,00
			Pagata la prima rata posticipata		
			MUTUO PASSIVI	1.800,00	
			INTERESSI SU MUTUI I = 30.000*4*12/1200	1.200,00	
		9	15/6		
			CLIENTI a Diversi		12.100,00
			Vendute merci, regolamento parte con assegni ed effetti		
			a MERCI C/VENDITE	10.000,00	
			a IVA NS DEBITO	2.100,00	
		10	d.d.		
			DIVERSI a CLIENTI		12.000,00
			Regolati crediti verso i clienti		

	BANCA C/C (15/8)		5.000,00	
	EFFETTI ATTIVI		7.000,00	
	16/6			
11	Diversi	a BANCA C/C		850,00
	Regolati debiti v/fornitori aumentati degli interessi di mora			
	FORNITORI		800,00	
	INT. PASS. DI MORA		50,00	
	18/6			
12	EFFETTI ALLO SCONTO	a EFFETTI ATTIVI		30.000,00
	Inviati allo sconto effetti attivi			
	20/6			
13	Diversi	a CLIENTI		502,00
	Emesso effetto rilasciando un abbuono			
	EFFETTI ATTIVI		500,00	
	ABBUONI PASSIVI		2,00	
	22/6			
14	CASSA	a EFFETTI ATTIVI		35.000,00
	Riscosso in contanti un effetto attivo			
	23/6			
15	EFFETTI ATTIVI	a Diversi		10.000,00
	Si riceve dai clienti un effetto aumentato degli interessi			
		a CLIENTI	9.600,00	
		a INT. ATTIVI	400,00	
16	30/6			
	Diversi	a ANTICIPAZ. PASS.		80.000,00
	Ottenuta anticipazione con interessi anticipati			
	BANCA C/C		76.000,00	
	INT. PASSIVI		4.000,00	
	d.d.			
17	IVA NS DEBITO	a ERARIO C/IVA		2.100,00
	Per storno dell'IVA ns debito al conto erario c/IVA			
18	d.d.			
	ERARIO C/IVA	a BANCA C/C		2.100,00
	Pagata a mezzo banca l'IVA			
19	2/7			
	CLIENTI C/RI.BA	a CLIENTI		5.000,00
	Emesse ricevute bancarie e presentate all'incasso			
20	19/7			
	Diversi	a CLIENTI C/RI.BA		5.000,00
	Ricevuto l'accredito delle ricevute bancarie all'incasso			
	BANCA C/C		4.900,00	
	COMMISS. BANC.		100,00	
	5/8			
21	Diversi	a BANCA C/RI.BA		20.000,00
	Per ri.ba presentate in garanzia di un finanziamento s.b.f.			
	BANCA C/C		19.500,00	
	COMMISS. BANC.		500,00	
	15/8			
22	CASSA	a EFFETTI ATTIVI		7.000,00
	Incassati in contanti effetti attivi in scadenza			

N.	Descrizione		
	5/9		
23	BANCA C/RI.BA a CLIENTI		20.000,00
	Incassate le ricevute bancarie sbf		
24	d.d.		
	ANTICIPAZ. PASS. a BANCA C/C		80.000,00
	Estinta anticipazione passiva		
25	10/10		
	Diversi a BANCA C/C		3.000,00
	Pagata la prima rata semestrale posticipata		
	MUTUO PASSIVI	1.872,00	
	INTERESSI SU MUTUI I = 28.200*4*12/1200	1.128,00	

EFFETTI ATTIVI

	....	2.000,00	(1)
(1)	1.000,00	30.000,00	(12)
(10)	7.000,00	35.000,00	(14)
(13)	500,00	7.000,00	(22)
(15)	10.000,00		

CASSA

(1)	1.180,00		
(14)	35.000,00		
(22)	7.000,00		

INT. ATTIVI

		180,00	(1)
		400,00	(15)

DIPEND. C/RETRIBUZIONI

(3)	140.000,00	140.000,00	(2)

RETRIBUZIONI

(2)	125.000,00		

INPS C/ASS. FAMILIARI

(2)	15.000,00	15.000,00	(6)

IRE C/RITENUTE

(5)	30.000,00	30.000,00	(3)

INPS C/RITENUTE

(6)	15.000,00	15.000,00	(3)

BANCA C/C

(7)	30.000,00	95.000,00	(3)
(10)	5.000,00	30.000,00	(5)
(16)	76.000,00	10.000,00	(6)
(20)	4.900,00	3.000,00	(8)
(21)	19.500,00	850,00	(11)
		2.000,00	(18)
		80.000,00	(24)
		3.000,00	(25)

ONERI SOCIALI

(4)	10.000,00		

INPS C/CONTRIBUTI

(6)	10.000,00	10.000,00	(4)

INTERESSI SU MUTUI

(8)	1.200,00		
(25)	1.128,00		

MUTUI PASSIVI

(8)	1.800,00	30.000,00	(7)
(25)	1.872,00		

MERCI C/VENDITE

		10.000,00	(9)

IVA NS DEBITO

(17)	2.100,00	2.100,00	(9)

FORNITORI

(11)	800,00	....	

INT. PASSIVI DI MORA

(11)	50,00		

EFFETTI ALLO SCONTO

(12)	30.000,00		

CLIENTI

	....	12.000,00	(10)
(9)	12.000,00	502,00	(13)
		9.600,00	(15)
		5.000,00	(19)
		20.000,00	(23)

ABBUONI PASSIVI

(13)	2,00		

BANCA C/RI.BA

(23)	20.000,00	20.000,00	(21)

ANTICIPAZ. PASS.

(24)	80.000,00	80.000,00	(16)

INTERESSI PASSIVI

(16)	4.000,00		

ERARIO C/IVA

(18)	2.000,00	2.000,00	(17)

CLIENTI C/RI.BA

(19)	5.000,00	5.000,00	(20)

COMMISSIONI BANCARIE

(20)	100,00		
(21)	500,00		

Esercizio n. 5

Per ognuna delle operazioni che segue calcolare, a seconda dei casi, il rateo o il risconto al 31/12/X:

1. Preso in affitto, in data 1/4/X, un capannone per € 12.000 annui, da pagare a partire dall'1/4/X+1

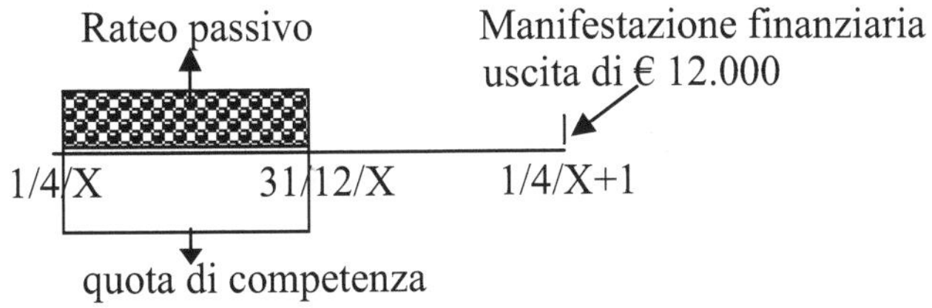

Il fitto passivo riguarda il periodo che va dall'1/4/X all'1/4/X+1, poiché la manifestazione finanziaria, ovvero l'uscita si ha all'1/4/X+1, all'1/4/X non si fa alcuna rilevazione.
Il fitto può essere scisso in due parti:

1. il fitto già maturato, ovvero la quota di competenza economica dell'esercizio in chiusura, relativo al periodo 1/4/X – 31/12/X;
2. il fitto non ancora maturato, ovvero la quota di competenza economica del futura esercizio, relativo al periodo 1/1/X+1 – 1/4/X+1.

Al 31/12/X si deve aggiungere, agli altri costi di esercizio, la quota di fitto già maturata ma non ancora rilevata (punto 1) misurandola presuntivamente con un *rateo passivo*.
Il calcolo è così effettuato:

12.000	:	12	=	x	:	9
canone annuo		mesi in un anno		rateo passivo		mesi di competenza economica dell'esercizio in chiusura

da cui si ottiene:

$$x = \frac{12.000,00 * 9}{12} = 9.000,00 \quad \text{(rateo passivo)}$$

---

2. Concesso in locazione, in data 1/5/X, un fabbricato per un anno riscuotendo posticipatamente, in data 1/5/X+1, € 24.000

Il fitto può essere scisso in due parti:

1. il fitto già maturato relativo al periodo 1/5/X – 31/12/X, di competenza economica dell'esercizio in chiusura;

2. il fitto non ancora maturato relativo al periodo 1/1/X+1 – 1/5/X+1, di competenza del futuro esercizio.

Al 31/12/X, quindi, si aggiunge ai ricavi di esercizio la parte di fitto già maturata ma non ancora rilevata (punto 1) misurandola in maniera presunta con un *rateo attivo*.

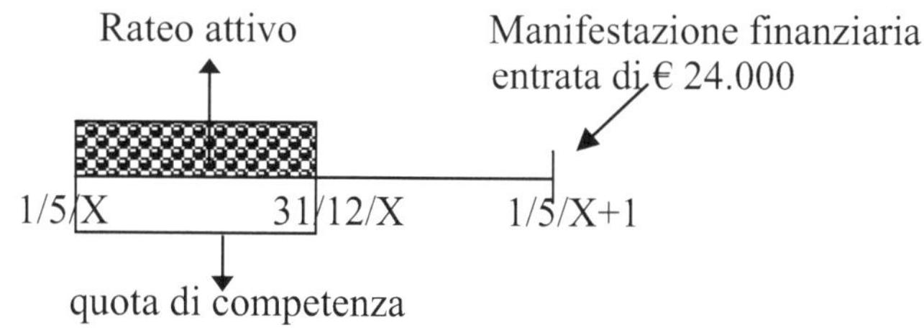

Il calcolo è così effettuato:

24.000	:	12	=	x	:	8
fitto annuo		mesi in un anno		rateo attivo		mesi di competenza economica dell'esercizio in chiusura

da cui si ottiene:

$$x = \frac{24.000,00 * 8}{12} = 16.000,00 \quad \text{(rateo attivo)}$$

---

3. Concesso, in data 1/5/X, in affitto un magazzino riscuotendo anticipatamente il canone annuo di € 6.000

Si ha una riscossione anticipata di fitti relativamente ad un magazzino concesso in locazione per un anno. Poiché l'operazione è a cavallo fra due esercizi al 31/12/X si genera un risconto passivo.

Nel conto fitti attivi, infatti, risulta registrato oltre che il fitto di competenza (periodo 1/5/X – 31/12/X) anche la parte relativa al periodo 1/1/X+1 – 1/5/X+1, di competenza del futuro esercizio.

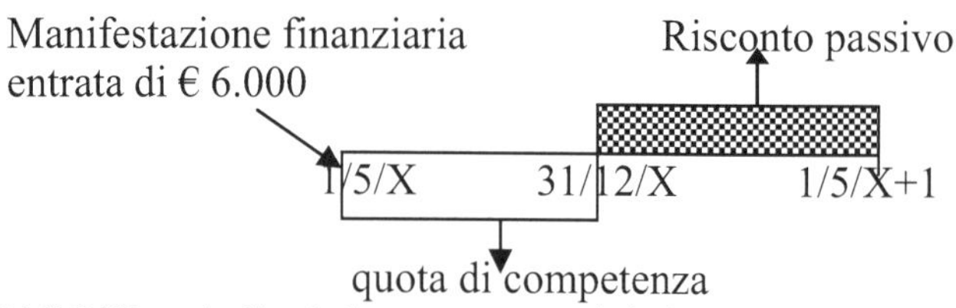

Al 31/12/X, quindi, si deve stornare dai ricavi d'esercizio la parte che matura dall'1/1/X+1 all'1/5/X+1 per farla affluire al patrimonio di funzionamento come *risconto passivo*.

Il calcolo è così effettuato:

6.000	:	12	=	x	:	4
fitto annuale		mesi in un anno		risconto passivo		mesi di competenza economica del futuro esercizio

da cui si ottiene:

$$x = \frac{6.000,00 * 4}{12} = 2.000,00 \quad \text{(risconto passivo)}$$

Il conto risconto passivo per € 2.000 rappresenta un ricavo sospeso per fitti attivi. Notiamo che un conto economico di reddito acceso ai ricavi d'esercizio, che durante il periodo amministrativo, funziona in modo unifase, al 31/12, quando recepisce la rettifica onde imputare all'esercizio solo i ricavi di competenza, funziona in modo bifase.

---

4. Pagato, in data 1/11/X, il premio di assicurazione semestrale di € 1.400

La manifestazione finanziaria, ovvero l'uscita, si ha all'1/11/X. A tale data si pagano € 1.400 di premio di assicurazione per il semestre 1/11/X - 1/5/X+1.

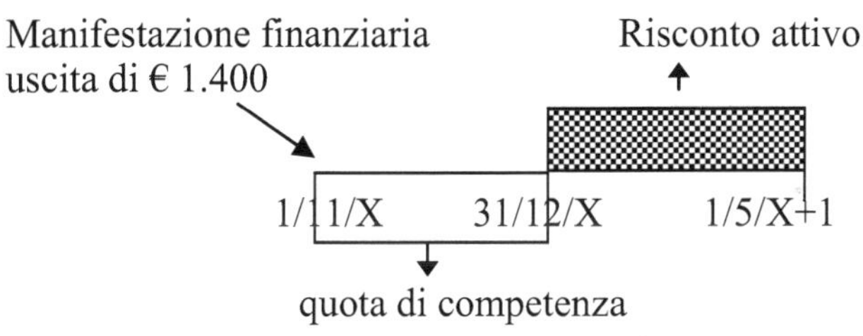

Nel conto *premio assicurazione* risulta registrato, pertanto, oltre che il premio di assicurazione di competenza relativo al periodo 1/11/X – 31/12/X anche il premio relativo al periodo 1/1/X+1 – 1/5/X+1, di competenza del futuro esercizio.

Al 31/12/X si deve stornare dai costi d'esercizio la parte che va dall'1/1/X+1 all'1/5/X+1, già pagata ma non ancora sfruttata, e farla affluire al patrimonio di funzionamento come *risconto attivo.*

Il calcolo è così effettuato:

1.400	:	6	=	x	:	4
premio assic.ne semestrale		mesi in un semestre		risconto attivo		mesi di competenza economica del futuro esercizio

da cui si ottiene:

$$x = \frac{1.400,00 * 4}{6} = 933,33 \quad \text{(risconto attivo)}$$

---

5. Concesso, in data 1/12/X, il rinnovo di un effetto attivo di € 10.000 per quattro mesi con riscossione anticipata in contanti degli interessi calcolati in misura del 12%

Il rinnovo degli effetti avviene in data 1/12/X per quattro mesi, la scadenza dei nuovi effetti è, quindi, l'1/4/X+1. Per il periodo 1/12/X – 1/4/X+1 sono dovuti però gli interessi che, in base agli accordi, si riscuotono subito. La riscossione anticipata di interessi attivi a cavallo fra due esercizi genera al 31/12/X un risconto passivo.
Gli interessi sul rinnovo degli effetti sono pari a :

$$I = Crt/1.200 = \frac{10.000*12*4}{1.200} = 400$$

Al 31/12, nel conto *interessi attivi* risultano registrati oltre che gli interessi di competenza (periodo 1/12/X – 31/12/X) anche gli interessi di competenza del futuro esercizio (periodo 1/1/X+1 – 1/4/X+1).

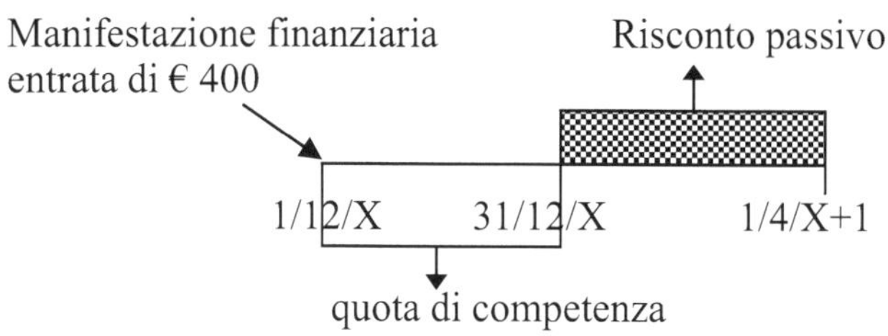

Il calcolo è così effettuato:

400	:	4	=	x	:	3
interessi		mesi		risconto passivo		mesi di competenza economica del futuro esercizio

da cui si ottiene:

$$x = \frac{400,00 * 3}{4} = 300,00 \quad \text{(risconto passivo)}$$

Esercizio n. 6

In sede di assestamento al 31/12/X si rilevano (sul libro giornale e sul libro mastro) le seguenti operazioni:

a) imputate all'esercizio le quote di ammortamento relative agli impianti acquistati nell'esercizio per un valore di € 36.000 da ammortizzare a quote costanti in 4 anni;
b) imputate all'esercizio le quote di ammortamento dei brevetti di cui si è entrati in disponibilità nel corso dell'anno del valore di € 20.000 da ammortizzare in 5 anni a quote costanti;
c) accantonata indennità di fine rapporto per € 12.000;
d) adeguato il fondo svalutazione crediti, attualmente pari a € 2.500, al 5% del portafoglio commerciale, che risulta così formato:
    - crediti verso clienti per € 70.000
    - effetti attivi per € 23.000
e) il valore delle rimanenze di merci risulta pari a € 35.000;
f) in seguito ad un accertamento per imposte si accantonano € 45.000;
g) in data 1/11 è stato preso in locazione un capannone per un anno ad un canone di € 30.000 che verrà pagato posticipatamente in data 1/11/X+1;
h) in data 1/12 sono riscossi anticipatamente interessi per € 3.000 relativamente ad un rinnovo di effetti attivi con scadenza 1/3/X+1;
i) gli interessi attivi maturati sul c/c bancario sono pari ad € 1.000, ritenute fiscale 20%;
j) in data 1/7/X+1 verrà pagata la prima rata annuale posticipata relativa ad un mutuo passivo di euro 300.000. La rata è pari ad € 10.000 di cui euro 2.000 di quota capitale;
k) le imposte di competenza dell'esercizio sono pari ad euro 1.200;

Si proceda in seguito alla chiusura dei conti utilizzati al 31/12/X ipotizzando una perdita d'esercizio.

Cod. conto Dare	Cod. conto Avere					Parziali	Totali
		1		31/12/a[†]			
			AMM.TO IMPIANTI	a	F.DO AMM.TO IMP.		9.000,00
			Quota di ammortamento degli impianti				
		2		31/12/b			
			AMM.TO BREVETTI	a	BREVETTI		4.000,00
			Quota di ammortamento dei brevetti				
		3		31/12/c			
			IND. DI FINE RAPP.	a	FONDO TFR		12.000,00
			Indennità di tfr di competenza dell'esercizio				
		4		31/12/d			
			PERDITE PRES. SU CREDITI	a	F.DO SVAL. CREDITI		2.150,00
			Affinché il fondo svalutazione crediti sia pari al 5% ovvero a 4.650 mancano 2.150 (4.650 – 2.500)				
		5		31/12/e			
			MERCI C/ RIM. FIN.	a	CONTO ECONOMICO		35.000,00
			Valutate le rimanenze finali di merci				
		6		31/12/f			
			IMPOSTE E TASSE	a	F.DO IMPOSTE E TASSE		45.000,00
			Accantonamento per imposte presunte				
		7		31/12/g			
			FITTI PASSIVI	a	RATEI PASSIVI		5.000,00
			Imputata all'esercizio la parte dei fitti di competenza R → 30.000 : 12 = x : 2				
		8		31/12/h			2.000,00
			INT. ATTIVI	a	RISCONTI PASSIVI		
			Risconto sugli interessi attivi R → 3.000: 3 = x : 2				
		9		31/12/i			
			Diversi	a	INT. ATTIVI		1.000,00
			Per interessi maturati sul c/c bancario, R.F. 20%				
			BANCA C/C			800,00	
			ERARIO C/RIT. SUB.			200,00	
		10		31/12/j			
			INTERESSI SU MUTUI	a	RATEI PASSIVI		4.000,00
			Interessi di competenza R → 8.000: 12 = x : 6				
		11		31/12/k			

[†] Accanto alla data è riportata la numerazione delle operazioni così come indicata nel testo dell'esercizio. A titolo esemplificativo la dicitura "31/12/c" (al posto della sola data) indica che di seguito si presenta l'articolo - redatto in data 31/12 -dell'operazione individuabile nel testo dell'esercizio con la lettera c).

	IMPOSTE SUL REDDITO	a	DEBITI TRIBUTARI		1.200,00
	Per imposte di competenza dell'esercizio				
12	31/12				
	Diversi	a	CONTO ECONOMICO		…………
	Per epilogo dei componenti di reddito positivi				
	INT. ATTIVI			1.000,00	
	…..			….	
13	31/12				
	CONTO ECONOMICO	a	Diversi		…………
	Per epilogo dei componenti negativi di reddito				
		a	AMM.TO IMPIANTI	9.000,00	
		a	AMM.TO BREVETTI	4.000,00	
		a	IND. DI FINE RAPP.	12.000,00	
		a	PERDITE PRES. SU CREDITI	2.150,00	
		a		45.000,00	
		a	IMPOSTE E TASSE	5.000,00	
		a	FITTI PASSIVI	4.000,00	
		a	INTERESSI SU MUTUI	1.200,00	
		a	IMPOSTE SUL REDDITO	…………	
				….	
			…………		
14	d.d.				
	PERDITA D'ESERCIZIO	a	CONTO ECONOMICO		…………
	Per rilevazione del risultato d'esercizio				
15	d.d.				
	Diversi	a	Diversi		
	Per chiusura generale dei conti di stato patrimoniale				
	F.DO AMM.TO IMP.			9.000,00	
	FONDO TFR			12.000,00	
	F.DO SVAL. CREDITI			4.650,00	
	F.DO IMPOSTE E T.			45.000,00	
	RISCONTI PASSIVI			2.000,00	
	RATEI PASSIVI			9.000,00	
	DEBITI TRIBUTARI			1.200,00	
	………………			…………	
		a	MERCI C/RIM. FIN.	35.000,00	
		a	BREVETTI	16.000,00	
		a	BANCA C/C	730,00	
		a	ERARIO C/RIT. EFF.	270,00	
		a	PERDITA D'ESERCIZIO	…….	
			…………………		

AMM.TO IMPIANTI

(1)	9.000,00	9.000,00	(13)

F.DO AMM.TO IMPIANTI

(15)	9.000,00	9.000,00	(1)

AMM.TO BREVETTI

(2)	4.000,00	4.000,00	(13)

BREVETTI

	20.000,00	4.000,00	(2)
		16.000,00	(15)

IND. DI FINE RAPPORTO

(3)	12.000,00	12.000,00	(13)

FONDO TFR

(15)	12.000,00	12.000,00	(3)

PERDITE PRES. SU CREDITI

(4)	2.150,00	2.150,00	(13)

F.DO SVALUTAZIONE CREDITI

(15)	4.650,00	2.500,00	
		2.150,00	(4)

MERCI C/RIMANENZE FINALI

(5)	35.000,00	35.000,00	(15)

C.E.

(13)	……	35.000,00	(5)
		…..	(12)
		…..	(14)

IMPOSTE E TASSE

(6)	45.000,00	45.000,00	(13)

F.DO IMPOSTE E TASSE

(15)	45.000,00	45.000,00	(6)

FITTI PASSIVI

(7)	5.000,00	5.000,00	(13)

RATEI PASSIVI

(15)	9.000,00	5.000,00	(7)
		4.000,00	(10)

INT. ATTIVI

(8)	2.000,00	…..	
(12)	1.000,00	1.000,00	(9)

RISCONTI PASSIVI

(15)	2.000,00	2.000,00	(8)

DEBITI TRIBUTARI

(15)	1.200,00	1.200,00	(11)

BANCA C/C

(9)	800,00	800,00	(15)

ERARIO C/RITENUTE SUBITE

(9)	200,00	200,00	(15)

INTERESSI SU MUTUI

(10)	4.000,00	4.000,00	(13)

IMPOSTE SUL REDDITO

(11)	1.200,00	1.200,00	(13)

PERDITA D'ESERCIZIO

(14)	…..	….	(15)

Esercizio n. 7

Si redigano le scritture continuative e le necessarie scritture di assestamento al 31/12/X relativamente alle seguenti operazioni:

1. **Preso in affitto, in data 1/4/X, un locale per € 3.000 mensili. Il pagamento avviene in contanti posticipatamente ogni sei mesi alle date 1/4-1/10.**

In data 1/4/X non si effettua alcuna rilevazione mancando la manifestazione finanziaria. La prima manifestazione finanziaria è all'1/10/X, all'atto del pagamento posticipato del fitto per i mesi 1/4/X – 1/10/X. Il secondo pagamento è, invece, all'1/4/X+1 per il periodo 1/10/X – 1/4/X+1. In relazione a quest'ultimo, al 31/12/X, è necessario fare una scrittura di integrazione con la quale imputare all'esercizio in corso i tre mesi di fitto già maturati per i quali non vi è ancora stata la manifestazione finanziaria.

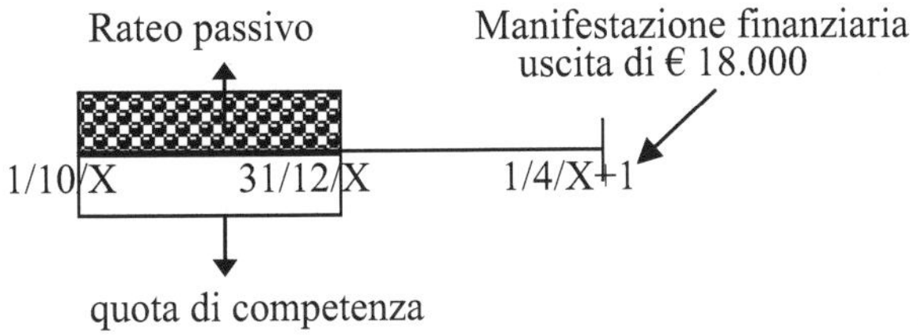

Si determina un rateo passivo, il calcolo è così effettuato:

18.000	:	6	=	x	:	3
fitto passivo semestrale		mesi in un semestre		rateo passivo		mesi di competenza economica dell'esercizio in chiusura

da cui si ottiene:

$$x = \frac{18.000,00 * 3}{6} = 9.000,00 \quad \text{(rateo passivo)}$$

Sul libro giornale si registra:

Cod. conto Dare	Cod. conto Avere			Parziali	Totali
			1/4/X		
			NON SI EFFETTUA ALCUNA RILEVAZIONE		
			1/10/X		
		1	FITTI PASSIVI a CASSA Pagato fitto passivo periodo 1/4/X – 1/10/X		18.000,00

		2	31/12/X FITTI PASSIVI a RATEI PASSIVI Per integrazione del fitto che verrà pagato l'1/4/X+1 posticipatamente		9.000,00

FITTI PASSIVI		CASSA		RATEI PASSIVI	
1/10 : 18.000,00 (fitto periodo 1/4 –1/10) **31/12:** 9.000,00 (fitto periodo 1/10-31/12/X)		....	**1/10:** 18.000,00		**31/12:** 9.000,00 (misurazione presunta del debito per fitti passivi dall'1/10/X al 31/12/X)

---

2. Concesso in affitto, in data 1/4/X, un locale per € 3.000 mensili, riscossi posticipatamente ogni sei mesi alle date 1/4-1/10 in contanti.

Anche in questo caso il pagamento avviene nel corso dell'esercizio e precisamente all'1/10 per il periodo 1/4/X – 1/10/X. Al 31/12/X si deve aggiungere ai ricavi d'esercizio la quota economicamente già maturata (periodo 1/10/X – 31/12/X) che avrà la sua manifestazione finanziaria solo all'1/4/X+1.

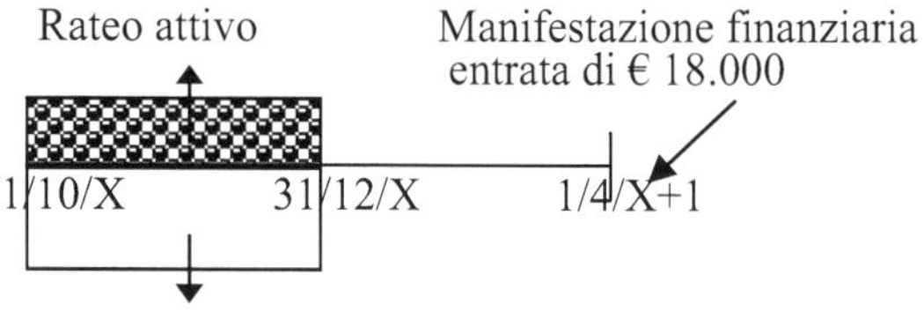

La quota di ricavi che si aggiunge al 31/12 è misurata presuntivamente da un rateo attivo. Il calcolo è così effettuato:

18.000	:	6	=	x	:	3
fitto attivo semestrale		mesi in un semestre		rateo attivo		mesi di competenza economica dell'esercizio in chiusura

da cui si ottiene:

$$x = \frac{18.000,00 * 3}{6} = 9.000,00 \quad \text{(rateo attivo)}$$

Sul libro giornale si registra:

				Parziali	Totali
			1/4/X NON SI EFFETTUA ALCUNA RILEVAZIONE		
		1	1/10/X CASSA a FITTI ATTIVI		18.000,00

Cod. conto Dare	Cod. conto Avere			Parziali	Totali
			Riscosso fitto attivo posticipatamente relativamente al periodo 1/4/X – 1/10/X		
			31/12/X		
		2	RATEI ATTIVI a FITTI ATTIVI		9.000,00
			Per integrazione del fitto che verrà riscosso l'1/4/X+1 posticipatamente		

CASSA (Dare)	CASSA (Avere)	FITTI ATTIVI (Dare)	FITTI ATTIVI (Avere)	RATEI ATTIVI (Dare)	RATEI ATTIVI (Avere)
1/10: 18.000,00			**1/10**: 18.000,00 (fitto periodo 1/4 –1/10) **31/12**: 9.000,00 (fitto periodo 1/10 – 31/12/X)	**31/12:** 9.000,00 (credito presunto per fitto relativo al periodo 1/10 –31/12/X)	

---

3. Pagato a mezzo banca, in data 1/10/X, un premio di assicurazione annuo anticipato di € 800.

Avendo effettuato il pagamento anticipatamente, al 31/12/X si deve togliere dai costi la quota di premio relativa al periodo 1/1/X+1-1/10/X+1,in quanto non ancora sfruttata, e farla affluire al patrimonio di funzionamento come *risconto attivo* (costo anticipato).

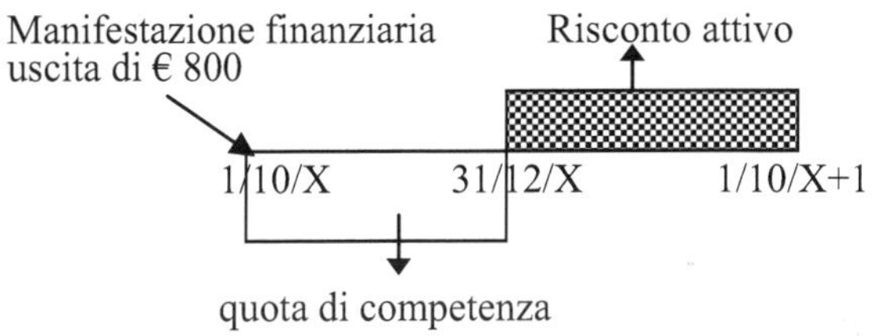

Il calcolo è così effettuato:

800	:	12	=	x	:	9
canone annuo		mesi in un anno		risconto attivo		mesi di competenza economica del futuro esercizio

da cui si ottiene:

$$x = \frac{800,00 * 9}{12} = 600,00 \quad \text{(risconto attivo)}$$

Sul libro giornale si registra:

Cod. conto Dare	Cod. conto Avere			Parziali	Totali
		1	1/10		
			PREMIO ASSICURAZIONE a BANCA C/C		800,00
			Pagato a mezzo banca il premio annuo di assicurazione anticipatamente		
			31/12		
		2	RISCONTI ATTIVI a PREMIO ASSICURAZIONE		600,00
			Per storno del costo sostenuto anticipatamente		

PREMIO ASSICURAZIONE	
1/10: 800,00 (premio assicurazione pagato anticipatamente periodo 1/10/X – 1/10/X+1)	**31/12**: 600,00 (storno del premio periodo 1/1/X+1- 1/10/X+1)

BANCA C/C	
	1/10: 800,00

RISCONTI ATTIVI	
31/12: 600,00 (costo sospeso)	

Se consideriamo il conto intestato al premio di assicurazione e ne calcoliamo il saldo possiamo notare che questo è espressione del solo costo di competenza economica dell'esercizio in corso.

---

4. In data 1/10/X+1 si pagherà un premio di assicurazione annuo di € 800.

Il premio di assicurazione verrà pagato nel futuro esercizio anche se in parte è sfruttato nell'esercizio in chiusura. Al 31/12/X è necessario fare una scrittura di integrazione con la quale imputare all'esercizio in corso i tre mesi di canone assicurativo già maturato ma che non ha ancora avuto la sua manifestazione finanziaria (per il periodo 1/10/X-31/12/X).

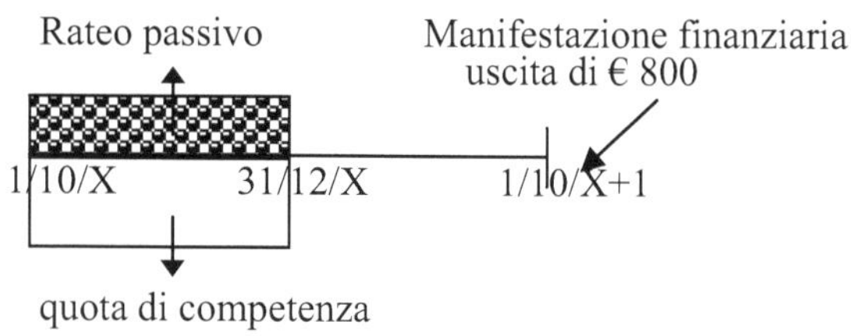

Il calcolo è così effettuato:

800	:	12	=	x	:	3
canone annuo semestrale		mesi in un anno		rateo passivo		mesi di competenza economica dell'esercizio in chiusura

da cui si ottiene:

$$x = \frac{800,00 * 3}{12} = 200,00 \quad \text{(rateo passivo)}$$

Sul libro giornale si ha:

Cod. conto Dare	Cod. conto Avere	1/10/X	Parziali	Totali
		NON SI EFFETTUA ALCUNA RILEVAZIONE MANCANDO LA MANIFESTAZIONE FINANZIARIA		

			31/12		
		1	PREMIO ASSICURAZ. a RATEI PASSIVI Per integrazione del premio di assicurazione che verrà pagato l'1/10/X+1 posticipatamente che per tre mesi è di competenza del presente esercizio		200,00

PREMIO ASSICURAZIONE	
1/10: non si fa alcuna rilevazione **31/12:** 200,00 si aggiunge la parte di premio sfruttato nell'esercizio ma che non ha ancora avuto la manifestazione finanziaria	

RATEI PASSIVI	
	1/10: 200,00 (per misurazione presunta del debito per premi di assicurazione)

5. Pagato anticipatamente, a mezzo banca, ogni quattro mesi alle date 1/2, 1/6 e 1/10 il canone di vigilanza di € 12.000 annue.

Il canone di vigilanza è di € 12.000 annue, poiché il pagamento è quadrimestrale ad ognuna delle scadenze indicate si paga una parte del canone e precisamente, ovvero € 4.000 (€ 12.000 canone annuo/ 3 quadrimestri nell'anno).
Al 31/12 dai costi d'esercizio si deve sottrarre la quota che matura dall'1/1/X+1 all'1/2/X+1, in quanto non ancora sfruttata e farla affluire al patrimonio di funzionamento come risconto attivo (costo anticipato).

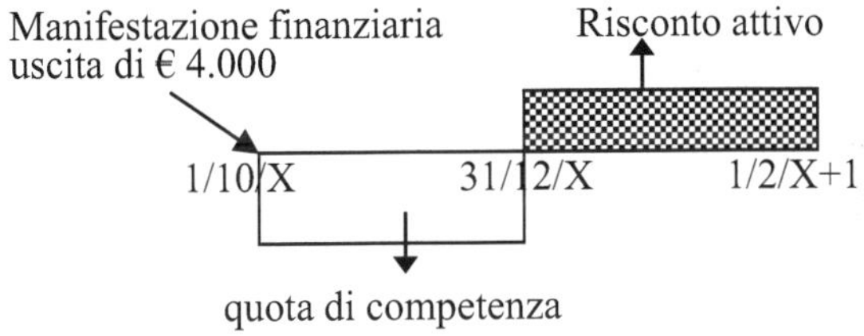

Il calcolo è così effettuato:

4.000	:	4	=	x	:	1
canone quadrimestrale		mesi in un quadrimestre		risconto attivo		mesi di competenza economica del futuro esercizio

da cui si ottiene:

$$x = \frac{4.000,00 * 1}{4} = 1.000,00$$ (risconto attivo)

Sul libro giornale si registra:

Cod. conto	Cod. conto	1	1/2	Parziali	Totali
			CANONE VIGILANZA a BANCA C/C		4.000,00

Dare	Avere				
			Pagato a mezzo banca il canone di vigilanza anticipatamente relativo al periodo 1/2/X-1/6/X		
		2	1/6 CANONE VIGILANZA a BANCA C/C Pagato canone di vigilanza periodo 1/6/X-1/10/X		4.000,00
		3	1/10 CANONE VIGILANZA a BANCA C/C Pagato canone di vigilanza periodo 1/10/X-1/2/X+1		4.000,00
		4	31/12 RISCONTI ATTIVI a CANONE VIGILANZA Per storno del costo sostenuto anticipatamente in data 1/10/X		1.000,00

CANONE VIGILANZA	
1/2: 4.000,00 (canone vigilanza periodo 1/2/X – 1/6/X) **1/6:** 4.000,00 (canone periodo 1/6/X – 1/10/X) **1/10:** 4.000,00 (canone periodo 1/10/X – 1/2/X+1)	**31/12**: 1.000,00 (per storno del canone di vigilanza pagato anticipatamente relativo al periodo 1/1/X+1 all'1/2/X+1)

BANCA C/C	
	1/2: 4.000,00 **1/6:** 4.000,00 **1/10:** 4.000,00

RISCONTI ATTIVI	
31/12: 1.000,00 (costo sospeso)	

6. Pagato anticipatamente, a mezzo banca, ogni sei mesi alle date 1/4-1/10 il fitto di un locale. Il canone mensile è di € 200.

La prima rilevazione da fare è quella dell'1/4 quando, cioè, si pagano i primi sei mesi di fitto. Il canone mensile è di € 200 per cui in data 1/4 si devono dare al proprietario del locale affittato € 1.200 (ovvero € 200 per ognuno dei sei mesi). Al 31/12 però, dai costi d'esercizio si deve sottrarre la parte che va dall'1/1/X+1 all'1/4/X+1 – in quanto non ancora sfruttata – e farla affluire al patrimonio di funzionamento come *risconto attivo* (costo anticipato).

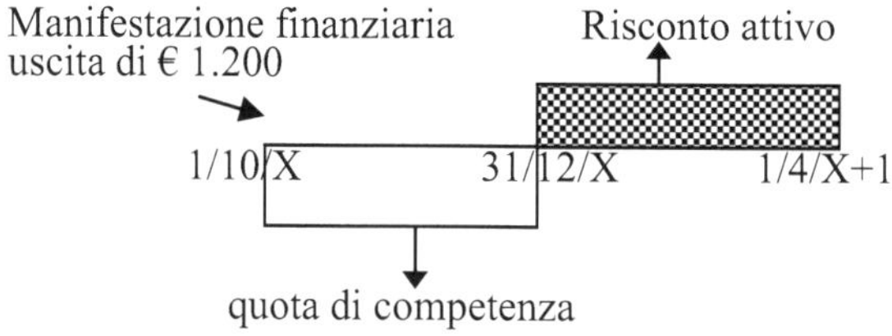

Il calcolo è così effettuato:

1.200	:	6	=	x	:	3
canone annuo		mesi in un anno		risconto attivo		mesi di competenza economica del futuro esercizio

da cui si ottiene:

$$x = \frac{1.200,00 * 3}{4} = 600,00 \quad \text{(risconto attivo)}$$

Sul libro giornale si rileva:

Cod. conto Dare	Cod. conto Avere			Parziali	Totali
		1	1/4 FITTO PASSIVO a BANCA C/C Pagato fitto passivo periodo 1/4/X- 1/10/X		1.200,00
		2	1/10 FITTO PASSIVO a BANCA C/C Pagato fitto passivo periodo 1/10/X- 1/4/X+1		1.200,00
		3	31/12 RISCONTI ATTIVI a FITTI PASSIVI Per storno del costo sostenuto anticipatamente		600,00

FITTO PASSIVO		BANCA C/C		RISCONTI ATTIVI	
1/4: 1.200,00 (fitto periodo 1/4/X – 1/10/X) **1/10:** 1.200,00 (fitto periodo 1/10/X–1/4/X+1)	**31/12**: 600,00 (storno fitto periodo 1/1/X+1 all'1/4/X+1)	**1/4:** 1.200,00 **1/10:** 1.200,00			**31/12:** 600,00 (costo sospeso)

---

7. Concesso in data 1/11/X ad un cliente il rinnovo di un effetto di € 2.000 per altri sei mesi, alla nuova scadenza si riscuoteranno anche gli interessi attivi posticipati calcolati al tasso del 10% (che non risultano pertanto incorporati nel nuovo effetto).

Dobbiamo innanzitutto calcolare l'ammontare degli interessi da riscuotere in data 1/5/X. Applicando la formula degli interessi con il tempo espresso in mesi si ha:

$$I = Crt / 1.200 = \frac{2.000 * 10 * 6}{1.200} = 100$$

Tali interessi verranno riscossi posticipatamente alla scadenza del nuovo effetto. Poiché ci troviamo di fronte ad una operazione a cavallo fra due esercizi al 31/12/X è necessario imputare all'esercizio in corso i due mesi di interessi già maturati ma che non hanno ancora avuto la loro manifestazione finanziaria (per il periodo 1/11/X-31/12/X).

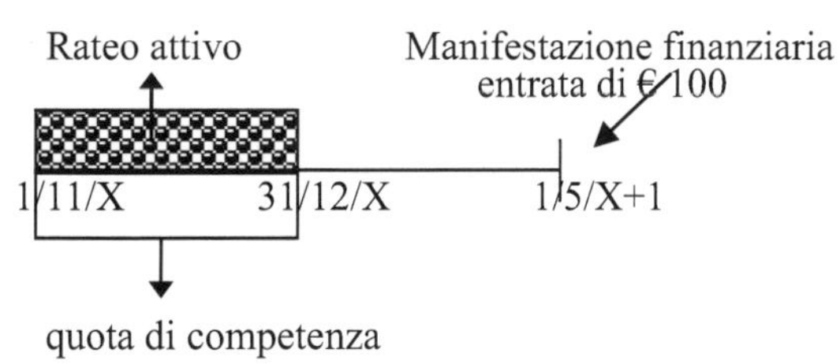

Il calcolo è così effettuato:

100	:	6	=	x	:	2
interessi semestrali		mesi in un semestre		rateo attivo		mesi di competenza economica dell'esercizio in chiusura

da cui si ottiene:

$$x = \frac{100,00 * 2}{6} = 33,33 \quad \text{(rateo attivo)}$$

Sul libro giornale si registra:

Cod. conto Dare	Cod. conto Avere			Parziali	Totali
		1	1/11/X EFFETTI ATTIVI a EFFETTI ATTIVI Concesso rinnovo di un effetto in scadenza, gli interessi non sono aggiunti al nuovo effetto		2.000,00
		2	31/12 RATEI ATTIVI a INT. ATTIVI Interessi che verranno riscossi l'1/5/X+1 che per due mesi sono di competenza del presente esercizio		33,33

INT. ATTIVI	
	31/12: 33,33 (integrazione interessi periodo 1/11/X – 31/12/X)

RATEI ATTIVI	
31/12: 33,33 (misurazione del credito per interessi)	

---

8. Concesso in data 1/11 ad un cliente il rinnovo di un effetto di € 2.000 per altri sei mesi, alla nuova scadenza si riscuoteranno anche gli interessi attivi posticipati calcolati al tasso del 10% che sono, all'atto del rinnovo, incorporati nel nuovo effetto (rilevati cioè anticipatamente).

A differenza del caso precedente ora gli interessi attivi risultano incorporati nel nuovo effetto, vi è cioè una rilevazione anticipata degli interessi. In questo caso al 31/12 si deve calcolare il risconto passivo.

Dai ricavi d'esercizio, in altre parole, va sottratta la parte che va dall'1/1/X+1 all'1/5/X+1, per i quali non si è ancora reso il servizio, e farla affluire al patrimonio di funzionamento come *risconto passivo* (ricavo anticipato).

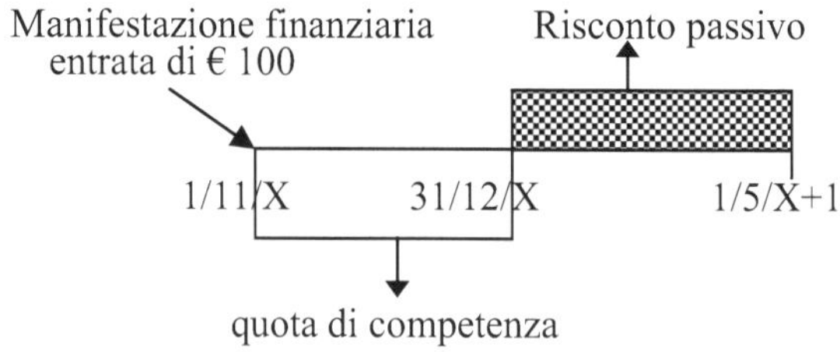

Il calcolo è così effettuato:

100	:	6	=	x	:	4
interessi semestrali		mesi in un semestre		risconto passivo		mesi di competenza economica del futuro esercizio

da cui si ottiene:

$$x = \frac{100,00 * 4}{6} = 66,67 \quad \text{(risconto passivo)}$$

Sul libro giornale si rileva:

Cod. conto Dare	Cod. conto Avere					Parziali	Totali
		1	1/11/X				
			EFFETTI ATTIVI	a	Diversi		2.100,00
			Concesso rinnovo di un effetto in scadenza, gli interessi sono aggiunti al nuovo effetto				
				a	EFFETTI ATTIVI	2.000,00	
				a	INT. ATTIVI	100,00	
		2	31/12				
			INT. ATTIVI	a	RISCONTI PASSIVI		66,67
			Per storno degli interessi rilevati anticipatamente che per quattro mesi sono di competenza del futuro esercizio				

INT. ATTIVI

31/12: 66,67 (storno interessi non di competenza)	**1/11**: 100,00

RISCONTI PASSIVI

	31/12: 66,67 (ricavo anticipato)

---

9. Ottenuto il rinnovo totale per altri quattro mesi di un effetto passivo scaduto in data 1/12 di € 3.000, gli interessi del 15% sono pagati anticipatamente in contanti.

Per effettuare la rilevazione dell'1/2 è necessario calcolare gli interessi. Essi sono pari a:

$$I = Crt/1.200 = \frac{3.000*15*4}{1.200} = 150,00 \text{ (interessi)}$$

Al 31/12/X, poiché gli interessi passivi sono pagati anticipatamente, si deve togliere dai costi d'esercizio la quota di interessi che matura dall'1/1/X+1 all'1/4/X+1, non ancora sfruttata, e farla affluire al patrimonio di funzionamento come risconto attivo (costo anticipato).

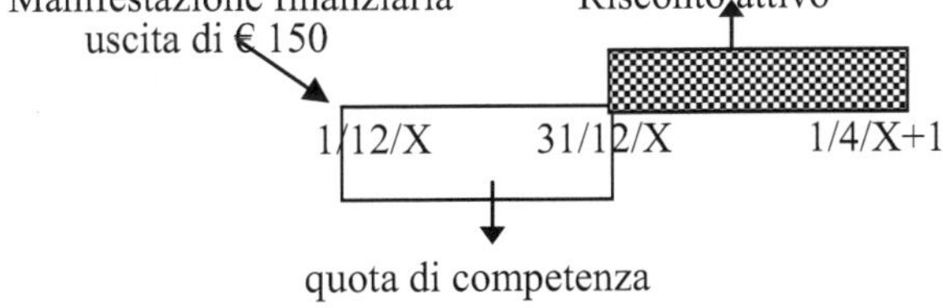

Il calcolo è così effettuato:

150	:	4	=	x	:	3
interessi sul rinnovo		mesi dilazione		risconto attivo		mesi di competenza economica del futuro esercizio

da cui si ottiene:

$$x = \frac{150,00 * 3}{4} = 112,50 \quad \text{(risconto attivo)}$$

Le rilevazioni sul libro giornale sono:

Cod. conto Dare	Cod. conto Avere			Parziali	Totali
		1	1/12 INT. PASSIVI a CASSA Pagati in contanti gli interessi passivi sul rinnovo di effetti		150,00
		2	1/12 EFFETTI PASSIVI a EFFETTI PASSIVI Per rinnovo totale degli effetti passivi in scadenza, gli interessi sulla dilazione sono pagati anticipatamente		3.000,00
		3	31/12 RISCONTI ATTIVI a INT. PASSIVI Per storno degli interessi passivi pagati anticipatamente, in parte di competenza del futuro esercizio		112,50

INT. PASSIVI	
1/12: 150,00 (interessi passivi periodo 1/12/X–1/4/X+1)	**31/12:** 112,50 (storno interessi periodo 1/1/X+1-1/4/X+1)

CASSA	
....	**1/12:** 150,00

RISCONTI ATTIVI	
31/12: 112,50 (costo sospeso)	

Esercizio n. 8

La ditta Gamma & C. del signor Luigi Roma presenta prima dell'assestamento i seguenti conti, di cui vengono indicate le eccedenze:

FABBRICATI	150.000,00	FITTI PASSIVI	6.000,00
MACCHINARI	35.000,00	ABBUONI PASSIVI	3.200,00
BREVETTI	20.000,00	MERCI C/VENDITE	1.275.000,00
MERCI C/ACQUISTI	414.000,00	RESI SU VENDITE	4.500,00
RESI SU ACQUISTI	80.000,00	INT. ATTIVI	3.100,00
SPESE DI TRASPORTO	110.000,00	ABBUONI ATTIVI	8.000,00
PREMIO ASSICURAZIONE	9.000,00	PLUSVALENZE	3.000,00
SPESE DI PUBBLICITÀ	14.400,00	EFFETTI ATTIVI	44.000,00
COMMISSIONI BANCA-	1.500,00	BANCA C/C (in dare)	148.000,00
INTERESSI PASSIVI BANCA-	800,00	CASSA	23.700,00
SALARI E STIPENDI	250.000,00	CLIENTI	195.500,00
F.DO AMM.TO MACCHINARI	15.000,00	F.DO AMM.TO FABBRICATI	60.000,00
ONERI SOCIALI	85.000,00	CAPITALE NETTO	100.000,00
SPESE MANUTENZIONE	5.000,00	F.DO SVALUTAZ. CREDITI	2.000,00
ERARIO C/ACCONTI	38.000,00	FONDO TFR	16.000,00
CREDITI INSOLUTI	4.500,00		

Al 31/12, fine di determinare il reddito di esercizio e il patrimonio di funzionamento, l'amministratore della Gamma registra sul libro giornale e sul libro mastro quanto segue:

a) le rimanenze finali di merci sono valutate in € 10.000;
b) fra gli interessi attivi su rinnovi sono compresi gli interessi al 12%, relativi al periodo 1/12/X-1/3/X+1, riscossi anticipatamente sul rinnovo di un effetto di € 12.000;
c) si devono ricevere fatture relative a merci acquistate nel mese di dicembre di € 300.000;
d) gli interessi a nostro debito maturati sul c/c bancario sono di € 1.320;
e) accantonate € 4.000 per fronteggiare il rischio di decisioni sfavorevoli relativamente ad un accertamento in corso in materia di imposte;

f) stralciato un credito insoluto ritenuto completamente inesigibile di € 2.500 sorto nell'esercizio precedente;
g) relativamente ad un credito insoluto di € 2.000 verso la ditta Omega si prevede di riscuotere il 40% dell'importo;
h) valutato un rischio generico sul valore dei crediti al netto delle svalutazione specifiche del 4%;
i) accantonate le indennità di fine rapporto pari a € 20.000;
j) le spese di manutenzione, complessivamente pari ad € 5.000, sono da considerarsi per € 2.500 spese di manutenzione straordinaria relativamente ai macchinari;
k) si devono emettere fatture per merci vendute nel mese di dicembre per € 8.000;
l) i fitti passivi sono pagati in rate quadrimestrali anticipate di € 6.000 ciascuna a partire dall'1/10/X;
m) il premio annuale di assicurazione di € 9.000 è stato pagato anticipatamente in data 1/5/X;
n) imputate le quote di ammortamento relative a:
    - macchinari per € 9.000;
    - brevetti per € 3.000;
    - fabbricati per € 18.000;
o) valutata quota di competenza degli oneri tributari per € 45.000 (si tiene conto degli acconti versati nel corso dell'anno pari a € 38.000);
p) in data 15/12/X è stato concesso il rinnovo di effetti attivi in portafoglio fino al 15/3/X+1, gli interessi pari a € 1.800 verranno riscossi e rilevati posticipatamente;
q) delle spese di pubblicità sostenute nell'esercizio in chiusura € 2.000 si rinviano al futuro esercizio.

Dopo aver determinato il risultato d'esercizio e il patrimonio di funzionamento al 31/12/X presentare la situazione contabile finale.

Cod. conto Dare	Cod. conto Avere					Parziali	Totali
		1		31/12/a			
			MERCI C/RIM. FIN.	a	CONTO ECONOMICO		10.000,00
			Valutate le rimanenze finali di merci				
		2		31/12/b			
			INT. ATTIVI	a	RISCONTI PASSIVI		240,00
			Per storno della quota di ricavo di competenza del futuro				
		3		31/12/c			
			MERCI C/ACQUISTO	a	FATTURE DA RIC.		300.000,00
			Si devono riceve fatture per merci già acquistate				
		4		31/12/d			
			INT. PASSIVI	a	BANCA C/C		1.320,00
			Rilevati gli interessi passivi bancari maturati				
		5		31/12/e			
			IMPOSTE E TASSE	a	F.DO IMPOSTE		4.000,00
			Per accantonamenti per accertamenti in corso				
		6		31/12/f			
			Diversi	a	CREDITI INSOLUTI		2.500,00
			Stralciato credito ritenuto inesigbile sorto nell'esercizio precedente				
			F.DO SVAL. CREDITI			2.000,00	
			PERDITE SU CREDITI			500,00	
		7		31/12/g			
			PERDITE PRES. SU CREDITI	a	F.DO SVAL. CREDITI		1.200,00
			Svalutazione di un credito verso la ditta Omega				
		8		31/12/h			
			PERDITE PRES. SU CREDITI	a	F.DO SVAL. CREDITI		9.612,00
			Svalutazione generica dei crediti‡				
		9		31/12/i			
			IND. DI FINE RAPP.	a	FONDO TFR		20.000,00
			Per rilevazione delle indennità di competenza dell'esercizio				

‡ Per determinare la svalutazione generica sui crediti residui si deve dapprima determinare il valore nominale dei crediti presenti in azienda e poi portare in detrazione a tale valore i crediti stralciati e la svalutazione specifica. Sul valore così ottenuto si applicare la percentuale di svalutazione generica. Nel caso in oggetto si ha:

Clienti		euro 195.500,00
Crediti insoluti		euro 4.500,00
Effetti attivi		euro 44.000,00
Valore nominale crediti		euro 244.000,00
- crediti stralciati	euro 2.500,00	
- svalutazione specifica	euro 1.200,00	euro 3.700,00
valore crediti sui quali calcolare la svalutazione		euro 240.300,00

da cui 240.300,00 * 4% = euro 9.612,00 (svalutazione generica).

10		31/12/j			
	SPESE MANUTENZ. STRAORDINARIE	a	SPESE MANUTENZ.		2.500,00
	Stornate dalle spese di manutenzione ordinarie le spese di manutenzione straordinarie				
11		31/12/j			
	MACCHINARI	a	SPESE MANUTENZ. STRAORDINARIE		2.500,00
	Portate in incremento al valore degli impianti le spese di manutenzione straordinarie				
12		31/12/k			
	FATTURE DA EMET.	a	MERCI C/VENDITE		8.000,00
	Per merci vendute per le quali non si è emessa ancora fattura				
13		31/12/l			
	RISCONTI ATTIVI	a	FITTI PASSIVI		1.500,00
	Per storno della quota di costo di competenza del futuro				
14		31/12/m			
	RISCONTI ATTIVI	a	PREMIO ASSICURAZ.		3.000,00
	Per storno della quota di costo di competenza del futuro				
15		31/1//n			
	AMM.TO MACCH.	a	F.DO AMM.TO MACCH.		9.000,00
	Imputata quota di ammortamento all'esercizio				
16		31/12/n			
	AMM.TO BREVETTI	a	BREVETTI		3.000,00
	Imputata quota di amm.to brevetti all'esercizio				
17		31/12/n			
	AMM.TO FABB.	a	F.DO AMM.TO FABB.		18.000,00
	Imputata quota di amm.to fabbricati all'esercizio				
18		31/12/o			
	IMPOSTE SUL REDDITO	a	Diversi		45.000,00
	Oneri tributari di competenza[§]				
		a	DEBITI TRIBUTARI	7.000,00	
		a	ERARIO C/ACCONTI	38.000,00	

§ Tale operazione potrebbe essere rilevata anche diversamente. Si potrebbe, infatti, accantonare al conto debiti tributari l'intero onere delle imposte, in tal caso al 31/12 si rileva:

	31/12			
IMPOSTE SUL REDDITO	a	DEBITI TRIBUTARI		45.000,00
Oneri tributari di competenza				

Al momento del pagamento del debito si dovrà però tener conto degli acconti versati

	../5			
DEBITI TRIBUTARI	a	Diversi		45.000,00
Pagate le imposte di esercizio				
	a	BANCA C/C	7.000,00	
	a	ERARIO C/ACCONTI	38.000,0	

19		31/12/p			
	RATEI ATTIVI	a	INT. ATTIVI		300,00
	Per imputazione degli interessi attivi che si riscuoteranno posticipatamente in parte di competenza dell'esercizio				
20		31/12/q			
	SPESE ANTICIPATE DI PUBBLICITÀ	a	SPESE DI PUBBLICITÀ		2.000,00
	Per storno di spese di pubblicità di competenza del futuro esercizio				
21		31/12			
	CONTO ECONOMICO	a	Diversi		1.306.032,00
	Per epilogo dei componenti negativi				
		a	MERCI C/ACQUISTO	714.000,00	
		a	SPESE DI TRASPOR.	110.000,00	
		a	PREMI ASSICURAZ.	6.000,00	
		a	SPESE PUBBLICITÀ	12.400,00	
		a	INT. PASSIVI	2.120,00	
		a	SALARI E STIPENDI	250.000,00	
		a	ONERI SOCIALI	85.000,00	
		a	SPESE MANUTENZ.	2.500,00	
		a	FITTI PASSIVI	4.500,00	
		a	ABBUONI PASSIVI	3.200,00	
		a	RESI SU VENDITE	4.500,00	
		a	PERDITE PRES. SU CREDITI	10.812,00	
		a	IMPOSTE SUL REDDITO	45.000,00	
		a	IMPOSTE E TASSE	4.000,00	
		a	IND. DI FINE RAP.	20.000,00	
		a	AMM. TO MACCH.	9.000,00	
		a	AMM.TO BREVETTI	3.000,00	
		a	AMM.TO FABB.	18.000,00	
		a	COMMISS. BANC.	1.500,00	
		a	PERDITE SU CREDITI	500,00	
22		d.d.			
	Diversi	a	CONTO ECONOMICO		1.377.160,00
	Per epilogo dei componenti positivi				
	RESI SU ACQUISTI			80.000,00	
	MERCI C/VENDITE			1.283.000,00	
	INT. ATTIVI			3.160,00	
	ABBUONI ATTIVI			8.000,00	
	PLUSVALENZE			3.000,00	
23		d.d.			
	CONTO ECONOMICO	a	UTILE D'ESERCIZIO		81.128,00
	Per rilevazione del risultato d'esercizio				

24		d.d.			
	Diversi	a	Diversi		
	Per chiusura generale dei conti				
	F.DO AMM.TO MACCH.			24.000,00	
	F.DO AMM.TO FABB.			78.000,00	
	CAPITALE NETTO			100.000,00	
	F.DO SVAL. CREDITI			10.812,00	
	RISCONTI PASSIVI			240,00	
	FATTURE DA RIC.			300.000,00	
	F.DO IMPOSTE			4.000,00	
	FONDO TFR			36.000,00	
	DEBITI TRIBUTARI			7.000,00	
	UTILE D'ESERCIZIO			81.128,00	641.180,00
		a	FABBRICATI	150.000,00	
		a	MACCHINARI	37.500,00	
		a	BREVETTI	17.000,00	
		a	EFFETTI ATTIVI	44.000,00	
		a	BANCA C/C	146.680,00	
		a	CASSA	23.700,00	
		a	CLIENTI	195.500,00	
		a	MERCI C/RIM. FIN.	10.000,00	
		a	FATTURE DA	8.000,00	
		a	EMET.	4.500,00	
		a	RISCONTI ATTIVI	300,00	
		a	RATEI ATTIVI	2.000,00	
		a	SPESE ANT. PUBB.	2.000,00	
			CREDITI INSOLUTI		

Situazione contabile finale – Situazione patrimoniale al 31/12

CONTI	IMPORTI	CONTI	IMPORTI
FABBRICATI	150.000,00	F.DO AMM.TO MACCH.	24.000,00
MACCHINARI	37.500,00	F.DO AMM.TO FABB.	78.000,00
BREVETTI	17.000,00	F.DO SVAL. CREDITI	10.812,00
EFFETTI ATTIVI	44.000,00	RISCONTI PASSIVI	240,00
BANCA C/C	146.680,00	FATTURE DA RIC.	300.000,00
CASSA	23.700,00	F.DO IMPOSTE	4.000,00
CLIENTI	195.500,00	FONDO TFR	36.000,00
MERCI C/RIM. FINALI	10.000,00	DEBITI TRIBUTARI	7.000,00
FATTURE DA EMET.	8.000,00		457.992,00
RISCONTI ATTIVI	4.500,00	CAPITALE NETTO	100.000,00
RATEI ATTIVI	300,00	UTILE D'ESERCIZIO	81.128,00
SPESE ANT. PUBB.	2.000,00		182.240,00
CREDITI INSOLUTI	2.000,00		
Totale DARE	641.180,00	Totale AVERE	641.180,00

Situazione economica al 31/12

CONTI	IMPORTI	CONTI	IMPORTI
MERCI C/ACQUISTO	714.000,00	RESI SU ACQUISTI	80.000,00
SPESE DI TRASPOR.	110.000,00	MERCI C/VENDITE	1.283.000,00
PREMI ASSICURAZ.	6.000,00	INT. ATTIVI	3.160,00
SPESE PUBBLICITÀ	12.400,00	ABBUONI ATTIVI	8.000,00
INT. PASS. BANC.	2.120,00	PLUSVALENZE	3.000,00
SALARI E STIPENDI	250.000,00	MERCI C/RIM. FIN.	10.000,00
ONERI SOCIALI	85.000,00		
SPESE MANUTENZ.	2.500,00		
FITTI PASSIVI	4.500,00		
ABBUONI PASSIVI	3.200,00		
RESI SU VENDITE	4.500,00		
PERDITE PRES. SU CREDITI	10.812,00		
IMPOSTE SUL REDDITO.	45.000,00		
IMPOSTE E TASSE	4.000,00		
IND. DI FINE RAPP.	20.000,00		
AMM. TO MACCH.	9.000,00		
AMM.TO BREVETTI	3.000,00		
AMM.TO FABB.	18.000,00		
COMMISS. BANC.	1.500,00		
PERDITE SU CREDITI	500,00		
Totale DARE	1.306.032,00		
UTILE D'ESERCIZIO	81.128,00		
Totale a pareggio	1.387.160,00	Totale AVERE	1.387.160,00

Fabbricati

Dare		Avere	
(0)	150.000,00	150.000,00	(24)

Macchinari

Dare		Avere	
(0)	35.0000,00	37.500,00	(24)
(11)	2.500,00		

Brevetti

Dare		Avere	
(0)	20.000,00	3.000,00	(16)
		17.000,00	(24)

Merci c/acquisto

Dare		Avere	
(0)	414.000,00	714.000,00	(21)
(3)	300.000,00		

Resi su acquisti

Dare		Avere	
(22)	80.000,00	80.000,00	(0)

Spese di trasporto

Dare		Avere	
(0)	110.000,00	110.000,00	(21)

PREMIO DI ASSICURAZIONE

(0)	9.000,00	3.000,00	(14)
		6.000,00	(21)

SPESE DI PUBBLICITÀ

(0)	14.400,00	2.000,00	(20)
		12.400,00	(21)

COMMISIONI

(0)	1.500,00	1.500,00	(21)

INTERESSI PASSIVI

(0)	800,00	2.120,00	(21)
(4)	1.320,00		

SALARI E STIPENDI

(0)	250.000,00	250.000,00	(21)

F.DO AMM.TO MACCHIN.

(24)	24.000,00	15.000,00	(0)
		9.000,00	(15)

ONERI SOCIALI

(0)	85.000,00	85.000,00	(21)

SPESE MANUTENZIONE

(0)	5.000,00	2.500,00	(10)
		2.500,00	(21)

ERARIO C/ACCONTI

(0)	38.000,00	38.000,00	(18)

CREDITI INSOLUTI

(0)	4.500,00	2.500,00	(6)
		2.000,00	(24)

FITTI PASSIVI

(0)	6.000,00	1.500,00	(13)
		4.500,00	(21)

ABBUONI PASSIVI

(0)	3.200,00	3.200,00	(21)

MERCI C/VENDITE

(22)	1.283.000,00	1.275.000,00	(0)
		8.000,00	(12)

RESI SU VENDITE

(0)	4.500,00	4.500,00	(21)

INT. ATTIVI

(2)	240,00	3.100,00	(0)
(22)	3.160,00	300,00	(19)

ABBUONI ATTIVI

(22)	8.000,00	8.000,00	(0)

PLUSVALENZE

(22)	3.000,00	3.000,00	(0)

EFFETTI ATTIVI

(24)	44.000,00	44.000,00	(0)

BANCA C/C

(0)	148.000,00	1.320,00	(4)
		146.680,00	(24)

CASSA

(0)	23.700,00	23.700,00	(24)

CLIENTI

(0)	195.500,00	195.500,00	(24)

F.DO AMM.TO FABBRICATI

(24)	78.000,00	60.000,00	(0)
		18.000,00	(17)

CAPITALE NETTO

(24)	100.000,00	100.000,00	(0)

F.DO SVALUTAZ. CREDITI

(6)	2.000,00	2.000,00	(0)
(24)	10.812,00	1.200,00	(7)
		9.612,00	(8)

MERCI C/RIM. FINALI

(1)	10.000,00	10.000,00	(24)

C.E.

(21)	1.306.032,00	10.000,00	(2)
(23)	81.128,00	1.377.160,00	(22)

FONDO TFR

(24)	36.000,00	16.000,00	(0)
		20.000,00	(9)

RISCONTI PASSIVI

(24)	240,00	240,00	(2)

FATTURE DA RICEVERE

(24)	300.000,00	300.000,00	(3)

UTILE D'ESERCIZIO

(24)	81.128,00	81.128,00	(23)

IMPOSTE E TASSE

(5)	4.000,00	4.000,00	(21)

F.DO IMPOSTE

(24)	4.000,00	4.000,00	(5)

PERDITE PRES. SU CREDITI

(7)	1.200,00	10.812,00	(21)
(8)	9.612,00		

PERDITE SU CREDITI

(6)	500,00	500,00	(21)

INDENNITÀ DI FINE RAPPORTO

(9)	20.000,00	20.000,00	(21)

SPESE MANUTENZ. STRAORD.

(10)	2.500,00	2.500,00	(11)

FATTURE DA EMETTERE

(12)	8.000,00	8.000,00	(24)

RISCONTI ATTIVI

(13)	1.500,00	4.500,00	(24)
(14)	3.000,00		

AMM.TO MACCHIN

(15)	9.000,00	9.000,00	(21)

AMM.TO FABBRICATI

(17)	18.000,00	18.000,00	(21)

SPESE ANTIC. PUBBLICITÀ

(20)	2.000,00	2.000,00	(24)

AMM.TO BREVETTI

(16)	3.0000,00	3.000,00	(21)

IMPOSTE SUL REDDITO

(18)	45.000,00	45.000,00	(21)

DEBITI TRIBUTARI

(24)	7.000,00	7.000,00	(18)

RATEI ATTIVI

(19)	300,00	300,00	(24)

Esercizio n. 9

Con riferimento alle operazioni di seguito indicate presentare le scritture continuative, di assestamento, di chiusura e riapertura generale dei conti nonché quando necessarie le scritture alla manifestazione finanziaria nel nuovo anno.

1. In data 1/10/X pagato, a mezzo banca, un fitto annuo di € 3.000 relativamente al periodo 1/10/X – 1/10/X+1.

N.	Data	Conto dare		Conto avere	Importo
1	1/10/X	FITTI PASSIVI	a	BANCA C/C	3.000,00
		Pagato a mezzo banca fitto passivo 1/10/X-1/10/X+1			
2	31/12	RISCONTI ATTIVI	a	FITTI PASSIVI	2.250,00
		Stornata al nuovo esercizio la quota di fitto di competenza			
3	31/12	CONTO ECONOMICO	a	FITTI PASSIVI	750,00
		Per epilogo dei conti			
4	31/12	STATO PATRIM.	a	RISCONTI ATTIVI	2.250,00
		Per chiusura generale dei conti			
5	1/1/X+1	RISCONTI ATTIVI	a	STATO PATRIM.	2.250,00
		Per riapertura dei conti			
6	1/1/X+1	FITTI PASSIVI	a	RISCONTI ATTIVI	2.250,00
		Imputata alla voce di pertinenza il risconto iniziale			

Calcolo del risconto

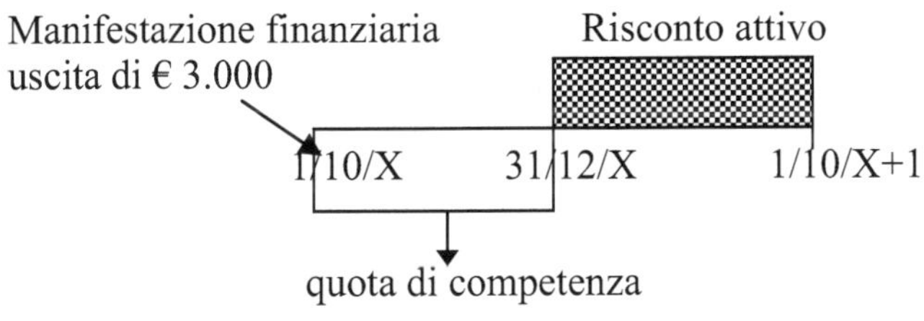

Il calcolo è così effettuato:

3.000	:	12	=	x	:	9
fitto annuo		mesi		risconto attivo		mesi di competenza economica del futuro esercizio

da cui si ottiene:

$$x = \frac{3.000,00 * 9}{12} = 2.250,00 \quad \text{(risconto attivo)}$$

---

2. In data 1/5/X riscosso in contanti un fitto attivo di € 6.000 annue anticipate.

N.	Data	Conto dare		Conto avere	Descrizione	Importo
1	1/5/X	CASSA	a	FITTI ATTIVI	Riscosso in contanti fitto periodo 1/5/X-1/5/X+1	6.000,00
2	31/12	FITTI ATTIVI	a	RISCONTI PASSIVI	Stornata al nuovo esercizio la quota di fitto di competenza	2.000,00
3	31/12	FITTI ATTIVI	a	CONTO ECONOMICO	Per epilogo dei conti	4.000,00
4	31/12	RISCONTI PASSIVI	a	STATO PATRIM.	Per chiusura generale dei conti	2.000,00
5	1/1/X+1	STATO PATRIM.	a	RISCONTI PASSIVI	Per riapertura dei conti	2.000,00
6	1/1/X+1	RISCONTI PASSIVI	a	FITTI ATTIVI	Imputata alla voce di pertinenza il risconto iniziale	2.000,00

Calcolo del risconto

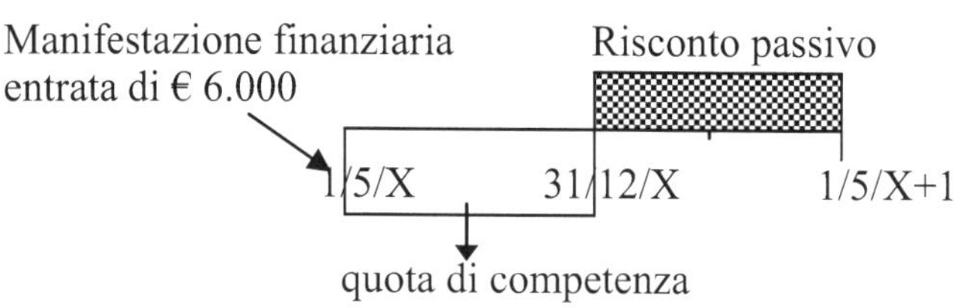

Il calcolo è così effettuato:

6.000	:	12	=	x	:	4
fitto annuo		mesi in un anno		risconto passivo		mesi di competenza economica del futuro esercizio

da cui si ottiene:

$$x = \frac{6.000,00 * 4}{12} = 2.000,00 \quad \text{(risconto passivo)}$$

---

3. **In data 1/4/X+1 verrà pagato a mezzo banca il canone annuo di assicurazione di € 1.700.**

1	1/4/X a NESSUNA RILEVAZIONE		
2	31/12 PREMIO ASSICURAZ. a RATEI PASSIVI Imputata il costo di competenza all'esercizio in chiusura		1.275,00
3	31/12 CONTO ECONOMICO a PREMIO ASSICURAZ. Per epilogo componenti negativi		1.275,00
4	31/12 RATEI PASSIVI a STATO PATRIM. Per chiusura generale dei conti		1.275,00
5	1/1/X+1 STATO PATRIM. a RATEI PASSIVI Per riapertura dei conti		1.275,00
6	1/4/X+1 Diversi a BANCA C/C Pagato a mezzo banca premio assicurazione		1.700,00
	PREMIO ASSICURAZ.	425,00	
	RATEI PASSIVI	1.275,00	

Calcolo del rateo

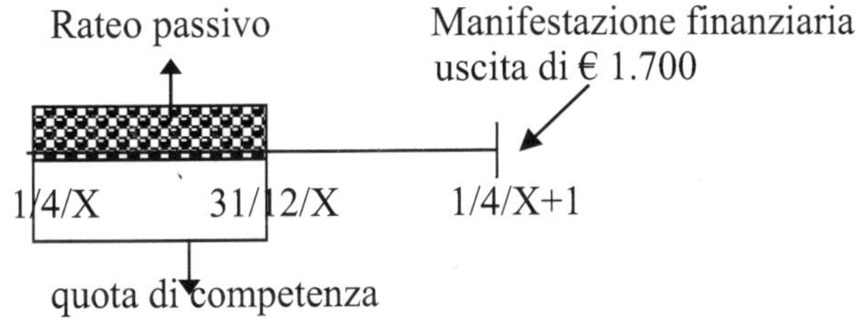

Il calcolo è così effettuato:

1.700	:	12	=	x	:	9
canone annuo		mesi in un anno		rateo passivo		mesi di competenza economica dell'esercizio in chiusura

da cui si ottiene:

$$x = \frac{1.700,00 * 9}{12} = 1.275,00 \quad \text{(rateo passivo)}$$

---

4. Ottenuto, in data 1/10/X, un prestito di € 20.000 per un anno con interessi al 12% da corrispondere in rate semestrali a partire dall'1/4/X+1 in contanti.

N.					
1		1/10/X			
	BANCA C/C	a	DEBITO V/BANCHE		20.000,00
	Per debito annuale contratto con la banca				
2		31/12/X			
	INTERESSI PASSIVI	A	RATEI PASSIVI		600,00
	Imputata il costo di competenza all'esercizio in chiusura				
3		31/12/X			
	CONTO ECONOMICO	A	INTERESSI PASSIVI		600,00
	Per epilogo componenti negativi				
4		31/12/X			
	RATEI PASSIVI	A	STATO PATRIM.		600,00
	Per chiusura generale dei conti				
5		1/1/X+1			
	STATO PATRIM.	A	RATEI PASSIVI		600,00
	Per riapertura dei conti				
6		1/4/X+1			
	Diversi	A	CASSA		1.200,00
	Corrisposti in contanti interessi sul finanziamento				
	INTERESSI PASSIVI			600,00	
	RATEI PASSIVI			600,00	

Calcolo del rateo

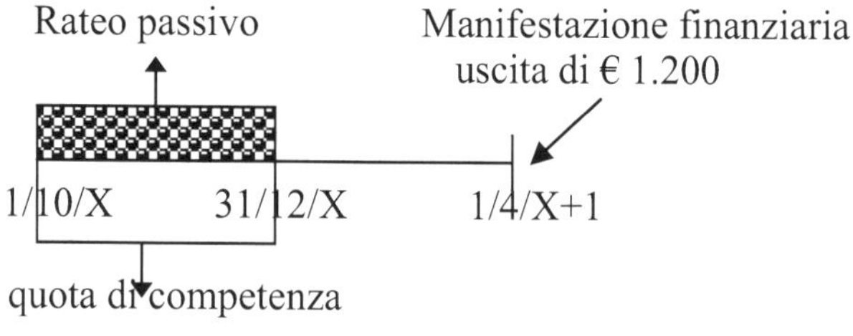

Il calcolo è così effettuato:

1.200	:	6	=	x	:	3
interessi semestrali		mesi in un semestre		rateo passivo		mesi di competenza economica dell'esercizio in chiusura

da cui si ottiene:

$$x = \frac{1.200,00 * 3}{6} = 600,00 \quad \text{(rateo passivo)}$$

---

5. Pagata a mezzo banca, in data 1/2/X, la prima rata trimestrale anticipata di un fitto per un centro elettronico per il quale è previsto un canone annuo di € 8.000.

N.	Data	Dare		Avere	Importo
1	1/2/X	FITTI PASSIVI	a	BANCA C/C	2.000,00
		Pagato a mezzo banca il canone del centro elettronico			
2	1/5/X	FITTI PASSIVI	a	BANCA C/C	2.000,00
		Pagato a mezzo banca il canone del centro elettronico			
3	1/8/X	FITTI PASSIVI	a	BANCA C/C	2.000,00
		Pagato a mezzo banca il canone del centro elettronico			
4	1/11/X	FITTI PASSIVI	a	BANCA C/C	2.000,00
		Pagato a mezzo banca il canone del centro elettronico			
5	31/12/X	RISCONTI ATTIVI	a	FITTI PASSIVI	666,67
		Stornata quota di costo di competenza del futuro esercizio			
6	31/12/X	CONTO ECONOMICO	a	FITTI PASSIVI	7.333,33
		Per epilogo componenti negativi			
7	31/12/X	STATO PATRIM.	a	RISCONTI ATTIVI	666,67
		Per chiusura generale dei conti			
8	1/1/X+1	RISCONTI ATTIVI	a	STATO PATRIM.	666,67
		Per riapertura dei conti			
9	1/1/X+1	FITTI PASSIVI	a	RISCONTI ATTIVI	666,67
		Imputazione del costo di competenza			

Calcolo del risconto

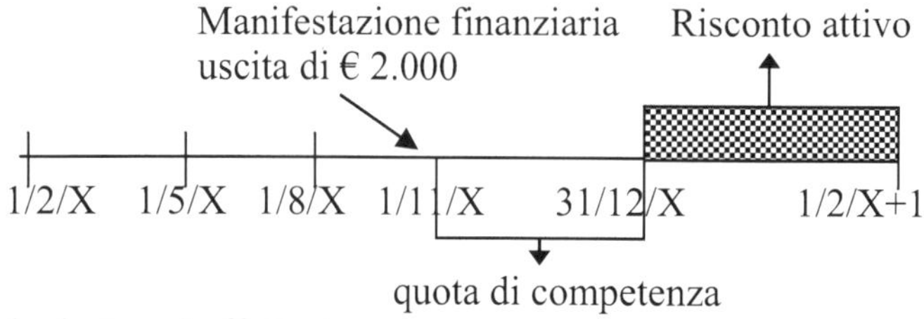

Il calcolo è così effettuato:

2.000	:	3	=	x	:	1
fitto trimestrale		mesi in un trimestre		risconto attivo		mesi di competenza economica del futuro esercizio

da cui si ottiene:

$$x = \frac{2.000,00 * 1}{3} = 666,67 \quad \text{(risconto attivo)}$$

---

6. **Ottenuto, in data 1/11/X, il rinnovo totale di un effetto in scadenza € 5.000 per cinque mesi, corrispondendo subito a mezzo banca gli interessi al 12%.**

1		1/11/X			
	EFFETTI PASSIVI	a	EFFETTI PASSIVI		5.000,00
	Ottenuto il rinnovo totale di un effetto passivo in scadenza				
		d.d.			
	INT. PASSIVI	a	BANCA C/C		250,00
	Pagati in contanti gli interessi sul rinnovo				
2		31/12/X			
	RISCONTI ATTIVI	a	INT. PASSIVI		150,00
	Stornata al nuovo esercizio la quota di fitto di competenza				
3		31/12/X			
	CONTO ECONOMICO	a	INT. PASSIVI		100,00
	Per epilogo dei conti				
4		31/12/X			
	STATO PATRIM.	a	RISCONTI ATTIVI		150,00
	Per chiusura generale dei conti				
5		1/1/X+1			
	RISCONTI ATTIVI	a	STATO PATRIM.		150,00
	Per riapertura dei conti				

6	1/1/X+1			
	INT. PASSIVI	a	RISCONTI ATTIVI	150,00
	Imputata alla voce di pertinenza il risconto iniziale			

Calcolo del risconto

Gli interessi sulla dilazione di pagamento sono pari a:

$$I = Crt / 1.200 \quad \text{cioè} \quad I = \frac{5.000*12*5}{1.200} = 250$$

Il calcolo è così effettuato:

250	:	5	=	x	:	3
interessi sulla dilazione		mesi di dilazione		risconto attivo		mesi di competenza economica del futuro esercizio

da cui si ottiene:

$$x = \frac{250,00 * 3}{5} = 150 \quad \text{(risconto attivo)}$$

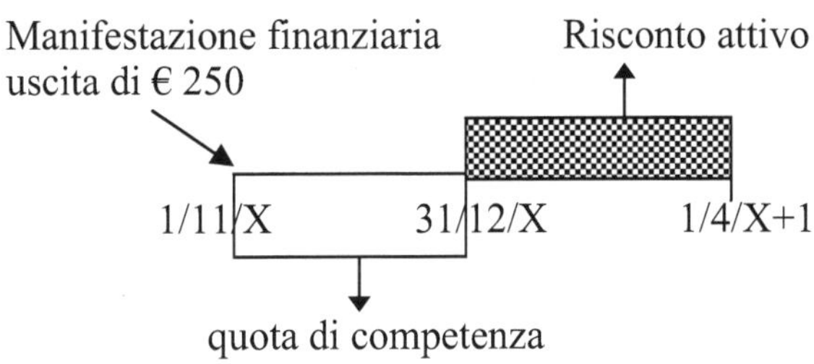

---

7. Ottenuto, in data 1/11/X, il rinnovo di un effetto in scadenza di € 5.000 per cinque mesi, gli interessi del 12% verranno rilevati e corrisposti posticipatamente a mezzo banca.

1	1/11/X			
	EFFETTI PASSIVI	a	EFFETTI PASSIVI	5.000,00
	Ottenuto il rinnovo totale di un effetto in scadenza			
2	31/12/X			
	INT. PASSIVI	a	RATEI PASSIVI	100,00
	Imputata il costo di competenza all'esercizio in chiusura			
3	31/12/X			
	CONTO ECONOMICO	a	INT. PASSIVI	100,00
	Per epilogo componenti negativi			

4	31/12/X		
	RATEI PASSIVI a STATO PATRIM.		100,00
	Per chiusura generale dei conti		
5	1/1/X+1		
	STATO PATRIM. a RATEI PASSIVI		100,00
	Per riapertura dei conti		
6	1/4/X+1		
	Diversi a BANCA C/C		5.250,00
	Corrisposti in contanti interessi sul finanziamento		
	EFFETTI PASSIVI	5.000,00	
	INT. PASSIVI	150,00	
	RATEI PASSIVI	100,00	

Calcolo del rateo

Gli interessi sono pari a: $I = Crt/1.200 = \frac{5.000*12*5}{1.200} = 250$

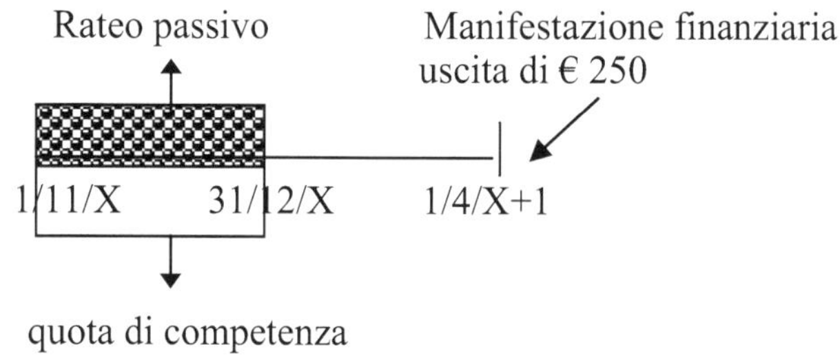

Il calcolo è così effettuato:

250	:	5	=	x	:	2
interessi sulla dilazione		mesi di dilazione		rateo passivo		mesi di competenza economica dell'esercizio in chiusura

da cui si ottiene:

$$x = \frac{250,00 * 2}{5} = 100,00$$ (rateo passivo)

Esercizio n. 10

All'inizio dell'esercizio la situazione patrimoniale della Speed S.p.A. è la seguente:

Situazione patrimoniale della Speed S.p.A.all'1/1/X

ATTIVITÀ		*PASSIVITÀ*	
Fabbricati	250.000,00	Capitale sociale	294.000,00
Arredamento	50.000,00	Fondo sval. crediti	7.200,00
Attrezzature	30.000,00	Fondo TFR	56.000,00
Automezzi	55.000,00	F.do amm.to fabbricati	40.000,00
Merci c/rim. iniz.	180.000,00	F.do amm.to arr.	30.000,00
Clienti	126.000,00	F.do amm.to attrez.	15.000,00
Effetti attivi	25.000,00	F.do amm.to automezzi	25.000,00
Banca c/c	15.000,00	Mutui passivi	80.000,00
Cassa	3.000,00	Fornitori	152.000,00
Risconti attivi	800,00	Effetti passivi	29.400,00
Fatture da emettere	1.400,00	Erario c/IVA	6.000,00
		Ratei passivi	1.600,00
Totale attività	**736.200,00**	**Totale passività**	**736.200,00**

Presentare le scritture di riapertura dei conti tenendo presente che i risconti attivi riguardano interessi su rinnovi e i ratei passivi interessi passivi sul mutuo.

Rilevare successivamente, sul libro giornale e sul libro mastro, le seguenti operazioni:

10/1: inviata fattura per una vendita di € 1.400 + IVA alla ditta Gemma, per merci già consegnate nel precedente esercizio;

12/1: prelevate dal c/c bancario € 3.000;

18/1: versata a mezzo banca l' IVA relativa al mese di dicembre di € 6.000;

21/1: acquistate materie prime per € 360 + IVA, regolamento in contanti;

22/1: emessa ricevuta bancaria sulla ditta Gemma. La stessa è inviata in banca come garanzia per ottenere un finanziamento s.b.f., la banca concede l'anticipo dell'importo accreditando il c/c bancario e addebitando spese per € 12;

24/1: il cliente Gold regola a mezzo banca il proprio debito di € 10.800;

31/1: liquidata e pagata a mezzo banca l' IVA del mese di gennaio;

1/2: pagata una rata del mutuo a mezzo banca, la quota capitale è pari a € 6.000 e la quota interessi è di € 1.920 della quale € 1.600 sono di competenza del precedente esercizio;

5/2: rinnovate le attrezzature come segue: cedute le vecchie attrezzature valutate € 18.000 + IVA e acquistate nuove attrezzature per € 35.000,

IVA . Il regolamento del debito nei confronti del fornitore delle nuove attrezzature avviene cedendo le vecchie attrezzature e rilasciando a saldo un assegno bancario;

10/2: inviati effetti attivi per € 10.000 allo sconto. La banca ne ammette allo sconto solo € 8.900. In data 12/2 ricevuta la lettera di accredito degli effetti scontati per € 7.800, sconti bancari € 1.000, commissioni bancarie € 100;

25/2: sostituito un automezzo del costo storico di € 20.000, ammortizzato per euro 15.000, con un nuovo automezzo del costo di euro 30.000 + IVA. Il regolamento del debito nei confronti del fornitore del nuovo macchinario avviene cedendo il vecchio macchinario, per euro 4.000 + IVA, e rilasciando a saldo un assegno bancario.

Cod. conto Dare	Cod. conto Avere					Parziali	Totali
		1		1/1			
			Diversi	a	Diversi		
			Per riapertura generale dei conti				
			FABBRICATI			250.000,00	
			ARREDAMENTO			50.000,00	
			ATTREZZATURE			30.000,00	
			AUTOMEZZI			55.000,00	
			MERCI C/RIM. INIZ.			180.000,00	
			CLIENTI			126.000,00	
			EFFETTI ATTIVI			25.000,00	
			BANCA C/C			15.000,00	
			CASSA			3.000,00	
			RISCONTI ATTIVI			800,00	
			FATTURE DA EMET.			1.400,00	736.200,00
				a	CAPITALE SOCIALE	294.000,00	
				a	F.DO SVAL. CREDITI	7.200,00	
				a	FONDO TFR	56.000,00	
				a	MUTUI PASSIVI	80.000,00	
				a	F.DO AMM.TO FABB.	40.000,00	
				a	F.DO AMM.TO ARR.	30.000,00	
				a	F.DO AMM.TO ATTREZ.	15.000,00	
				a	F.DO AMM.TO AUT.	25.000,00	
				a	FORNITORI	152.000,00	
				a	EFFETTI PASSIVI	29.400,00	
				a	RATEI PASSIVI	1.600,00	
				a	ERARIO C/IVA	6.000,00	
		2		d.d			
			CONTO ECONOMICO	a	MERCI C/RIM. INIZ.		180.000,00
			Per imputazione delle rimanenze				
		3		1/1			
			INT. PASSIVI	a	RISCONTI ATTIVI		800,00
			Per storno dei risconti attivi al conto di pertinenza				
		4		10/1			
			CLIENTI	a	Diversi		1.694,00
			Inviata la fattura per merci consegnate nel precedente esercizio				
				a	FATTURE DA EMET.	1.400,00	
				a	IVA NS DEBITO	294,00	
		5		12/1			
			CASSA	a	BANCA C/C		3.000,00
			Effettuato prelievo dal c/c bancario				
		6		18/1			
			ERARIO C/IVA	a	BANCA C/C		6.000,00

	Versata a mezzo banca l'IVA relativa al mese di dicembre		
7	21/1		
	Diversi a CASSA		435,6
	Acquistate materie, regolamento in contanti		
	MATERIE C/ACQUIS.	360,00	
	IVA NS CREDITO	75,60	
8	22/1		
	Diversi a BANCA C/RI.BA		1.694,00
	Emessa ricevuta bancaria sulla ditta Gemma, inviata in banca per ottenere un finanziamento sbf		
	BANCA C/C	1.682,00	
	COMMISS. BANC.	12,00	
9	24/1		
	BANCA C/C a CLIENTI		10.800,00
	Ricevuto a saldo dalla ditta Gold un assegno bancario		
10	31/1		
	IVA NS DEBITO a ERARIO C/IVA		294,00
	Girata l'IVA a debito al conto erario c/IVA		
11	d.d.		
	ERARIO C/IVA a IVA NS CREDITO		75,60
	Girata l'IVA a credito al conto erario c/IVA		
12	d.d.		
	ERARIO C/IVA a DEBITI PER IVA		218,04
	Girato al conto debiti per il debito verso l'erario		
13	d.d.		
	DEBITI PER IVA a BANCA C/C		218,04
	Pagata a mezzo banca l'IVA del mese di gennaio		
14	d.d.		
	Diversi a BANCA C/C		7.920,00
	Pagata rata del mutuo, parte degli interessi sono di competenza del precedente esercizio		
	MUTUI PASSIVI	6.000,00	
	INTERESSI SU MUTUI	320,00	
	RATEI PASSIVI	1.600,00	
15	5/2		
	F.DO AMM.TO ATTREZ. a ATTREZZATURE		15.000,00
	Girato al conto attrezzature il relativo fondo d'ammortamento		
16	d.d.		
	CLIENTI a Diversi		21.780,00
	Vendute le attrezzature		
	a ATTREZZATURE	15.000,00	
	a IVA NS DEBITO	3.780,00	
	a PLUSVALENZE	3.000,00	
17	d.d.		
	Diversi a FORNITORI		42.350,00
	Acquistate attrezzature		

	ATTREZZATURE			35.000,00	
	IVA NS CREDITO			7.350,00	
18		d.d.			
	FORNITORI	a	Diversi		42.350,00
	Regolati i debiti verso i fornitori delle attrezzature, in parte cedendo le vecchie attrezzature e per il saldo a mezzo banca				
		a	CLIENTI	21.780,00	
		a	BANCA C/C	20.570,00	
19		10/2			
	EFFETTI ALLO SCONTO	a	EFFETTI ATTIVI		10.000,00
	Inviati effetti attivi in portafoglio allo sconto				
20		12/2			
	Diversi	a	EFFETTI ALLO SCONTO		10.000,00
	Ricevuto l'accredito sul c/c bancario degli effetti scontati				
	BANCA C/C			7.800,00	
	SCONTI PASS. BANC.			1.000,00	
	COMMISS. BANC.			100,00	
	EFFETTI ATTIVI			1.100,00	
21		25/2			15.000,00
	F.DO AMM.TO AUTOMEZZI	a	AUTOMEZZI		
	Girato al conto automezzi il relativo fondo d'ammortamento				
22		d.d.			
	Diversi	a	Diversi		
	Venduto l'automezzo				
	CLIENTI			4.840,00	
	MINUSVALENZA			1.000,00	5.840,00
		a	AUTOMEZZO	5.000,00	
		a	IVA NS DEBITO	840,00	
23		d.d.			
	Diversi	a	FORNITORI		36.300,00
	Acquistato automezzo				
	AUTOMEZZO			30.000,00	
	IVA NS CREDITO			6.300,00	
24		d.d.			
	FORNITORI	a	Diversi		36.300,00
	Regolati i debiti verso i fornitori cedendo il vecchio macchinario e per il saldo a mezzo banca				
		a	CLIENTI	4.840,00	
		a	BANCA C/C	31.460,00	

Fabbricati

(1)	250.000,00		

Arredamento

(2)	50.000,00		

Attrezzature

(1)	30.000,00	15.000,00	(15)
(17)	35.000,00	15.000,00	(16)

Automezzi

(1)	55.000,00	15.000,00	(21)
(23)	30.000,00	5.000,00	(22)

Merci c/rim. Iniziali

(1)	180.000,00	180.000,00	(2)

Clienti

(1)	126.000,00	10.800,00	(9)
(4)	1.694,00	21.600,00	(18)
(16)	21.780,00	4.840,00	(24)
(22)	4.840,00		

Effetti attivi

(1)	25.000,00	10.000,00	(19)
(20)	1.100,00		

Banca c/c

(1)	15.000,00	3.000,00	(5)
(8)	1.682,00	6.000,00	(6)
(9)	10.800,00	218,04	(13)
(20)	7.800,00	7.920,00	(14)
		20.570,00	(18)
		31.460,00	(24)

Cassa

(1)	3.000,00	435,60	(7)
(5)	3.000,00		

Risconti attivi

(1)	800,00	800,00	(3)

Fatture da emettere

(1)	1.400,00	1.400,00	(4)

Capitale sociale

		294.000,00	(1)

F.do svalutaz. Crediti

		7.200,00	(1)

Fondo TFR

		56.000,00	(1)

Mutui passivi

(14)	6.000,00	80.000,00	(1)

F.do amm.to fabbricati

		40.000,00	(1)

F.do amm.to arredamento

		30.000,00	(1)

F.do amm.to attrezzature

(15)	15.000,00	15.000,00	(1)

F.do amm.to automezzo

(21)	15.000,00	25.000,00	(1)

Fornitori

(18)	42.350,00	152.000,00	(1)
(24)	36.300,00	42.350,00	(17)
		36.300,00	(23)

Effetti passivi

		29.400,00	(1)

Ratei passivi

(14)	1.600,00	1.600,00	(1)

Erario c/Iva

(6)	6.000,00	6.000,00	(1)
(11)	75,60	294,00	(10)
(12)	218,04		

C.E.

(2)	180.000,00		

Int. Passivi

(3)	800,00		

Iva ns debito

(10)	294,00	294,00	(4)

Materie c/acquisto

(7)	360,00		

Iva ns credito

(7)	75,60	75,60	(11)

Banca c/ri.ba

		1.694,00	(8)

Commissioni bancarie

(8)	12,00		
(20)	100,00		

Debiti per iva

(13)	218,04	218,04	(12)

Interessi su mutui

(14)	320,00		

Iva ns debito

		3.780,00	(16)
		840,00	(22)

Plusvalenze

		3.000,00	(16)

Iva ns credito

(17)	7.350,00		
(23)	6.300,00		

Effetti allo sconto

(19)	10.000,00	10.000,00	(20)

Sconti passivi bancari

(20)	1.000,00		

Minusvalenze

(22)	1.000,00		

Esercizio n. 11

Il patrimonio dell'azienda individuale Beta è messo in evidenza nella seguente situazione patrimoniale al 31/12/X.

Situazione Patrimoniale azienda BETA al 31/12/X

ATTIVITÀ		*PASSIVITÀ*	
Impianti	125.000,00	Capitale Netto	206.000,00
Fabbricati	200.000,00	F.do amm.to impianti	85.200,00
Rimanenze finali merci	101.800,00	F.do amm.to fabbricati	70.000,00
Clienti	80.200,00	Fondo TFR	9.000,00
Cassa	20.000,00	Mutui passivi	80.000,00
Banca c/c	34.000,00	Fornitori	85.800,00
Risconti attivi	10.000,00	Effetti passivi	20.000,00
		Debiti tributari	15.000,00
Totale attività	571.000,00	Totale passività	571.000,00

Si proceda alla riapertura dei conti all'1/1/X+1, allo storno delle rimanenze contabili sapendo che i risconti attivi riguardano un fitto passivo annuale di € 20.000 pagato anticipatamente l'1/7/X.
Successivamente le operazioni compiute nel corso dell'esercizio sono (effettuare le registrazioni sul libro giornale e sul libro mastro):

1/1: pagata, a mezzo banca, la prima rata annuale del mutuo passivo. Il piano di rimborso prevede una quota costante di € 10.000 di cui € 6.000 sono di quota interessi;

3/1: pagato ad un dipendente dimissionario, a mezzo banca, la buonuscita pari a € 9.000 interamente maturata negli esercizi precedenti;

20/2: vendute merci a termine alla ditta Neri per € 80.000 + IVA;

18/3: venduti impianti in contanti per € 16.000 + IVA (costo storico di € 32.000 e già ammortizzati per € 10.000);

20/3: regolati crediti verso il cliente Neri con due effetti attivi uno a 30 gg. Per euro 40.000 ed uno a 60 giorni per la differenza;

1/4: preso in locazione un magazzino pagando anticipatamente, a mezzo banca, per un anno € 12.000;

13/4: inviati effetti allo sconto per € 40.000;

15/4: acquistate merci a termine dalla ditta Gamma per € 40.000 + IVA;

16/4: ricevuto accredito in c/c di € 38.000 per netto ricavo degli effetti presentanti in data 13/4, sconti bancari 1.500, commissioni bancarie 500;

1/5: contratto mutuo passivo di € 30.000 con la banca X. Il piano di rimborso prevede quote capitale costanti di € 1.500 da corrispondersi semestralmente posticipatamente alle date 1/5-1/11, interessi posticipati nella misura del 18% annuo;

15/5: pagate in contanti le imposte relative all'esercizio precedente per € 15.000;

18/5: incassati crediti verso clienti per € 40.000 in contanti;

20/5: restituite merci al fornitore Gamma per € 3.000 + IVA;

20/6: regolati i debiti nei confronti della ditta Gamma ½ a mezzo banca e ½ con effetti;

1/11: si paga a mezzo banca, la prima rata del mutuo contratto in data 1/5;

3/12: l'azienda inizia la costruzione in economia di un impianto che verrà ultimato entro il 31/12/X+2. Vengono sostenuti a tal fine i seguenti costi:

- acquistati, in data 10/12, materiali per € 4.500 + IVA Pagamento a termine;
- ricevuta, in data 20/12, fattura di € 1.200 + IVA per servizi di consulenza. Pagamento per pronta cassa, ritenute fiscali € 240;
- corrisposte, in data 20/12, a mezzo banca retribuzioni per € 6.000, oneri sociali a carico del datore di lavoro per € 600, assegni familiari per € 400, ritenute previdenziali € 1.000, ritenute fiscali € 1.200.

In sede di assestamento si rileva quanto segue:

a) valutate le rimanenze di merci per € 50.500;
b) imputata la quota di ammortamento degli impianti per € 20.000 e la quota ammortamento dei fabbricati per € 8.000;
c) valutate le imposte di competenza per € 7.000;
d) maturate indennità di fine rapporto per € 1.000, relativo al personale addetto alle costruzioni in economia;
e) valutata la quota di competenza dei fitti passivi pagati anticipatamente in data 1/4/X+1 per un anno;
f) in data 1/4/X+2 si dovrà pagare il premio di assicurazione annuale posticipato pari a € 24.000;
g) si valuta la costruzione in economia (alle costruzioni in economia viene attribuito un valore pari alla somma dei costi ad esse relativi).

Si redigano le scritture di assestamento e di chiusura dei conti al 31/12/X+1.

Cod. conto Dare	Cod. conto Avere					Parziali	Totali
		1		1/1			
			Diversi	a	S.P. INIZIALE		571.000,00
			Per riapertura delle attività all'1/1				
			CASSA			20.000,00	
			BANCA C/C			34.000,00	
			CLIENTI			80.200,00	
			MERCI C/RIM. INIZ.			101.800,00	
			IMPIANTI			125.000,00	
			FABBRICATI			200.000,00	
			RISCONTI ATTIVI			10.000,00	
		2		1/1			
			S.P. INIZIALE	a	Diversi		571.000,00
			Per riapertura delle passività all'1/1				
				a	FORNITORI	85.800,00	
				a	DEBITI TRIBUTARI	15.000,00	
				a	FONDO TFR	9.000,00	
				a	F.DO AMM.TO IMP.	85.200,00	
				a	F.DO AMM.TO FABB.	70.000,00	
				a	EFFETTI PASSIVI	20.000,00	
				a	CAPITALE NETTO	206.000,00	
				a	MUTUI PASSIVI	80.000,00	
		3		1/1			
			CONTO ECONOMICO	a	MERCI C/RIM. INIZ.		101.800,00
			Per storno delle rimanenze iniziali al conto economico				
		4		1/1			
			FITTI PASSIVI	a	RISCONTI ATTIVI		10.000,00
			Storno dei risconti attivi iniziali				
		5		1/1			
			Diversi	a	BANCA C/C		10.000,00
			Pagata rata annuale del mutuo				
			MUTUI PASSIVI			4.000,00	
			INTERESSI SU MUTUI			6.000,00	
		6		3/1			
			FONDO TFR	a	DIPEN. C/LIQUIDAZ.		9.000,00
			Liquidato TFR a dipendente dimissionario				
		7		d.d.			
			DIPEND. C/LIQUIDAZ.	a	BANCA C/C		9.000,00
			Pagata a mezzo banca la buonuscita ad un dipendente				
		8		20/2			
			CLIENTI	a	Diversi		96.800,00
			Vendute merci alla ditta Neri, pagamento a termine				
				a	MERCI C/VENDITE	80.000,00	
				a	IVA NS DEBITO	16.800,00	

N.	Descrizione	Parziali	Totali
9	18/3		
	F.DO AMM.TO IMP. a IMPIANTI		10.000,00
	Per storno del fondo ammortamento del bene ceduto		
10	d.d.		
	Diversi a Diversi		
	Venduto impianto a clienti, con individuazione di una minusvalenza da alienazione		
	CLIENTI[**]	19.360,00	
	MINUSVALENZE	6.000,00	25.360,00
	a IMPIANTI[††]	22.000,00	
	a IVA NS DEBITO[‡‡]	3.360,00	
11	d.d		
	CASSA a CLIENTI		19.360,00
	Incassati in contanti i crediti relativi alla vendita dell'impianto		
12	20/3		
	Diversi a CLIENTI		96.800,00
	EFFETTI ATTIVI	40.000,00	
	EFFETTI ATTIVI	56.800,00	
	I crediti verso clienti sono regolati con effetti		
13	1/4		
	FITTI PASSIVI a BANCA C/C		12.000,00
	Pagato anticipatamente il fitto passivo		
14	13/4		
	EFFETTI ALLO SCONTO a EFFETTI ATTIVI		40.000,00
	Inviati allo sconto effetti attivi		
15	15/4		
	Diversi a FORNITORI		48.400,00
	Acquistate merci dalla ditta Gamma		
	MERCI C/ACQUISTO	40.000,00	
	IVA NS CREDITO	8.400,00	
16	16/4		
	Diversi a EFFETTI ALLO SCONTO		40.000,00
	La banca accredita sul c/c bancario il netto ricavo degli effetti scontati		
	BANCA C/C	38.000,00	
	COMMISS. BANC.	500,00	
	SCONTI PASS. BANC.	1.500,00	
17	1/05		
	BANCA C/C a MUTUI PASSIVI		30.000,00
	Contratto mutuo con la banca X		
18	15/5		
	DEBITI TRIBUTARI a CASSA		15.000,00

[**] L'importo dei crediti verso clienti sarà sempre pari al prezzo di vendita + l' IVA.

[††] Il conto del bene ceduto va sempre chiuso al suo valore contabile.

[‡‡] L' IVA. va sempre calcolata sul prezzo di vendita.

N.	Dare		Avere	Parziali	Totali
	Pagate le imposte relative all'esercizio precedente				
19		18/5			
	CASSA	a	CLIENTI		40.000,00
	Incassati in contanti crediti verso clienti				
20		20/5			
	FORNITORI	a	Diversi		3.630,00
	Restituite merci al fornitore Gamma, con variazione IVA				
		a	RESI SU ACQUISTI	3.000,00	
		a	IVA C/VARIAZIONI	630,00	
21		20/6			
	FORNITORI	a	Diversi		44.770,00
	Regolati debiti verso fornitori ½ a mezzo banca e ½ con effetti				
		a	BANCA C/C	22.385,00	
		a	EFFETTI PASSIVI	22.385,00	
22		1/11			
	Diversi	a	BANCA C/C		4.200,00
	Pagata a mezzo banca rata semestrale mutuo contratto in data 1/5				
	MUTUI PASSIVI			1.500,00	
	INTERESSI SU MUTUI		I = 30.000*6*18/1.200	2.700,00	
23		10/12			
	Diversi	a	FORNITORI		5.445,00
	Acquistati materiali, regolamento a termine				
	MATERIALI C/ACQU.			4.500,00	
	IVA NS CREDITO			945,00	
24		20/12			
	Diversi	a	FORNITORI		1.452,00
	Per consulenze esterne				
	CONSULENZE			1.200,00	
	IVA NS CREDITO			252,00	
25		d.d.			
	FORNITORI	a	Diversi		1.440,00
	Pagate consulenze esterne				
		a	CASSA	1.200,00	
		a	ERARIO C/RIT. EFF.	240,00	
26		20/12			
	Diversi	a	DIP. C/RETRIBUZ.		6.400,00
	Liquidate retribuzioni				
	RETRIBUZIONI			6.000,00	
	INPS C/ASS. FAM.			400,00	
27		d.d.			
	DIP. C/RETRIBUZ.	a	Diversi		6.400,00
	Pagate retribuzioni ai dipendenti				
		a	IRE C/RITEN.	1.200,00	
		a	INPS C/RITEN.	1.000,00	
		a	BANCA C/C	4.200,00	
28		d.d.			
	ONERI SOCIALI	a	INPS C/CONTRIB.		600,00
	Per oneri sociali a carico dell'impresa				

N.	Descrizione		Parziali	Totali
	31/12 /a			
29	MERCI C/RIM.FIN. a CONTO ECONOMICO			50.500,00
	Valutazione delle rimanenze di magazzino			
30	31/12/b			
	AMM.TO IMPIANTI a F.DO AMM.TO IMP.			20.000,00
	Ammortizzati impianti			
	31/12/b			
31	AMM.TO FABB. a F.DO AMM.TO FABB.			8.000,00
	Ammortizzati fabbricati			
	31/12/c			
32	IMPOSTE SUL REDDITO a DEBITI TRIBUTARI			7.000,00
	Accantonate imposte di competenza			
	31/12/d			
33	IND. DI FINE RAPP. a FONDO TFR			1.000,00
	Accantonate indennità di TFR			
34	31/12/e			
	RISCONTI ATTIVI a FITTI PASSIVI			3.000,00
	Stornata quota di costo di competenza del futuro			
35	31/12/f			
	PREMI ASSICURAZ. a RATEI PASSIVI			18.000,00
	Imputata quota di costo di competenza dell'esercizio			
	31/12/g			
36	CAP. COSTRUZ. IN ECONOMIA A CONTO ECONOMICO			13.300,00
	Valutata al costo la costruzione in economia			
	31/12			
37	CONTO ECONOMICO a Diversi			142.000,00
	Per epilogo dei componenti negativi di reddito			
	a	FITTI PASSIVI	19.000,00	
	a	INTERESSI SU MUTUI	8.700,00	
	a	MINUSVALENZE	6.000,00	
	a	MERCI C/ACQUISTO	40.000,00	
	a	COMM. BANCARIE	500,00	
	a	SCONTI PASS. BANC.	1.500,00	
	a	MATERIALI C/ACQ.	4.500,00	
	a	CONSULENZE	1.200,00	
	a	RETRIBUZIONI	6.000,00	
	a	ONERI SOCIALI	600,00	
	a	AMM.TO IMPIANTI	20.000,00	
	a	AMM.TO FABBRIC.	8.000,00	
	a	IMPOSTE SUL REDDITO	7.000,00	
	a	IND. DI FINE RAPP.	1.000,00	
	a	PREMI ASSICURAZ.	18.000,00	
	d.d			
38	Diversi a CONTO ECONOMICO			83.000,00
	Per epilogo dei componenti positivi di reddito			
	MERCI C/VENDITE		80.000,00	
	RESI SU ACQUISTI		3.000,00	
	d.d			
39	PERDITA D'ESERC. a CONTO ECONOMICO			97.000,00

	Risultato d'esercizio		
40	d.d.		
	Diversi a Diversi		
	Per chiusura generale dei conti		
	FORNITORI	91.257,00	
	DEBITI TRIBUTARI	7.000,00	657.172,00
	FONDO TFR	1.000,00	
	F.DO AMM.TO IMP.	95.200,00	
	F.DO AMM.TO FABB.	78.000,00	
	EFFETTI PASSIVI	42.385,00	
	CAPITALE NETTO	206.000,00	
	MUTUI PASSIVI	104.500,00	
	IVA NS DEBITO	20.160,00	
	IVA C/VARIAZIONI	630,00	
	ERARIO C/RIT. EFF.	240,00	
	IRE C/RITENUTE	1.200,00	
	INPS C/RITENUTE	1.000,00	
	INPS C/CONTRIBUTI	600,00	
	RATEI PASSIVI	18.000,00	
	a CASSA	63.160,00	
	a BANCA C/C	40.215,00	
	a CLIENTI	40.200,00	
	a IMPIANTI	93.000,00	
	a FABBRICATI	200.000,00	
	a EFFETTI ATTIVI	56.800,00	
	a IVA NS CREDITO	9.597,00	
	a INPS C/ASS. FAM.	400,00	
	a MERCI C/R.F.	50.500,00	
	a RISCONTI ATTIVI	3.000,00	
	a CAPITAL. COSTR. EC.	13.300,00	
	a PERDITA D'ESERC.	97.000,00	

SP Iniziale

(2)	571.000,00	571.000,00	(1)

Cassa

(1)	20.000,00	15.000,00	(18)
(11)	19.360,00	1.200,00	(25)
(19)	40.000,00	63.160,00	(40)

Banca c/c

(1)	34.000,00	10.000,00	(5)
(16)	38.000,00	9.000,00	(7)
(17)	30.000,00	12.000,00	(13)
		22.385,00	(21)
		4.200,00	(22)
		4.200,00	(27)
		40.215,00	(40)

Clienti

(1)	80.200,00	19.360,00	(11)
(8)	96.800,00	96.800,00	(12)
(10)	19.360,00	40.000,00	(19)
		40.200,00	(40)

Merci c/R.I.

(1)	101.800,00	101.800,00	(3)

Impianti

(1)	125.000,00	10.000,00	(9)
		22.000,00	(10)
		93.000,00	(40)

Fabbricati

(1)	200.000,00	200.000,00	(40)

Risconti Attivi

(1)	10.000,00	10.000,00	(4)

Fornitori

(20)	3.630,00	85.800,00	(2)
(21)	44.770,00	48.400,00	(15)
(25)	1.440,00	5.445,00	(23)
(40)	91.257,00	1.452,00	(24)

Debiti Tributari

(18)	15.000,00	15.000,00	(2)
(40)	7.000,00	7.000,00	(32)

Fondo TFR

(6)	9.000,00	9.000,00	(2)
(40)	1.000,00	1.000,00	(33)

F.do Amm.to impianti

(9)	10.000,00	85.200,00	(2)
(40)	95.200,00	20.000,00	(30)

F.do Amm.to Fabbricati

(40)	78.000,00	70.000,00	(2)
		8.000,00	(31)

Effetti passivi

(40)	42.385,00	20.000,00	(2)
		22.385,00	(21)

Capitale Netto

(40)	206.000,00	206.000,00	(2)

Mutui Passivi

(5)	4.000,00	80.000,00	(2)
(22)	1.500,00	30.000,00	(17)
(40)	104.500,00		

C.E.

(3)	101.800,00	50.500,00	(29)
(37)	142.000,00	13.300,00	(36)
		83.000,00	(38)
		97.000,00	(39)

Fitti passivi

(4)	10.000,00	3.000,00	(34)
(13)	12.000,00	19.000,00	(37)

Interessi su mutui

(5)	6.000,00	8.700,00	(37)
(22)	2.700,00		

Dipend. C/Liquidaz.

(7)	9.000,00	9.000,00	(6)

Merci c/vendite

(38)	80.000,00	80.000,00	(8)

Iva ns debito

(40)	20.160,00	16.800,00	(8)
		3.360,00	(10)

Minusvalenze

(10)	6.000,00	6.000,00	(37)

Effetti attivi

(12)	40.000,00	40.000,00	(14)
(12)	56.800,00	56.800,00	(40)

Effetti allo sconto

(14)	40.000,00	40.000,00	(16)

Iva ns credito

(15)	8.400,00	9.597,00	(40)
(23)	945,00		
(24)	252,00		

Merci c/acquisto

(15)	40.000,00	40.000,00	(37)

Costruz. in Economia

(36)	13.300,00	13.300,00	(40)

Comm. bancarie

(16)	500,00	500,00	(37)

Sconti Pass. Banc.

(16)	1.500,00	1.500,00	(37)

Resi su acquisti

(38)	3.000,00	3.000,00	(20)

IVA C/Variazioni

(40)	630,00	630,00	(20)

Materiali c/acquisto

(23)	4.500,00	4.500,00	(37)

Consulenze

(24)	1.200,00	1.200,00	(37)

Erario c/rit. Eff.

(40)	240,00	240,00	(25)

Dip. C/retribuz.

(27)	6.400,00	6.400,00	(26)

Retribuzioni

(26)	6.000,00	6.000,00	(37)

INPS C/Ass. Fam.

(26)	400,00	400,00	(40)

IRE C/Ritenute

(40)	1.200,00	1.200,00	(27)

INPS C/Ritenute

(40)	1.000,00	1.000,00	(27)

Oneri sociali

(28)	600,00	600,00	(37)

INPS C/Contributi

(40)	600,00	600,00	(28)

Merci c/R.F.

(29)	50.500,00	50.500,00	(40)

Amm.to Impianti

(30)	20.000,00	20.000,00	(37)

Amm.to Fabbricati

(31)	8.000,00	8.000,00	(37)

Imposte sul reddito

(32)	7.000,00	7.000,00	(37)

Indennità di fine rapporto

(33)	1.000,00	1.000,00	(37)

Risconti attivi

(34)	3.000,00	3.000,00	(40)

Premi assicurazione

(35)	18.000,00	18.000,00	(37)

Ratei Passivi

(40)	18.000,00	18.000,00	(35)

Perdita d'esrcizio

(39)	97.000,00	97.000,00	(40)

Esercizio n. 12

In data 20/6/X si costituisce la società in nome collettivo Sole & Luna. Il socio Luna apporta un fabbricato valutato € 200.000 e il socio Sole versa in contanti € 80.000 sul c/c bancario della società.
L'atto costitutivo stabilisce che il riparto dell'utile sia socì effettuato:
10% al socio Sole per ulteriore compenso per la sua attività lavorativa il residuo ripartito fra i due soci in proporzione al capitale conferito.
Si sostengono spese di costituzione per € 5.000+ IVA, pagate a mezzo banca al notaio Notte al netto delle ritenute d'acconto (20%) successivamente versate a mezzo banca.
Successivamente vengono compiute le seguenti operazioni:

- 10/7: acquistate merci per € 3.000 + IVA, pagamento ½ con effetti a 90 gg e ½ a mezzo banca;
- 1/8: stipulato un contratto di locazione relativamente ad un magazzino per un anno ad un canone di € 6.000 pagato anticipatamente a mezzo banca;
- 1/8: contratto mutuo di € 80.000. La prima rata verrà pagata in contanti il prossimo 1/2/X+1, la quota capitale è pari a € 2.000 e gli interessi sono da calcolare in misura del 15% annuo;
- 10/8: vendute merci per € 30.000 + IVA. L'azienda riceve effetti attivi a 60 giorni per € 20.000; il resto a dilazione;
- 27/8: liquidate al personale dipendente retribuzioni lorde per € 9.000; gli assegni familiari sono pari a € 700;
- 27/8: pagate, a mezzo banca, le retribuzioni al personale dipendente al netto delle ritenute previdenziali per € 1.000 e delle ritenute fiscali pari a € 1.500;
- 28/8: inviati effetti allo sconto con la clausola pro-solvendo per € 20.000;
- 1/9: crediti verso clienti per € 10.000 vengono regolati con l'emissione di ricevute bancarie presentate subito all'incasso;
- 2/9: la banca restituisce € 1.000 di effetti in quanto non ammessi allo sconto;
- 4/9: la banca accredita il netto ricavo degli effetti scontati, le commissioni ammontano a € 2.000, gli sconti bancari a € 4.000;
- 8/9: le ricevute bancarie presentate all'incasso in data 1/9 vengono regolarmente riscosse, la banca addebita commissioni bancarie per € 2.000;
- 10/9: vendute merci per complessive € 25.000 + IVA. A regolamento ricevuti € 8.000 contanti, € 10.000 con effetti ed un assegno bancario per la differenza;

10/10: ottenuto il rinnovo totale degli effetti passivi in scadenza per altri tre mesi (operazione del 10/7). Gli interessi calcolati in € 450 vengono incorporati nel nuovo effetto;

1/11: pagato, a mezzo banca, in via anticipata il premio di assicurazione semestrale di € 5.400.

Al 31/12 in sede di assestamento si tenga conto di quanto segue:

a) ammortizzati indirettamente i fabbricati per il 5% e direttamente le spese d'impianto per il 50%;
b) svalutati per rischio generico i crediti di natura commerciale per € 500;
c) del fitto pagato anticipatamente in data 1/8 solo 2.500 sono di competenza dell'esercizio in corso;
d) valutare la quota di competenza degli interessi passivi su mutui che verranno pagati nel prossimo esercizio (operazione dell'1/8);
e) il premio di assicurazione pagato in data 1/11 per € 1.800 è di competenza dell'esercizio in chiusura e per € 3.600 è di competenza economica del futuro esercizio;
f) sul rinnovo degli effetti (operazione del 10/10) gli interessi sono stati già rilevati ma solo in parte sono di competenza dell'esercizio in chiusura.

Si redigano le scritture di epilogo al conto economico e di chiusura al 31/12/X.

Cod. conto Dare	Cod. conto Avere			Parziali	Totali
		1	20/6		
			Diversi a CAPITALE SOCIALE		280.000,00
			Per costituzione della Sole & Luna snc		
			SOCIO SOLE C/CONFERIMENTI	80.000,00	
			SOCIO LUNA C/CONFERIMENTI	200.000,00	
		2	d.d.		
			BANCA C/C a SOCIO SOLE C/CONF.		80.000,00
			Versamento sul c/c bancario da parte del socio Sole		
		3	d.d.		
			FABBRICATO a SOCIO LUNA C/CONF.		200.000,00
			Per conferimento del fabbricato da parte del socio Luna		
		4	d.d.		
			Diversi a FORNITORI		6.050,00
			Liquidate spese di costituzione al notaio Notte		
			SPESE D'IMPIANTO	5.000,00	
			IVA NS CREDITO	1.050,00	
		5	d.d.		
			FORNITORI a Diversi		6.050,00
			Pagate a mezzo banca le spese d'impianto		
			a BANCA C/C	5.050,00	
			a ERARIO C/RITEN. EFF.	1.000,00	
		6	d.d.		
			ERARIO C/RITEN. EFF. a BANCA C/C		1.000,00
			Pagate a mezzo banca le ritenute d'acconto		
		7	10/7		
			Diversi a Diversi		
			Acquistate merci, regolamento con effetti passivo e banca		
			MERCI C/ACQUISTI	3.000,00	
			IVA NS CREDITO	630,00	3.630,00
			a BANCA C/C	1.815,00	
			a EFFETTI PASSIVI (10/10)	1.815,00	
		8	1/8		
			FITTI PASSIVI a BANCA C/C		6.000,00
			Pagato fitto annuale anticipatamente		
		9	d.d.		
			BANCA C/C a MUTUI PASSIVI		80.000,00
			Contratto mutuo passivo		
		10	10/8		
			CLIENTI a Diversi		36.300,00
			Vendute merci a clienti		
			a MERCI C/VENDITE	30.000,00	

		a	IVA NS DEBITO	6.300,00	
11		d.d.			
	EFFETTI ATTIVI	a	CLIENTI		20.000,00
	Ricevuti effetti attivi a 60 giorni				
12		27/8			
	Diversi	a	DIPEND. C/RETRIBUZ.		9.700,00
	Liquidate retribuzioni ai dipendenti				
	RETRIBUZIONI			9.000,00	
	INPS C/ASS. FAM.			700,00	
13		d.d.			
	DIPEND. C/RETRIBUZ.	a	Diversi		9.700,00
	Pagate le retribuzioni ai dipendenti al netto delle ritenute				
		a	BANCA C/C	7.200,00	
		a	INPS C/RITENUTE	1.000,00	
		a	IRE C/RITENUTE	1.500,00	
14		28/8			
	EFFETTI ALLO SCONTO	a	EFFETTI ATTIVI		20.000,00
	Inviati effetti allo sconto				
15		1/9			
	CLIENTI C/RI.BA	a	CLIENTI		10.000,00
	Inviate ricevute bancarie all'incasso				
16		2/9			
	EFFETTI ATTIVI	a	EFFETTI ALLO SCONTO		1.000,00
	La banca restituisce effetti attivi non ammessi allo sconto				
17		4/9			
	Diversi	a	EFFETTI ALLO SCONTO		19.000,00
	Accreditato sul c/c bancario il netto ricavo degli effetti scontati				
	BANCA C/C			13.000,00	
	COMMIS. BANC.			2.000,00	
	SCONTI PASS. BANC.			4.000,00	
18		8/9			
	Diversi	a	CLIENTI C/RI.BA		10.000,00
	Incassate le ricevute bancarie presentate all'incasso				
	BANCA C/C			8.000,00	
	COMMIS. BANC.			2.000,00	
19		10/9			
	Diversi	a	Diversi		18.000,00
	Vendute merci				
	CASSA			8.000,00	
	EFFETTI ATTIVI			10.000,00	
	BANCA C/C			12.250,00	30.250,00
		a	MERCI C/VENDITE	25.000,00	
		a	IVA NS DEBITO	5.250,00	
20		10/10			
	Diversi	a	EFFETTI PASSIVI		2.265,00
	Per rinnovo totale di effetti con interessi incorporati				

	INT. PASSIVI			450,00	
	EFFETTI PASSIVI			1.815,00	
21		1/11			
	PREMIO ASSICURAZ	a	BANCA C/C		5.400,00
	Pagato il premio di assicurazione semestrale				
22		31/12/a			
	AMMORTAMENTO	a	Diversi		12.500,00
	Imputate le quote di ammortamento all'esercizio				
		a	F.DO AMM.TO FABB.	10.000,00	
		a	SPESE D'IMPIANTO	2.500,00	
23		31/12/b			
	PERDITE PRES. SU CRE-DITI	a	F.DO SVAL. CREDITI		500,00
	Svalutati i crediti di natura commerciale				
24		31/12/c			
	RISCONTI ATTIVI	a	FITTI PASSIVI		3.500,00
	Stornata la quota di fitto di competenza futura				
25		31/12/d			
	INTERESSI SU MUTUI	a	RATEI PASSIVI		5.000,00
	Imputata all'esercizio la quota di interessi di competenza				
26		31/12/e			
	RISCONTI ATTIVI	a	PREMIO ASSICURAZ.		3.600,00
	Stornato il premio di assicurazione non di competenza				
27		31/12/f			
	RISCONTI ATTIVI	a	INT. PASSIVI		50,00
	Stornata quota di costo di competenza del futuro esercizio				
28		31/12			
	MERCI C/VENDITE	a	CONTO ECONOMICO		55.000,00
	Per epilogo dei componenti di reddito positivi				
29		d.d.			
	CONTO ECONOMICO	a	Diversi		42.700,00
	Per epilogo dei componenti negativi di reddito				
		a	MERCI C/ACQUISTO	3.000,00	
		a	FITTI PASSIVI	2.500,00	
		a	RETRIBUZIONI	9.000,00	
		a	COMMIS. BANC.	4.000,00	
		a	SCONTI PASS. BANC.	4.000,00	
		a	INT. PASSIVI	400,00	
		a	PREMIO ASSICURAZ.	1.800,00	
		a	AMMORTAMENTO	12.500,00	
		a	PERDITE PRES. SU CREDITI	500,00	
		a	INTERESSI SU MUTUI	5.000,00	
30		d.d.			
	CONTO ECONOMICO	a	UTILE D'ESERCIZIO		12.300,00
	Risultato d'esercizio				
31		d.d.			
	UTILE D'ESERCIZIO	a	DIVERSI		12.300,00

	Per riparto dell'utile tra i soci[§§]				
		a	SOCIO SOLE C/UTILI	4.392,33	
		a	SOCIO LUNA C/UTILI	7.907,67	
32		d.d.			
	Diversi	a	Diversi		
	Per chiusura generale dei conti				
	CAPITALE SOCIALE			280.000,00	
	EFFETTI PASSIVI			2.265,00	
	MUTUI PASSIVI			80.000,00	
	IVA NS DEBITO			11.550,00	
	INPS C/RITENUTE			1.000,00	
	IRE C/RITENUTE			1.500,00	
	F.DO AMM.TO FABB.			10.000,00	
	F.DO SVAL. CREDITI RA-			500,00	
	TEI PASSIVI			5.000,00	
	SOCIO SOLE C/UTILI			4.392,33	
	SOCIO LUNA C/UTILI			7.907,67	404.115,00
		a	FABBRICATI	200.000,00	
		a	SPESE D'IMPIANTO	2.500,00	
		a	IVA NS CREDITO	1.680,00	
		a	CLIENTI	6.300,00	
		a	EFFETTI ATTIVI	11.000,00	
		a	INPS C/ASS. FAM.	700,00	
		a	CASSA	8.000,00	
		a	RISCONTI ATTIVI	7.150,00	
		a	BANCA C/C	166.785,00	

CAPITALE SOCIALE

(32)	280.000,00	280.000,00	(1)

SOCIO SOLE C/CONFERIMENTI

(1)	80.000,00	80.000,00	(2)

SOCIO LUNA C/CONFERIMENTI

(1)	200.000,00	200.000,00	(3)

BANCA C/C

(1)	80.000,00	5.050,00	(5)
(9)	80.000,00	1.000,00	(6)
(17)	13.000,00	1.815,00	(7)

FABBRICATI

(3)	200.000,00	200.000,00	(32)

FORNITORI

(5)	6.050,00	6.050,00	(4)

---

§§ Per la ripartizione degli utili si deve inizialmente calcolare la percentuale di partecipazione agli utili dai soci. Nel nostro caso il capitale sociale è formato:

- per € 200.000 dalla quota sottoscritta dal socio Luna e
- per € 80.000 dalla quota sottoscritta dal socio Sole

per un capitale sociale complessivo di € 280.000.

Posto pari a 100 l'utile d'esercizio esso deve essere attribuito per il 10% al socio Sole quale compenso per il suo lavoro e per il rimanente 90% deve essere ripartito fra i soci in proporzione alle quote di capitale come segue:

280.000: 200.000 = 90: x Socio Luna 64,29%

280.000: 80.000 = 90: x Socio Sole 25,71%

Poiché l'utile è pari a € 12.300 ne attribuiremo il 64,29% al socio Luna (€ 7.907,67) e il 35,71% (25,71% per il capitale conferito e 10% per remunerazione del proprio lavoro) al socio Sole (€ 4.392,33)

(18)	8.000,00	6.000,00	(8)
(19)	12.250,00	7.200,00	(13)
		5.400,00	(22)
		166.785,00	(32)

Spese d'impianto

(4)	5.000,00	2.500,00	(22)
		2.500,00	(32)

Iva ns credito

(4)	1.050,00	1.680,00	(32)
(7)	630,00		

Erario c/Rit. Eff.

(6)	1.000,00	1.000,00	(5)

Merci c/acquisti

(7)	3.000,00	3.000,00	(29)

Effetti passivi

(20)	1.815,00	1.815,00	(7)
(32)	2.265,00	2.265,00	(20)

Fitti passivi

(8)	6.000,00	3.500,00	(24)
		2.500,00	(29)

Mutui Passivi

(32)	80.000,00	80.000,00	(9)

Clienti

(10)	36.300,00	20.000,00	(11)
		10.000,00	(15)
		6.300,00	(32)

Merci c/vendite

(28)	55.000,00	30.000,00	(10)
		25.000,00	(19)

Iva ns debito

(32)	11.550,00	6.300,00	(10)
		5.250,00	(19)

Effetti attivi

(11)	20.000,00	20.000,00	(14)
(16)	1.000,00	11.000,00	(32)
(19)	10.000,00		

Dip. c/retribuzioni

(13)	9.700,00	9.700,00	(12)

Retribuzioni

(12)	9.000,00	9.000,00	(29)

INPS c/Ass. Fam.

(12)	700,00	700,00	(32)

INPS c/Ritenute

(32)	1.000,00	1.000,00	(13)

IRE c/Ritenute

(33)	1.500,00	1.500,00	(13)

Effetti allo sconto

(14)	20.000,00	1.000,00	(16)
		19.000,00	(17)

Clienti c/Ri.Ba

(15)	10.000,00	10.000,00	(18)

Comm. Bancarie

(17)	2.000,00	4.000,00	(29)
(18)	2.000,00		

Sconti pass. banc.

(17)	4.000,00	4.000,00	(29)

Cassa

(19)	8.000,00	8.000,00	(32)

Int. passivi

(20)	450,00	50,00	(27)
		400,00	(29)

Premio Assicuraz.

(21)	5.400,00	3.600,00	(26)
		1.800,00	(29)

Amm.to

(22)	12.500,00	12.500,00	(29)

F.do Amm.to Fabb.

(32)	10.000,00	10.000,00	(22)

Perdite pres. su crediti

(23)	500,00	500,00	(29)

F.do Sval. crediti

(32)	500,00	500,00	(23)

Risconti Attivi

(24)	3.500,00	7.150,00	(32)
(26)	3.600,00		
(27)	50,00		

Interessi su mutui

(25)	5.000,00	5.000,00	(29)

Ratei Passivi

(32)	5.000,00	5.000,00	(25)

C.E.

(29)	42.700,00	55.000,00	(28)
(30)	12.300,00		

Utile d'esercizio

(31)	12.300,00	12.300,00	(30)

Socio Sole c/utili

(32)	4.392,33	4.392,33	(31)

Socio Luna c/utili

(32)	7.907,67	7.907,67	(31)

Esercizio n. 13

Rilevare i seguenti fatti di gestione a libro giornale e sul libro mastro:

In data 1/1/X si costituisce la S.p.A. Omega avente per oggetto un'attività industriale. Il capitale sociale è pari a 50.000 azioni del valore nominale di € 10,00 ciascuna; il prezzo di emissione è di euro 11,00, la differenza di euro 1,00 costituisce il sovraprezzo emissione azioni.
Successivamente gli amministratori richiedono il versamento delle azioni sottoscritte e del relativo sovraprezzo.
Nel corso dell'esercizio si svolgono le seguenti operazioni:

10/1: liquidate spese di impianto al notaio per l'onorario, pari a € 1.300+ IVA 21%;
15/1: pagato a mezzo banca l'onorario al notaio operando una ritenuta del 20%;
3/3: prelevati euro 100.000 dal c/c bancario;
1/4: presi in locazione dei magazzini per € 26.000 annui da pagarsi anticipatamente ogni sei mesi, il primo pagamento è effettuato a mezzo banca;
15/4: acquistati impianti per € 120.000 + IVA e attrezzature per € 180.000 + IVA. Il pagamento è a termine;
22/4: acquistati mobili per € 5.200 + IVA e macchinari per € 18.000 + IVA. Pagamento tramite banca;
1/5: preso in affitto un locale ad uso uffici, il canone è fissato in € 7.200 annue da pagare in rate trimestrali posticipate, il primo pagamento avverrà in data 1/8/X;
1/5: ottenuto un mutuo a medio termine di € 100.000. Il rimborso è a quote costanti semestrali di € 10.000 (1/5-1/11) posticipate ed il tasso annuo è del 12%;
6/5: acquistate merci dalla ditta Ergo per € 180.000 + IVA, pagamento a dilazione;
10/5: rese merci alla ditta Ergo per € 1.500 + IVA;
20/5: vendute merci per € 280.000 + IVA. Riscossione a termine;
22/5: regolato come segue il debito verso il fornitore Ergo: abbuoni per € 185, 1/4 in contanti; 1/4 a mezzo banca ed il restante con effetti;
1/6: ricevute fatture relative a spese telefoniche per € 3.500 + IVA, regolamento in contanti;
10/6: versate sul c/c bancario € 20.000;
1/7: pagato a mezzo banca il premio di assicurazione annuale anticipato di € 24.000;
1/8: pagata, a mezzo banca, la prima rata trimestrale posticipata del fitto passivo del locale ad uso ufficio di € 7.200 annue;

31/8: liquidate e pagate a mezzo banca le retribuzioni ai dipendenti, così strutturate: retribuzioni € 26.000; assegni familiari € 6.000; ritenute INPS a carico del lavoratore € 4.200; ritenute IRE € 9.560;

31/8: liquidati gli oneri previdenziali e assistenziali a carico dell'azienda per un totale di € 15.550;

10/9: pagati debiti nei confronti dell'Erario per le ritenute fiscali effettuate ai dipendenti e regolata la propria posizione nei confronti dell'INPS a mezzo banca;

12/9: vendute merci alla ditta Smile € 250.000 + IVA, riscossione a dilazione;

18/9: crediti verso clienti vengono regolati con effetti per € 202.500 e con ricevute bancarie sbf per € 100.000;

19/9: le ricevute bancarie di cui al punto precedente sono presentate salvo buon fine presso la Banca W, commissioni bancarie € 1.000;

1/10: pagata, a mezzo banca, la seconda rata semestrale anticipata del fitto passivo del magazzino di € 26.000 annue;

1/11: in data 1/11/X pagata a mezzo banca la prima rata del mutuo ottenuto in data 1/5/X;

1/11: pagata, a mezzo banca, la seconda rata trimestrale posticipata per il fitto dei locali adibiti ad uffici di € 7.200 annue;

2/11: ottenuto il rinnovo parziale (50%) di effetti passivi in scadenza di 107.900 per 90 gg (nuova scadenza 1/2/X+1) come segue: interessi incorporati nel nuovo effetto per € 1.800 la restante parte dell'effetto pagato a mezzo banca;

18/11: le ricevute bancarie presentate salvo buon fine presso la Banca W in data 19/9 risultano insolute;

1/12: presentati allo sconto effetti per € 202.500 con scadenza in data 1/3/X+1. La banca accredita il netto ricavo degli effetti scontanti sul c/c bancario, gli sconti passivi sono pari a € 15.000 e le commissioni a € 1.220;

1/12: si emette un prestito obbligazionario di € 150.000. L'emissione avviene sotto la pari determinando un disaggio di emissione di € 5.000. Sul prestito maturano interessi pari ad € 3.000 che verranno pagati, in contanti, in data 1/6/X+1;

3/12: liquidate e pagate in contanti spese di pulizia per € 1.000 + IVA;

31/12: determinato il saldo IVA eseguendo il riepilogo al conto erario c/IVA. Pagato a mezzo banca il debito per IVA.

In sede di assestamento:

a) si tenga conto che in data 1/5/X+1 verrà pagata, a mezzo banca, la seconda rata del mutuo passivo ottenuto in data 1/5/X;
b) si tenga conto dell'operazione relativa agli sconti cambiari dell'1/12/X;
c) si imputano all'esercizio le quote di ammortamento di competenza calcolate secondo le seguenti aliquote:

- spese d'impianto = 10%
- attrezzature, macchinari, impianti = 20%
- mobili = 12%

d) si costituisce il fondo TFR per un totale di € 12.000;
e) si ipotizza di poter incassare il 70% del credito insoluto nei confronti della ditta Smile e si considera un generico rischio di insolvenza sui crediti di natura commerciale, al netto delle svalutazioni, pari al 3% degli stessi;
f) si stimano le imposte sul reddito in € 61.000;
g) si stimano le rimanenze di magazzino in € 120.000;
h) gli interessi attivi netti maturati sul c/c bancario sono pari a € 1.000 (ritenute fiscali 20%);
i) si tenga conto dei fitti passivi dei magazzini pagati anticipatamente in data 1/10/X;
j) si tenga conto che la terza rata trimestrale del fitto passivo di € 7.200 annue per i locali adibiti ad ufficio verrà pagata in data 1/2/X+1;
k) si tenga conto che in data 1/07/X è stato pagato anticipatamente il premio di assicurazione di € 24.000;
l) si tenga conto degli interessi sulle obbligazioni che verranno pagati nel nuovo anno;
m) si tenga conto degli interessi sul rinnovo ottenuto in data 2/11/X.

Si presentino inoltre:

- le scritture di chiusura generale dei conti;
- la situazione contabile dopo la chiusura dei conti al 31/12/X;
- la riapertura dei conti all'1/1/X+1 e le successive scritture continuative (relative alle operazioni di assestamento).

Cod. conto Dare	Cod. conto Avere						
		1		1/1			
			AZIONISTI C/SOTTOSCRIZ.	a	Diversi		550.000,00
			Costituita la S.p.A. Omega				
				a	CAPITALE SOCIALE	500.000,00	
				a	RISERVA SOVRAP. AZIONI	50.000,00	
		2		d.d.			
			BANCA C/C	a	AZIONISTI C/SOTT.		550.000,00
			Versato sul c/c bancario il capitale sociale e il sovraprezzo				
		3		10/1			
			Diversi	a	FORNITORI		1.573,00
			Liquidate spese d'impianto				
			SPESE DI IMPIANTO			1.300,00	
			IVA NS CREDITO			273,00	
		4		15/1			
			FORNITORI	a	Diversi		1.573,00
			Pagato onorario al notaio operando le ritenute fiscali				
				a	BANCA C/C	1.313,00	
				a	ERARIO C/RIT. EFF.	260,00	
		5		3/3			
			CASSA	a	BANCA C/C		100.000,00
			Prelevato denaro dal c/c bancario				
		6		1/4			
			FITTI PASSIVI	a	BANCA C/C		13.000,00
			Pagato canone di locazione anticipato periodo 1-4/1-10				
		7		15/4			
			Diversi	a	FORNITORI		363.000,00
			Acquistati impianti e attrezzature, pagamento a termine				
			IMPIANTI			120.000,00	
			ATTREZZATURE			180.000,00	
			IVA NS CREDITO			63.000,00	
		8		22/4			
			Diversi	a	FORNITORI		28.072,00
			Acquistati mobili e macchinari				
			MOBILI			5.200,00	
			MACCHINARI			18.000,00	
			IVA NS CREDITO			4.872,00	
		9		d.d.			
			FORNITORI	a	BANCA C/C		28.072,00
			Pagati a mezzo banca i fornitori di mobili e macchinari				
		10		1/5			
			BANCA C/C	a	MUTUI PASSIVI		100.000,00
			Contratto mutuo a medio termine				

11	6/5			
	Diversi	a FORNITORI		217.800,00
	Acquistate merci dalla ditta Ergo, pagamento a dilazione			
	MERCI C/ACQUISTO		180.000,00	
	IVA NS CREDITO		37.800,00	
12	10/5			
	FORNITORI	a Diversi		1.815,00
	Rese merci alla ditta Ergo con variazione IVA			
		a RESI SU ACQUISTI	1.500,00	
		a IVA C/VARIAZIONI	315,00	
13	20/5			
	CLIENTI	a Diversi		338.800,00
	Vendute merci, riscossione a termine			
		a MERCI C/VENDITE	280.000,00	
		a IVA NS DEBITO	58.800,00	
14	22/5			
	FORNITORI	a Diversi		215.985,00
	Regolati debiti verso il fornitore Ergo			
		a CASSA	53.950,00	
		a BANCA C/C	53.950,00	
		a EFFETTI PASSIVI	107.900,00	
		a ABBUONI ATTIVI	185,00	
15	1/6			
	Diversi	a CASSA		4.235,00
	Sostenute in contanti spese telefoniche			
	SPESE TELEFONICHE		3.500,00	
	IVA NS CREDITO		735,00	
16	10/6			
	BANCA C/C	a CASSA		20.000,00
	Versate sul c/c bancario parte del denaro esistente in cassa			
17	1/7			
	PREMIO DI ASSICUR.	a BANCA C/C		24.000,00
	Pagato a mezzo banca il premio di assicurazione annuale			
18	1/8			
	FITTI PASSIVI	a BANCA C/C		1.800,00
	Pagata prima rata trimestrale del fitto dei locali per gli uffici			
19	31/8			
	Diversi	a DIPEND. C/RETRIBUZ.		32.000,00
	Liquidate retribuzioni ai dipendenti			
	RETRIBUZIONI		26.000,00	
	INPS C/ASS. FAM.		6.000,00	
20	d.d.			
	DIPEND. C/RETRIBUZ.	a Diversi		32.000,00
	Addebitato sul c/c bancario il netto in busta paga			
		a INPS C/RITENUTE	4.200,00	
		a IRE C/RITENUTE	9.560,00	
		a BANCA C/C	18.240,00	

N.	Descrizione			Parziali	Totali
21		d.d.			
	ONERI SOCIALI	a	INPS C/CONTRIBUTI		15.550,00
	Liquidati oneri sociali a carico dell'impresa				
22		10/9			
	IRE C/RITENUTE	a	BANCA C/C		9.560,00
	Versate ritenute fiscali all'erario				
23		d.d.			
	Diversi	a	Diversi		
	L'azienda regola la propria posizione nei confronti dell'INPS				
	INPS C/CONTRIBUTI			15.550,00	
	INPS C/RITENUTE			4.200,00	
		a	INPS C/ASS. FAM.	6.000,00	19.750,00
		a	BANCA C/C	13.750,00	
24		12/9			
	CLIENTI	a	Diversi		302.500,00
	Vendute merci alla ditta Smile				
		a	MERCI C/VENDITE	250.000,00	
		a	IVA NS DEBITO	52.500,00	
25		18/9			
	EFFETTI ATTIVI	a	CLIENTI		202.500,00
	Crediti verso clienti vengono regolati con effetti				
26		19/9			
	Diversi	a	BANCA C/RI.BA		100.000,00
	Presentate le riba sbf presso la Banca W				
	BANCA C/C			99.000,00	
	COMMISSIONI BANCARIE			1.000,00	
27		1/10			
	FITTI PASSIVI	a	BANCA C/C		13.000,00
	Pagati a mezzo banca i fitti passivi 1-10-X/1-4-X+1				
28		1/11			
	Diversi	a	BANCA C/C		10.000,00
	Pagata la prima rata del mutuo				
	MUTUI PASSIVI			4.000,00	
	INTERESSI SU MUTUI			6.000,00	
29		1/11			
	FITTI PASSIVI	a	BANCA C/C		1.800,00
	Pagata seconda rata del fitto periodo 1/11/X – 1/2/X+1				
30		2/11			
	Diversi	a	Diversi		
	Ottenuto il rinnovo di un effetto in scadenza				
	EFFETTI PASSIVI			107.900,00	
	INT. PASSIVI SU RIN.			1.800,00	109.700,00
		a	EFFETTI PASSIVI	55.750,00	
		a	BANCA C/C	53.950,00	
31		18/11			
	CREDITI INSOLUTI	A	CLIENTI		100.000,00

	Le riba sbf risultano insolute		
32	18/11		
	BANCA C/RI.BA A BANCA C/C		100.000,00
	Addebito sul c/c bancario delle riba non andate a buon fine		
33	1/12		
	EFFETTI ALLO SCONTO a EFFETTI ATTIVI		202.500,00
	Inviati allo sconto effetti in portafoglio con scadenza 1/3/X+1		
34	d.d.		
	Diversi a EFFETTI ALLO SCONTO		202.500,00
	Accreditato sul c/c bancario il netto ricavo effetti scontati		
	BANCA C/C	186.280,00	
	SCONTI PASS. BANC.	15.000,00	
	COMMISS. BANC.	1.220,00	
35	1/12		
	Diversi a PRESTITO OBBL .		150.000,00
	Emesso prestito obbligazionario sotto la pari		
	OBBL. C/SOTTOSCR.	145.000,00	
	DISAGGIO DI EMISS.	5.000,00	
36	3/12		
	Diversi a FORNITORI		1.210,00
	Liquidate spese di pulizia		
	SPESE PULIZIA	1.000,00	
	IVA NS CREDITO	210,00	
37	d.d.		
	FORNITORI a CASSA		1.210,00
	Pagate in contanti spese di pulizia		
38	31/12		
	IVA NS DEBITO A ERARIO C/IVA		111.300,00
	Per giro al conto erario c/IVA dell'IVA a debito		
39	d.d.		
	ERARIO C/IVA a IVA NS CREDITO		106.890,00
	Per giro al conto erario c/IVA dell'IVA a credito		
40	d.d.		
	IVA C/VARIAZIONI a ERARIO C/IVA		315,00
	Per storno dell'IVA c/variazioni al conto erario c/IVA		
41	d.d.		
	ERARIO C/IVA a DEBITI PER IVA		4.725,00
	Girato al conto debiti per IVA il saldo IVA		
42	d.d.		
	DEBITI PER IVA a BANCA C/C		4.725,00
	Pagato a mezzo banca il debito per IVA		
43	31/12/a		
	INTERESSI SU MUTUI A RATEI PASSIVI		1.920,00

N.	Descrizione	Importo
	Rilevata quota di interessi passivi su mutui di competenza dell'esercizio in chiusura I = (96.000*6*12)/1.200 = 5.760 interessi semestrali R → 5.760: 6 = x: 2 x= 1.920	
44	31/12/b RISCONTI ATTIVI a SCONTI PASS. BANC. Stornata parte degli sconti bancari che sono di competenza del futuro esercizio R → 15.000 : 3 = x: 2 x = 10.000	10.000,00
45	31/12/c AMM.TO SPESE D'IMPIANTO a SPESE D'IMPIANTO Imputata quota di ammortamento di competenza	130,00
46	31/12/c AMM.TO ATTREZ. a F.DO AMM.TO ATTREZ. Imputata quota di ammortamento di competenza	36.000,00
47	31/12/c AMM.TO MACCH. a F.DO AMM.TO MACCH. Imputata quota di ammortamento di competenza	3.600,00
48	31/12/c AMM.TO IMPIANTI a F.DO AMM.TO IMP. Imputata quota di ammortamento di competenza	24.000,00
49	31/12/c AMM.TO MOBILI a F.DO AMM.TO MOB. Imputata quota di ammortamento di competenza	624,00
50	31/12/d IND. DI FINE RAPP. a FONDO TFR Accantonata indennità tfr di competenza	12.000,00
51	31/12/e PERDITE PRES. SU CRED. a F.DO SVAL. CREDITI Per rischio specifico su un credito verso la ditta Smile	30.000,00
52	31/12/e PERDITE PRES. SU CRED. a F.DO SVAL. CREDITI Accantonato al fondo svalutazione crediti il 3% del valore nominale dei crediti di natura commerciale***	12.180,00
53	31/12/f IMPOSTE SUL REDDITO. A DEBITI TRIBUTARI Valutate le Imposte sul reddito	61.000,00
54	31/12/g MERCI C/RIM. FIN. a CONTO ECONOMICO Stimate le rimanenze finali di merci	120.000,00

*** L'accantonamento da effettuare al fondo rischi su crediti si calcola come segue:

Clienti	338.800,00
+ Crediti insoluti	100.000,00
Totale crediti	438.800,00
- svalutazione specifica	30.000,00
Importo su cui calcolare la svalutazione generica	408.800,00
3% di 408.800,00	12.264,00
Valore in bilancio dei crediti	396.536,00

55	31/12/h		
	Diversi INT. ATTIVI		1.000,00
	Capitalizzati interessi attivi maturati sul c/c bancario		
	BANCA C/C	800,00	
	ERARIO C/RITENUTE SUBITE	200,00	
56	31/12/i		
	RISCONTI ATTIVI a FITTI PASSIVI		6.500,00
	Stornati al futuro esercizio fitti non di competenza		
	R → 13.000 : 6 = x : 3 x= 6.500		
57	31/12/j		
	FITTI PASSIVI a RATEI PASSIVI		1.200,00
	Imputata all'esercizio quota dei fitti passivi che verranno pagati in data 1/2 R → 1.800 : 3 = x : 2 x = 1.200		
58	31/12/k		
	RISCONTI ATTIVI a PREMIO ASSICURAZ.		12.000,00
	Stornata parte del premio assicurativo già pagato ma di competenza del futuro esercizio R → 24.000 : 12 = x : 10		
59	31/12/l		
	INT. SU OBBLIGAZ. RATEI PASSIVI		500,00
	Per quota interessi su obbligazioni di competenza		
60	31/12/m		
	RISCONTI ATTIVI a INTERESSI PASSIVI		600,00
	Per storno interessi passivi rilevati anticipatamente		
61	31/12		
	Diversi a CONTO ECONOMICO		532.685,00
	Per epilogo dei componenti positivi di reddito		
	MERCI C/VENDITE	530.000,00	
	INT. ATTIVI	1.000,00	
	ABBUONI ATTIVI	185,00	
	RESI SU ACQUISTI	1.500,00	
62	d.d		
	CONTO ECONOMICO a Diversi		458.808,00
	Per epilogo dei componenti negativi di reddito		
	a FITTI PASSIVI	24.300,00	
	a MERCI C/ACQUISTO	180.000,00	
	a SPESE TELEFONICHE	3.500,00	
	a RETRIBUZIONI	26.000,00	
	a ONERI SOCIALI	15.550,00	
	a COMMISS. BANC.	2.220,00	
	a INTERESSI SU MUTUI	7.920,00	
	a PREMIO ASSICURAZ.	12.000,00	
	a SCONTI PASS. BANC.	5.000,00	
	a SPESE PULIZIA	1.000,00	
	a INT. PASSIVI SU RIN.	1.200,00	
	a AMM.TO SPESE IMP.	130,00	
	a AMM.TO ATTREZ.	36.000,00	
	a AMM.TO MACCH.	3.600,00	
	a AMM.TO IMPIANTI	24.000,00	
	a AMM.TO MOBILI	624,00	
	a IND. DI FINE RAPP.	12.000,00	

		a	PERDITE PRES. SU CREDITI	42.264,00	
		a	IMPOSTE SUL REDDITO	61.000,00	
		a	INT. SU OBBLIGAZ.	500,00	
63		d.d.			
	CONTO ECONOMICO	a	UTILE D'ESERCIZIO		193.877,00
	Risultato economico conseguito				
64		d.d			
	Diversi	a	Diversi		
	Per chiusura generale dei conti				
	CAPITALE SOCIALE			500.000,00	
	RISERVA SOVR. AZ.			50.000,00	
	FORNITORI			363.000,00	
	ERARIO C/RIT. EFFET.			260,00	
	MUTUI PASSIVI			96.000,00	
	EFFETTI PASSIVI			55.750,00	
	RATEI PASSIVI			3.620,00	
	F.DO AMM.TO ATTREZ.			36.000,00	
	F.DO AMM.TO MAC.			3.600,00	
	F.DO AMM.TO IMP.			24.000,00	
	F.DO AMM.TO MOB.			624,00	
	FONDO TFR			12.000,00	
	F.DO SVAL. CREDITI			42.264,00	
	DEBITI TRIBUTARI			61.000,00	
	UTILE D'ESERCIZIO			193.877,00	
	PRESTITO OBBLIGAZ.			150.000,00	
		a	SPESE D'IMPIANTO	1.170,00	1.591.995,00
		a	CASSA	20.605,00	
		a	IMPIANTI	120.000,00	
		a	ATTREZZATURE	180.000,00	
		a	MACCHINARI	18.000,00	
		a	MOBILI	5.200,00	
		a	CLIENTI	338.800,00	
		a	BANCA C/C	508.920,00	
		a	CREDITI INSOLUTI	100.000,00	
		a	RISCONTI ATTIVI	29.100,00	
		a	MERCI C/RIM. FIN.	120.000,00	
		a	ERARIO C/RIT. SUB.	200,00	
		a	OBBLIG. C/SOTTOS.	145.000,00	
		a	DISAGGIO DI EMISS.	5.000,00	

Situazione contabile finale – Situazione patrimoniale al 31/12

CONTI	IMPORTI	CONTI	IMPORTI
SPESE D'IMPIANTO	1.170,00	FORNITORI	363.000,00
CASSA	20.605,00	ERARIO C/RIT. EFFET.	260,00
IMPIANTI	120.000,00	MUTUI PASSIVI	96.000,00
ATTREZZATURE	180.000,00	EFFETTI PASSIVI	55.750,00
MACCHINARI	18.000,00	RATEI PASSIVI	3.620,00
MOBILI	5.200,00	F.DO AMM.TO ATTREZ.	36.000,00
CLIENTI	338.800,00	F.DO AMM.TO MAC.	3.600,00
BANCA C/C	508.920,00	F.DO AMM.TO IMP.	24.000,00
CREDITI INSOLUTI	100.000,00	F.DO AMM.TO MOB.	624,00
RISCONTI ATTIVI	29.100,00	FONDO TFR	12.000,00
MERCI C/RIM. FIN.	120.000,00	F.DO SVAL. CREDITI	42.264,00
ERARIO C/RIT. SUB.	200,00	DEBITI TRIBUTARI	61.000,00
OBBLIG. C/SOTTOSC.	145.000,00	PRESTITO OBBLIGAZ.	150.000,00
DISAGGIO DI EMISSIONE	5.000,00		848.118,00
		CAPITALE SOCIALE	500.000,00
		RISERVA SOVR. AZIONI	50.000,00
		UTILE D'ESERCIZIO	193.877,00
Totale DARE	1.591.995,00	Totale AVERE	1.591.995,00

Situazione contabile finale – Situazione economica al 31/12

CONTI	IMPORTI	CONTI	IMPORTI
FITTI PASSIVI	24.300,00	MERCI C/VENDITE	530.000,00
MERCI C/ACQUISTO	180.000,00	INT. ATTIVI	1.000,00
SPESE TELEFONICHE	3.500,00	ABBUONI ATTIVI	185,00
RETRIBUZIONI	26.000,00	RESI SU ACQUISTI	1.500,00
ONERI SOCIALI	15.550,00	MERCI C/RIM. FINALI	120.000,00
COMMISS. BANC.	2.220,00		
INTERESSI SU MUTUI	7.920,00		
PREMIO ASSICURAZ.	12.000,00		
SCONTI PASS. BANC.	5.000,00		
SPESE PULIZIA	1.000,00		
INT. PASSIVI	1.200,00		
AMM.TO SPESE IMP.	130,00		
AMM.TO ATTREZ.	36.000,00		
AMM.TO MACCH.	3.600,00		
AMM.TO IMPIANTI	24.000,00		
AMM.TO MOBILI	624,00		
IND. DI FINE RAPP.	12.000,00		
PERDITE PRES. SU CREDITI	42.264,00		
IMPOSTE SUL REDDITO	61.000,00		
INT. SU OBBLIGAZ.	500,00		
Totale DARE	458.808,00		652.685,00
UTILE D'ESERCIZIO	193.877,00		
Totale a pareggio	652.685,00	Totale AVERE	652.685,00

Libro mastro al 31/12/X

AZIONISTI C/SOTTOSCR.

(1)	550.000,00	550.000,00	(2)

CAPITALE SOCIALE

(64)	500.000,00	500.000,00	(1)

RISERVA SOVRAP. AZIONI

(64)	50.000,00	50.000,00	(1)

BANCA C/C

(2)	550.000,00	1.313,00	(4)
(10)	100.000,00	100.000,00	(5)
(16)	20.000,00	13.000,00	(6)
(26)	99.000,00	28.072,00	(9)
(34)	186.280,00	53.950,00	(14)
(55)	800,00	1.800,00	(18)
		18.240,00	(20)
		9.560,00	(22)
		13.750,00	(23)
		13.000,00	(27)
		10.000,00	(28)
		24.000,00	(17)
		1.800,00	(29)
		53.950,00	(30)
		100.000,00	(32)
		4.725,00	(42)
		508.920,00	(64)

FORNITORI

(4)	1.573,00	1.573,00	(3)
(9)	28.072,00	363.000,00	(7)
(12)	1.815,00	28.072,00	(8)
(14)	215.985,00	217.800,00	(11)
(37)	1.210,00	1.210,00	(36)
(64)	363.000,00		

IVA NS CREDITO

(3)	273,00	106.890,00	(39)
(7)	63.000,00		
(8)	4.872,00		
(11)	37.800,00		
(15)	735,00		
(36)	210,00		

FITTI PASSIVI

(6)	13.000,00	6.500,00	(56)
(18)	1.800,00	24.300,00	(62)
(27)	13.000,00		
(29)	1.800,00		
(57)	1.200,00		

ERARIO C/RIT. EFFETTUATE

(64)	260,00	260,00	(4)

CASSA

(5)	100.000,00	53.950,00	(14)
		4.235,00	(15)
		20.000,00	(16)
		1.210,00	(37)
		20.605,00	(64)

ERARIO C/RITENUTE SUBITE

(55)	200,00	200,00	(64)

MOBILI

(8)	5.200,00	5.200,00	(64)

MACCHINARI

(8)	18.000,00	18.000,00	(64)

MUTUI PASSIVI

(28)	4.000,00	100.000,00	(10)
(64)	96.000,00		

MERCI C/ACQUISTO

(11)	180.000,00	180.000,00	(62)

RESI SU ACQUISTI

(61)	1.500,00	1.500,00	(12)

IVA C/VARIAZIONI

(40)	315,00	315,00	(12)

CLIENTI

(13)	338.800,00	202.500,00	(25)
(24)	302.500,00	100.000,00	(31)
		338.800,00	(64)

MERCI C/VENDITE

(61)	530.000,00	280.000,00	(13)
		250.000,00	(24)

IVA NS DEBITO

(38)	111.300,00	58.800,00	(13)
		52.500,00	(23)

EFFETTI PASSIVI

(30)	107.900,00	107.900,00	(14)
(64)	55.750,00	55.750,00	(30)

ABBUONI ATTIVI

(61)	185,00	185,00	(14)

SPESE TELEFONICHE

(15)	3.500,00	3.500,00	(62)

SPESE D'IMPIANTO

(3)	1.300,00	130,00	(45)
		1.170,00	(64)

DIP. C/RETRIBUZ.

(20)	32.000,00	32.000,00	(19)

RETRIBUZIONI

(19)	26.000,00	26.000,00	(62)

INPS C/ASS. FAM.

(19)	6.000,00	6.000,00	(23)

INPS C/RITENUTE

(23)	4.200,00	4.200,00	(20)

IRE C/RITENUTE

(22)	9.560,00	9.560,00	(20)

ONERI SOCIALI

(21)	15.550,00	15.550,00	(62)

INPS C/CONTRIBUTI

(23)	15.550,00	15.550,00	(21)

EFFETTI ATTIVI

(25)	202.500,00	202.500,00	(33)

BANCA C/RI.BA

(32)	100.000,00	100.000,00	(26)

COMMIS. BANCARIE

(26)	1.000,00	2.220,00	(62)
(34)	1.220,00		

INTERESSI SU MUTUI

	Dare	Avere	
(28)	6.000,00	7.920,00	(62)
(43)	1.920,00		

PREMIO ASSICURAZIONE

	Dare	Avere	
(17)	24.000,00	12.000,00	(58)
		12.000,00	(62)

CREDITI INSOLUTI

	Dare	Avere	
(31)	100.000,00	100.000,00	(64)

EFFETTI ALLO SCONTO

	Dare	Avere	
(33)	202.500,00	202.500,00	(34)

SCONTI PASSIVI BANCARI

	Dare	Avere	
(34)	15.000,00	10.000,00	(44)
		5.000,00	(62)

SPESE DI PULIZIA

	Dare	Avere	
(36)	1.000,00	1.000,00	(62)

INT. PASSIVI

	Dare	Avere	
(30)	1.800,00	600,00	(60)
		1.200,00	(62)

ERARIO C/IVA

	Dare	Avere	
(39)	106.890,00	111.300,00	(38)
(41)	4.725,00	315,00	(40)

IMPIANTI

	Dare	Avere	
(7)	120.000,00	120.000,00	(64)

ATTREZZATURE

	Dare	Avere	
(7)	180.000,00	180.000,00	(64)

DEBITI PER IVA

	Dare	Avere	
(42)	4.725,00	4.725,00	(41)

RATEI PASSIVI

	Dare	Avere	
(64)	3.620,00	1.920,00	(43)
		1.200,00	(57)
		500,00	(59)

RISCONTI ATTIVI

	Dare	Avere	
(44)	10.000,00	29.100,00	(64)
(56)	6.500,00		
(58)	12.000,00		
(60)	600,00		

AMM.TO SPESE D'IMPIANTO

	Dare	Avere	
(45)	130,00	130,00	(62)

AMM.TO ATTREZZATURE

	Dare	Avere	
(46)	36.000,00	36.000,00	(62)

F.DO AMM.TO ATTREZ.

	Dare	Avere	
(64)	36.000,00	36.000,00	(46)

AMM.TO MACCHINARI

	Dare	Avere	
(47)	3.600,00	3.600,00	(62)

F.DO AMM.TO MACCH.

	Dare	Avere	
(64)	3.600,00	3.600,00	(47)

AMM.TO IMPIANTI

	Dare	Avere	
(48)	24.000,00	24.000,00	(62)

F.DO AMM.TO IMPIANTI

	Dare	Avere	
(64)	24.000,00	24.000,00	(48)

AMM.TO MOBILI

	Dare	Avere	
(49)	624,00	624,00	(62)

F.DO AMM.TO MOBILI

	Dare	Avere	
(64)	624,00	624,00	(49)

IND. DI FINE RAPPORTO

	Dare	Avere	
(50)	12.000,00	12.000,00	(62)

FONDO TFR

	Dare	Avere	
(64)	12.000,00	12.000,00	(50)

PERDITE PRES. SU CREDITI

	Dare	Avere	
(51)	30.000,00	42.264,00	(62)
(52)	12.264,00		

F.DO SVAL. CREDITI

	Dare	Avere	
(64)	42.264,00	30.000,00	(51)
		12.264,00	(52)

IMPOSTE SUL REDDITO

	Dare	Avere	
(53)	61.000,00	61.000,00	(62)

DEBITI TRIBUTARI

	Dare	Avere	
(64)	61.000,00	61.000,00	(53)

MERCI C/R.F.

	Dare	Avere	
(54)	120.000,00	120.000,00	(64)

C.E.

	Dare	Avere	
(62)	458.808,00	120.000,00	(54)
(63)	193.877,00	532.685,00	(61)

INT. ATTIVI

	Dare	Avere	
(61)	1.000,00	1.000,00	(55)

UTILE D'ESERCIZIO

	Dare	Avere	
(64)	193.877,00	193.877,00	(63)

INT. SU OBBLIGAZIONI

	Dare	Avere	
(59)	500,00	500,00	(62)

OBBL. C/SOTTOSCRIZ.

	Dare	Avere	
(35)	145.000,00	145.000,00	(64)

PRESTITO OBBLIGAZ.

	Dare	Avere	
(64)	150.000,00	150.000,00	(35)

DISAGGIO DI EMISSIONE

	Dare	Avere	
(35)	5.000,00	5.000,00	(64)

Riapertura dei conti all'1/1

1		1/1		
	Diversi	a	Diversi	
	Per riapertura generale dei conti			
	SPESE D'IMPIANTO			1.170,00
	CASSA			20.605,00
	IMPIANTI			120.000,00
	ATTREZZATURE			180.000,00
	MACCHINARI			18.000,00

	MOBILI			5.200,00	
	CLIENTI			338.800,00	
	BANCA C/C			508.920,00	
	CREDITI INSOLUTI			100.000,00	
	RISCONTI ATTIVI			29.100,00	
	MERCI C/RIM. INIZ.			120.000,00	
	ERARIO C/RIT. SUB.			200,00	
	OBBLIG. C/SOTTOS.			145.000,00	
	DISAGGIO DI EMISS.			5.000,00	1.591.995,00
		a	CAPITALE SOCIALE	500.000,00	
		a	RISERVA SOVR. AZ.	50.000,00	
		a	FORNITORI	363.000,00	
		a	ERARIO C/RIT. EFFET.	260,00	
		a	MUTUI PASSIVI	96.000,00	
		a	EFFETTI PASSIVI	55.750,00	
		a	RATEI PASSIVI	3.620,00	
		a	F.DO AMM.TO ATTREZ.	36.000,00	
		a	F.DO AMM.TO MAC.	3.600,00	
		a	F.DO AMM.TO IMP.	24.000,00	
		a	F.DO AMM.TO MOB.	624,00	
		a	FONDO TFR	12.000,00	
		a	F.DO SVAL. CREDITI	42.264,00	
		a	DEBITI TRIBUTARI	61.000,00	
		a	UTILE D'ESERCIZIO	193.877,00	
		a	PRESTITO OBBLIGAZ.	150.000,00	
2		d.d.			
	CONTO ECONOMICO	a	MERCI C/RIM. INIZ.		120.000,00
	Per imputazione rimanenze iniziali				
3		d.d.			
	PREMIO ASSICURAZ.	a	RISCONTI ATTIVI		12.000,00
	Per imputazione costo assicurazione di competenza				
4		d.d.			
	FITTI PASSIVI	a	RISCONTI ATTIVI		6.500,00
	Imputati fitti di competenza stornati al 31/12				
5		d.d.			
	SCONTI PASS. BANC.	a	RISCONTI ATTIVI		10.000,00
	Per sconti passivi di competenza dell'esercizio				
6		1/2			
	Diversi		BANCA C/C		1.800,00
	Pagati a mezzo banca i fitti trimestrali				
	FITTI PASSIVI			600,00	
	RATEI PASSIVI			1.200,00	

		7	1/5		
			Diversi a BANCA C/C		10.000,00
			Per pagamento interessi su obbligazioni		
			MUTUI PASSIVI	4.240,00	
			INTERESSI SU MUTUI	3.840,00	
			RATEI PASSIVI	1.920,00	
		8	1/6		
			Diversi a CASSA		3.000,00
			Per pagamento interessi su obbligazioni		
			INT. SU OBBLIGAZ.	2.500,00	
			RATEI PASSIVI	500,00	

Esercizio n. 14

La società Stella SpA con capitale sociale di euro 30.000, suddiviso in 10.000 dal valore nominale di euro 3, presenta all'1/11/X la seguente situazione dei conti:

BANCA C/C	90.000,00	FORNITORI	20.000,00
CLIENTI	30.000,00	MUTUI PASSIVI	10.000,00
CAPITALE SOCIALE	30.000,00	MERCI C/ACQUISTO	30.000,00
PRODOTTI C/VENDITE	100.000,00	FABBRICATI	10.000,00

Rilevare i seguenti fatti di gestione a libro giornale e sul libro mastro:
28/12 : si vendono prodotti per euro 3.000 + IVA, la fattura sarà emessa nel mese di gennaio.
30/12 : si liquidano le retribuzioni ai 53 dipendenti, assunti nel mese di novembre. Le retribuzioni lorde sono pari ad euro 50.000 e gli assegni familiari pari ad euro 4.000. Il pagamento avviene a mezzo banca (ritenute previdenziali euro 8.000; ritenute fiscali euro 3.000). Gli oneri sociali a carico dell'azienda sono pari ad euro 5.000 e il trattamento di fine rapporto maturato pari ad euro 10.000. Il regolamento della posizione nei confronti dell'Inps e il pagamento delle ritenute fiscali avviene a mezzo banca.
In sede di assestamento si rileva:

1) l'ammortamento dei fabbricati (aliquota del 10%);
2) l'indennità di trattamento di fine rapporto di competenza.

Si proceda alla chiusura dei conti al 31/12 e alla loro riapertura all'1/1.
Si registri poi quanto segue:

- l'utile conseguito è destinato per il 5% a riserva legale e parte restante è suddivisa tra gli azionisti;
- si emette la fattura per la vendita dei prodotti del 28/12;
- alla fine del mese di gennaio un dipendente è licenziato. Il trattamento di fine rapporto spettantegli è di euro 500. L'azienda anticipa a mezzo banca e per conto dell'Inps c/tesoreria la somma.
- Nel mese di febbraio si liquidano gli oneri a carico dell'azienda pari ad euro 3.500. L'azienda provvede a pagare gli oneri e il TFR di competenza, pari ad euro 9.000, a mezzo banca (tenendo conto delle somme anticipate al dipendente licenziato).

1		28/12			
	FATTURE DA EMETTERE	a	PRODOTTI C/VENDITE		3.000,00
	Venduti prodotti la relativa fattura sarà emessa nel mese di gennaio				
2		30/12			
	Diversi	a	DIPENDENTI C/RETRIBUZIONI		54.000,00
	Liquidare retribuzioni ai dipendenti				
	RETRIBUZIONI			50.000,00	
	INPS C/ASSEGNI FAMILIARI			4.000,00	
	Per imputazione costo assicurazione di competenza				
3		d.d.			
	DIPENDENTI C/RETRIBUZIONI	a	Diversi		54.000,00
	Pagate a mezzo banca le retribuzioni				
		a	INPS C/RITENUTE	8.000,00	
		a	IRE C/RITENUTE	3.000,00	
		a	BANCA C/C	43.000,00	
4		30/12			
	Diversi	a	INPS C/CONTRIBUTI		15.000,00
	Liquidati contributi e TFR				
	ONERI SOCIALI			5.000,00	
	CREDITO V/FONDO TESORERIA			10.000,00	
5		dd			
	INPS C/CONTRIBUTI	a	BANCA C/C		15.000,00
	Per pagamento contributi e versamento TFR				
6		30/12			
	INPS C/RITENUTE	a	Diversi		8.000,00
	Regolata la posizione nei confronti dell'INPS				
		a	INPS C/ASS. FAM.	4.000,00	
		a	BANCA C/C	4.000,00	
7		30/12			
	IRE C/RITENUTE	a	BANCA C/C		3.000,00
	Pagate a mezzo banca le ritenute fiscali				
8		31/12			
	AMM.TO FABBRICATI	a	F.DO AMM.TO FABB		1.000,00
	Ammortizzati i fabbricati				
9		31/12			
	INDENNITA' TFR	a	F.DO TFR		10.000,00
	Rilevato TFR di competenza dell'anno				
10		31/12			

	F.DO TFR	a	DEBITI V/ISTITUTI DI PREVIDENZA		10.000,00
	Per gestione del TFR dal Fondo Tesoreria				
11	31/12				
	PRODOTTI C/VEND.	a	CONTO ECONOMICO		103.000,00
	Per epilogo dei componenti positivi				
12	31/12				
	CONTO ECONOMICO	a	Diversi		96.000,00
	Per epilogo dei componenti negativi				
			MERCI C/ACQUISTO	30.000,00	
			RETRIBUZIONI	50.000,00	
			ONERI SOCIALI	5.000,00	
			AMM.TO FABBRIC.	1.000,00	
			INDENNITA' TFR	10.000,00	
13	d.d.				
	UTILE D'ESERCIZIO	a	CONTO ECONOMICO		7.000,00
	Per gestione del TFR dal Fondo Tesoreria				
14	31/12				
	Diversi	a	Diversi		
	Per chiusura generale dei conti				
	CAPITALE SOCIALE			30.000,00	
	FORNITORI			20.000,00	
	MUTUI PASSIVI			10.000,00	
	F.DO AMM.TO FAB			1.000,00	
	DEBITI V/INPS TES.			10.000,00	
	UTILE D'ESERCIZIO			7.000,00	78.000,00
		a	FABBRICATI	10.000,00	
		a	FATTURE DA EMET.	3.000,00	
		a	CREDITI V/INPS TES	10.000,00	
		a	CLIENTI	30.000,00	
		a	BANCA C/C	25.000,00	

1	1/1				
	Diversi	a	Diversi		
	Per riapertura generale dei conti				
	FABBRICATI			10.000,00	
	FATTURE DA EMET.			3.000,00	
	CREDITI V/INPS TES			10.000,00	
	CLIENTI			30.000,00	
	BANCA C/C			25.000,00	78.000,00
		a	CAPITALE SOCIALE	30.000,00	
		a	FORNITORI	20.000,00	
		a	MUTUI PASSIVI	10.000,00	
		a	F.DO AMM.TO FAB	1.000,00	
		a	DEBITI V/INPS TES.	10.000,00	
		a	UTILE D'ESERCIZIO	7.000,00	

2		d.d.			
	UTILE D'ESERCIZIO	a	Diversi		7.000,00
	Per destinazione dell'utile				
		a	RISERVA LEGALE	350,00	
		a	AZIONISTI C/DIVID.	6.648,00	
		a	UTILI A NUOVO	2,00	
3		....			
	CREDITI V/CLIENTI	a	Diversi		3.630,00
	Emessa fattura relativa alla vendita del 28/12				
		a	FATTURE DA EMET.	3.000,00	
		a	IVA NS DEBITO	630,00	
4		dd			
	DEBITI V/ISTIT. PREV	a	DIP. C/LIQUIDAZ.		500,00
	Liquidato TFR al dipendente licenziato				
5		dd			
	DIP. C/LIQUIDAZ.	a	BANCA C/C		500,00
	Pagato TFR al dipendente licenziato				
6		dd			
	Diversi	a	INPS C/CONTRIBUTI		12.500,00
	Per oneri sociali e TFR del mese				
	CREDITI V/INPS TES			9.000,00	
	ONERI SOCIALI			3.500,00	
7		dd.			
	INPS C/CONTRIBUTI	a	Diversi		12.500,00
	Per pagamento degli oneri e del TFR del mese				
		a	CREDITI V/INPS TES.	500,00	
		a	BANCA C/C	12.000,00	

Esercizio n. 15 – Costituzione Snc, acquisti, vendite, resi e regolamenti[†††]

In data 09/02/X si costituisce la "Statura&Co" con capitale sociale di € 100.000 conferito per € 50.000 dal socio Alto, per € 30.000 dal socio Basso, per € 20.000 dal socio Medio.
Il socio Alto versa € 35.000 sul c/c bancario della società e apporta un macchinario valutato € 15.000. Il socio Basso apporta € 30.000 in contanti. Il socio Medio apporta un impianto valutato € 20.000.
In data 18/02/X si riceve la parcella del dott. Metro, notaio, che ha assistito i soci nella fase di costituzione della società. Nella parcella è documentato il compenso del notaio che ammonta a € 1.800 + IVA 21%. La parcella al netto della ritenuta d'acconto del 20% è regolata il 19/02/X tramite assegno bancario.
Successivamente si compiono le seguenti operazioni:

28/02: ricevuta fattura dal fornitore Ergo S.p.A. per l'acquisto di merci per € 11.000 + IVA 21%. A regolamento si conviene il versamento di € 3.200 in contanti e il resto a 30 gg.;
03/03: emessa fattura vs il cliente Arco per vendita prodotti per € 45.000 + IVA 21%.. Regolamento a dilazione;
06/03: rese merci al fornitore Ergo S.p.A. per € 800 + IVA 21%.;
08/03: ricevuta bolletta telefonica per € 1.100 + IVA 21%.. Regolamento tramite banca;
09/03: resi prodotti dal cliente Arco per € 2.000 + IVA 21%. perché difettosi;
10/03: ricevuta fattura dal fornitore Emme per l'acquisto di arredamento per € 27.000 + IVA 21%.. Regolamento per € 5.000 in contanti, € 27.300 tramite banca, il fornitore concede un abbuono di € 100;
16/03: versata ritenuta d'acconto sul compenso del notaio tramite c/c bancario;
20/03: riscosso credito verso il cliente Arco tramite banca, concedendo un abbuono di € 10;
28/03: regolato debito verso il fornitore Ergo S.p.A in contanti per € 9.040;
31/03: liquidata l' IVA del primo trimestre. L'eventuale pagamento si intende a mezzo banca.

[†††] Le soluzioni degli esercizi 15- 22 sono consultabili sul sito www.francoangeli.it nell'Area Università.

Esercizio n. 16 – Personale dipendente, emissione e gestione effetti

Al 31/03 la Statura & Co si trova aperti i seguenti di conti, di cui sono indicate le eccedenze:

Capitale netto	100.000,00	Macchinari	15.000,00
Banca c/c (D)	55.230,00	Cassa	12.760,00
Merci c/acquisto	11.000,00	Impianti	20.000,00
Prodotti c/vendite	45.000,00	Costi d'impianto	1.800,00
Arredamento	27.000,00	Abbuoni attivi	100,00
Abbuoni passivi	10,00	Resi su acquisti	800,00
Spese telefoniche	1.100,00	Resi su vendite	2.000,00

Le operazioni compiute successivamente dalla Statura & C sono le seguenti:

1/04: liquidate retribuzioni per € 20.500 ed assegni familiari per € 3.600. Il debito è regolato tramite banca al netto delle ritenute fiscali (IRE) per € 6.200 e ritenute INPS per € 5.000. Liquidati contributi sociali a carico dell'azienda per € 2.300;

10/04: ricevuta fattura dal fornitore Alfa per spese di manutenzione per € 4.000 + IVA. Regolamento tramite assegno bancario;

16/04: pagate a mezzo banca le ritenute fiscali e regolata a mezzo banca la posizione con gli enti previdenziali e assistenziali;

20/04: ricevuta fattura dal fornitore Beta per spese di pubblicità per € 5.500 + IVA. Regolamento tramite effetto con scadenza a 60gg.;

24/04: venduti prodotti alla ditta Gamma per € 15.000 + IVA. A regolamento si ricevono un effetto di € 4.600 a 60 gg. (scadenza al 24/06), un effetto di € 7.000 con scadenza a 90 gg. (scadenza al 24/07), e un ulteriore effetto di € 6.400 con scadenza a 180 gg. (scadenza al 24/10);

20/06: ottenuto rinnovo totale della cambiale in scadenza (€ 6.600) dal fornitore Beta. per ulteriori 2 mesi. Gli interessi sul rinnovo sono calcolati al tasso del 12% e sono incorporati nel nuovo effetto;

23/06: l'effetto con scadenza al 24/10 è presentato in banca per una operazione di sconto con la clausola pro-solvendo. La banca accetta di scontare l'effetto applicando un tasso di sconto del 12% e addebitando commissioni per € 175;

24/06: incassato in contanti effetto in scadenza (€ 4.600) del cliente Gamma;

30/06: liquidata l' IVA. del II trimestre;

20/07: l'effetto con scadenza a 90 gg. (e quindi, con scadenza al 24/07) è inviato in banca per una operazione di incasso;

24/07: l'effetto precedentemente inviato in banca per l'incasso (€ 7.000) viene riscosso. La banca accredita l'importo in conto corrente al netto delle commissioni bancarie di € 250;

20/08: pagata tramite assegno bancario cambiale in scadenza (€ 6.732) al fornitore Beta;

20/08: pagata a mezzo banca l'IVA del secondo trimestre.

Esercizio n. 17 – Mutui, ricevute bancarie, anticipazioni e altre

Al 31/08 la Statura & Co si trova aperti i seguenti di conti, di cui sono indicate le eccedenze:

Capitale netto	100.000,00	Interessi passivi	132,00
Retribuzioni	20.500,00	Cassa	17.360,00
Oneri sociali	2.300,00	Macchinari	15.000,00
Spese di manutenzione	4.000,00	Merci c/acquisto	11.000,00
Spese di pubblicità	5.500,00	Impianti	20.000,00
Prodotti c/vendite	60.000,00	Costi di impianto	1.800,00
Commissioni bancarie	425,00	Arredamento	27.000,00
Sconti bancari	256,00	Abbuoni attivi	100,00
Abbuoni passivi	10,00	Resi su acquisti	800,00
Spese telefoniche	1.100,00	Resi su vendite	2.000,00
Banca c/c	32.517,00		

01/09: ottenuta anticipazione a scadenza fissa (20/12) di € 20.000, gli interessi pari ad € 200 sono pagati al momento della sottoscrizione;

01/10: contratto mutuo di € 80.000 da rimborsare tramite rate semestrali posticipate. Le rate di rimborso sono costanti e pari a € 5.500, il tasso di interesse è del 6%;

01/10: venduti prodotti per € 14.000 + IVA. A regolamento della fattura si emette una ricevuta bancaria di € 3.000 inviata in banca per una operazione di incasso e una ricevuta bancaria di € 10.000 che viene trasferita in banca con accredito s.b.f. al netto di commissioni bancarie pari a € 360; si riceve inoltre, un effetto di € 3.800 con scadenza a 60 gg;

24/10: un effetto precedentemente scontato dalla banca, del valore nominale di € 6.400, risulta insoluto. La banca provvede a far levare protesto da un ufficiale giudiziario. Le spese di protesto ammontano a € 150. Si emette in seguito la tratta di rivalsa comprensiva di spese di protesto per € 350 e di interessi di mora per € 400;

31/10: riscosso effetto protestato tramite accredito sul c/c bancario della società;

01/11: le ricevute bancarie presentate in banca per l'incasso in data 1/10 sono regolarmente incassate, le commissioni ammontano ad € 100;

01/12: concesso rinnovo parziale dell'effetto in scadenza per € 3.000 al cliente Gamma per quattro mesi. La differenza (€ 800) è riscossa in contanti. Gli interessi sono calcolati al tasso del 12% e sono incorporati nel nuovo effetto;

01/12: incassata ricevuta bancaria presentata a garanzia di un finanziamento sbf;

01/12: ricevuta fattura dal fornitore Delta per il canone quadrimestrale di vigilanza di € 800 + IVA 21%. Regolamento tramite assegno bancario;

20/12: estinta a mezzo banca l'anticipazione a scadenza fissa contratta in data 1/9;

29/12: liquidata l' IVA. del IV trimestre.

Esercizio n. 18 – Scritture di assestamento e di chiusura dei conti

La "Statura &Co" prima delle scritture di assestamento presenta la seguente situazione contabile:

Banca c/c	D	124.397,00	Prodotti c/vendite	A	74.000,00
Interessi passivi	D	132,00	Effetti attivi	D	3.120,00
Erario c/IVA	A	2.640,00	Spese di protesto	D	150,00
Mutui passivi	A	80.000,00	Rimborso spese prot.	A	350,00
Interessi attivi mora	A	400,00	Commissioni bancarie	D	885,00
Cassa	D	18.160,00	Interessi attivi	A	120,00
Canoni di vigilanza	D	800,00	Retribuzioni	D	20.500,00
Oneri sociali	D	2.300,00	Spese di manutenzioni	D	4.000,00
Spese di pubblicità	D	5.500,00	Sconti bancari	D	256,00
Capitale netto	A	100.000,00	Macchinari	D	15.000,00
Merci c/acquisto	D	11.000,00	Impianti	D	20.000,00
Costi di impianto	D	1.800,00	Arredamento	D	27.000,00
Abbuoni attivi	A	100,00	Abbuoni passivi	D	10,00
Resi su acquisti	A	800,00	Spese telefoniche	D	1.100,00
Resi su vendite	D	2.000,00	Interessi bancari pass.	D	200,00

In sede di assestamento al 31/12/X si rilevino sul libro giornale e sul libro mastro le seguenti operazioni:

a) si tiene conto che in data 01/04/X+1 si pagherà la prima rata di rimborso (semestrale, posticipata e costante pari a € 5.500) relativa al mutuo di € 80.000 ottenuto in data 01/10. Gli interessi sono calcolati al tasso del 6%;
b) si tiene conto che in data 01/05/X+1 si pagherà un premio annuo di assicurazione di € 8.400 relativo al periodo 01/05/X - 01/05/X+1;
c) si tiene conto che in data 01/12/X si è pagato anticipatamente il canone quadrimestrale di vigilanza di € 800;
d) si tiene conto degli interessi attivi posticipati (incorporati nel nuovo effetto) relativi al rinnovo di un effetto attivo di € 3.000, concesso in data 01/12 per quattro mesi, da calcolare al tasso del 12%;
e) si valutano le rimanenze finali di merci in € 5.000;
f) nell'esercizio in corso si sono sostenute spese di manutenzione per € 4.000 di cui € 3.000 sono da considerarsi spese di manutenzione straordinaria dei macchinari;
g) si imputano all'esercizio le quote di ammortamento relative a:

- macchinari da ammortizzare indirettamente per il 15%;
- arredamento da ammortizzare indirettamente per il 10%;
- impianti da ammortizzare indirettamente per il 20%;
- costi di impianto da ammortizzare direttamente in 5 anni a quote costanti;

h) si accantonano al fondo trattamento di fine rapporto € 6.200;
i) si accantonano al fondo svalutazione crediti € 1.000;
j) dopo aver valutato l'utilità dell'investimento in pubblicità effettuato nell'anno in corso di € 5.500, si rinviano € 4.500 all'esercizio successivo;
k) sul c/c bancario maturano interessi attivi per € 200 lordi (ritenute subite del 27%);
l) si stimano in € 450 spese telefoniche di competenza dell'esercizio per le quali non è giunta la relativa fattura;
m) si devono emettere fatture per prodotti venduti nel mese di dicembre per € 15.000.

Esercizio n. 19 – Scritture di chiusura e predisposizione della situazione contabile al 31/12

Nella azienda "Statura&Co" al 31/12/X dopo le scritture di assestamento risultano utilizzati i conti presentati nella tabella che segue:

Banca c/c	D	124.543,00	Prodotti c/vendite	A	89.000,00
Interessi passivi	D	332,00	Effetti attivi	D	3.120,00
Erario c/IVA	A	2.640,00	Spese di protesto	D	150,00
Mutui passivi	A	80.000,00	Rimb. spese di prot.	A	350,00
Interessi attivi mora	A	400,00	Commissioni bancarie	D	885,00
Cassa	D	18.160,00	Interessi attivi	A	230,00
Canoni di vigilanza	D	200,00	Retribuzioni	D	20.500,00
Oneri sociali	D	2.300,00	Spese manutenzioni	D	1.000,00
Spese di pubblicità	D	1.000,00	Sconti bancari	D	256,00
Capitale netto	A	100.000,00	Macchinari	D	18.000,00
Merci c/acquisto	D	11.000,00	Impianti	D	20.000,00
Costi di impianto	D	1.440,00	Arredamento	D	27.000,00
Abbuoni attivi	A	100,00	Abbuoni passivi	D	10,00
Resi su acquisti	A	800,00	Spese telefoniche	D	1.550,00
Resi su vendite	D	2.000,00	Ratei passivi	A	6.800,00
Interessi su mutui	D	1.200,00	Premio assicurazione	D	5.600,00
Risconti attivi	D	600,00	Risconti passivi	A	90,00
Merci c/rim.ze fin.	D	5.000,00	Conto economico	A	5.000,00
Ammortamenti	D	9.760,00	F.do amm.to macch.	A	2.700,00
F.do amm.to Arr.	A	2.700,00	F.do Amm.to imp.	A	4.000,00
Fatture da emettere	D	15.000,00	Indennità TFR	D	6.200,00
F.do TFR	A	6.200,00	Svalutazione crediti	D	1.000,00
F.do sval. Crediti	A	1.000,00	Spese ant. pubbl.	D	4.500,00
Erario c/rit. Subite	D	54,00	Fatture da ricevere	A	450,00

Sulla base di tali informazioni redigere le scritture di chiusura e predisporre la situazione patrimoniale ed economica dell'azienda.

Esercizio n. 20 – Riapertura dei conti, prime operazioni di gestione, leasing e factoring

La situazione patrimoniale della "Statura & Co" all'1/1/X1 si presenta come segue:

Situazione patrimoniale della Statura & Co al 1/1/X1

Attività	Importi	Passività e Netto	Importi
BANCA C/C	124.643,00	ERARIO C/IVA	2.640,00
EFFETTI ATTIVI	3.120,00	MUTUO PASSIVO	80.000,00
CASSA	18.160,00	CAPITALE NETTO	100.000,00
MACCHINARI	18.000,00	RATEI PASSIVI	6.800,00
IMPIANTI	20.000,00	RISCONTI PASSIVI	90,00
COSTI DI IMPIANTO	1.440,00	F.DO AMM.TO MACCHIN.	2.700,00
ARREDAMENTO	27.000,00	F.DO AMM.TO ARRED.	2.700,00
RISCONTI ATTIVI	600,00	F.DO AMM.TO IMPIANTI	4.000,00
MERCI C/R.F.	5.000,00	F.DO TFR	6.200,00
FATTURE DA EMETT.	15.000,00	F.DO SVAL. CREDITI	1.000,00
SPESE ANT. PUB.	4.500,00	FATTURE DA RICEVERE	450,00
ERARIO C/RIT. SUBITE	54,00	UTILE D'ESERCIZIO	30.937,00
TOTALE ATTIVITÀ	237.517,00	TOTALE PASSIVITÀ	237.517,00

Si proceda con le scritture di riapertura e si effettui la chiusura delle rimanenze di merci e dei risconti sapendo che i risconti passivi sono relativi ad interessi attivi e che i risconti attivi sono relativi a canoni di vigilanza.
Si effettuino, inoltre, le opportune scritture continuative relative alle seguenti operazioni di gestione dell'esercizio X1:

12/01: si riceve la fattura relativa alle spese telefoniche di euro 450 di competenza del precedente esercizio;

20/01: si emette la fattura per i prodotti venduti nel mese di dicembre per euro 15.000 + IVA;

25/01: venduti prodotti per euro 120.000 + IVA;

01/02: si stipula un contratto di leasing operativo relativo a personal computer della durata di 12 mesi dietro il pagamento di un maxi-canone iniziale di euro 1.000 in data 01/02 e il pagamento di 9 canoni mensili di euro 250 a partire dal 01/03 (contabilizzazione con il metodo patrimoniale);

01/03: si paga a mezzo banca il canone di leasing di euro 250 + IVA;

01/04: si paga tramite addebito sul c/c bancario, la prima rata di rimborso (semestrale, posticipata e costante pari a € 5.500) relativa ad un mutuo di € 80.000 ottenuto in data 01/10/X;

01/04: si paga a mezzo banca il canone di leasing di euro 250 + IVA a mezzo banca;

01/04: si riscuote, a mezzo banca, l'effetto di euro 3.120;

01/05: si paga tramite assegno bancario il premio annuo di assicurazione, stipulato in data 01/05/X, di euro 8.400 di competenza dell'esercizio X per euro 5.600;

01/05: si decide di fattorizzare tutti i crediti commerciali stipulando un contratto di factoring senza anticipo del credito.

01/05: si paga il canone mensile di leasing a mezzo banca;

05/05: la società di factoring fattura le commissioni di factoring pari ad euro 200 + IVA;

30/05: si incassano i crediti fattorizzati .

Esercizio n. 21 – Calcolo di ratei e relative scritture continuative, di assestamento e alla data di manifestazione finanziaria

Per ognuna delle operazioni che seguono presentare le scritture continuative, di assestamento e di riapertura.

1) L'azienda ha contratto in data 1/10 un mutuo passivo di euro 150.000 con interessi che maturano al tasso del 12% da pagare posticipatamente alle date 1/4 - 1/10. La rata è pari ad euro 15.000.
2) L'azienda stipula in data 1/2 un contratto per la vigilanza notturna. Gli accordi contrattuali prevedono il pagamento posticipato ogni quattro mesi alle date 1/2 - 1/6 - 1/10 di euro 150 mensili.
3) L'azienda concede in data 1/6 in locazione un magazzino per un anno dietro il versamento di canoni quadrimestrali posticipati di euro 7.000.
4) L'azienda ha preso in locazione in data 1/3 un elaboratore elettronico al canone annuo di euro 210.000 da pagare in rate quadrimestrali posticipate alle date 1/3 - 1/7 - 1/11.
5) L'azienda ha concesso in data 1/10 ad un cliente di rinviare per altri sei mesi il pagamento di una fattura scaduta di euro 12.000; alla scadenza il cliente verserà gli interessi posticipati calcolati in misura del 15% da fatturare all'atto della riscossione.

N.B. Pagamenti e riscossioni se non diversamente specificati si intendono a mezzo banca.

Esercizio n. 22 – Calcolo di risconti, scritture continuative, di assestamento e di riapertura

Per ognuna delle operazioni presentare le scritture continuative, di assestamento e di riapertura.

1) in data 1/4/X si paga anticipatamente il premio di assicurazione annuo di euro 230.000;
2) in data 1/5/X si concede in locazione un capannone per euro 48.000 annuali. Il canone è riscosso anticipatamente in data 1/5/X;
3) Stipulato, in data 1/6/X, un contratto di leasing che prevede il pagamento bimestrale di canoni anticipati di euro 1.500 ogni due mesi;
4) in data 1/11/X è stato concesso il rinnovo di un effetto in scadenza del valore nominale di euro 12.000 per quattro mesi. Gli interessi pari ad euro 800 sono incorporati nel nuovo effetto;
5) in data 1/12/X la banca accredita il netto ricavo di effetti (Valore 20.000) con scadenza fra quattro mesi presentanti allo sconto. Gli sconti bancari sono pari ad euro 300 e le commissioni bancarie sono pari ad euro 200.

N.B. Pagamenti e riscossioni se non diversamente specificati si intendono a mezzo banca.

PROSPETTO DI CLASSIFICAZIONE DEI CONTI

DENOMINAZIONE	CONTI ECONOMICI					CONTI FINANZIARI			
CONTI	di reddito				di capitale	Numerari			Finanziamento
	Costi Eserc.	Ricavi Eserc.	Costi sospesi (CS)/ pluriennali (CP)	Ricavi sospesi (RS) – Rettifiche costi pluriennali (RCP)		Certi	Assimilati	Presunti	
Abbuoni attivi		X							
Abbuoni passivi	X								
Aggio di emissione				RS					
Ammortamento	X								
Ammortamento imm. in leasing	X								
Anticipazioni passive bancarie									Passivo
Arredamento			CP						
Assegni bancari							Attivo		
Assegni circolari						Attivo			
Attrezzature			CP						
Automezzi			CP						
Avviamento			CP						
Azionisti c/decimi richiamati							Attivo		
Azionisti c/dividendi							Passivo		
Azionisti c/sottoscrizione							Attivo		
Banca c/c							Attivo		
Banca c/c passivo							Passivo		
Banca c/c vincolato							Attivo		
Banca c/ri.ba							Passivo		
Brevetti			CP						

DENOMINAZIONE	CONTI ECONOMICI					CONTI FINANZIARI			
CONTI	di reddito				di capitale	Numerari			Finanziamento
	Costi Eserc.	Ricavi Eserc.	Costi sospesi (CS)/ pluriennali (CP)	Ricavi sospesi (RS) – Rettifiche costi pluriennali (RCP)		Certi	Assimilati	Presunti	
Canone assicurazione	X								
Canone di vigilanza	X								
Canoni leasing	X								
Capitale netto					X				
Capitale sociale					X				
Cassa						Attivo			
Clienti c/ri.ba							Attivo		
Clienti esteri								Attivo	
Commissioni bancarie	X								
Commissioni di factoring	X								
Costi di impianto			CP						
Costruzioni in economia			CP						
Crediti fattorizzati							Attivo		
Crediti insoluti							Attivo		
Crediti per IVA							Atti vo		
Crediti v/clienti (clienti)							Attivo		
Crediti v/Inps Tesoreria							Attivo		
Debiti per IVA							Passivo		
Debiti tributari							Passivo		
Debiti v/fornitori (fornitori)							Passivo		
Debiti v/società di leasing									Passivo

DENOMINAZIONE	CONTI ECONOMICI					CONTI FINANZIARI			
CONTI	di reddito				di capitale	Numerari			Finanziamento
	Costi Eserc.	Ricavi Eserc.	Costi sospesi (CS)/ pluriennali (CP)	Ricavi sospesi (RS) – Rettifiche costi pluriennali (RCP)		Certi	Assimilati	Presunti	
Debiti v/Inps Tesoreria							Passivo		
Debiti v/Inps							Passivo		
Dipendenti c/liquidazioni							Passivo		
Dipendenti c/retribuzioni							Passivo		
Disaggio di emissione			CP						
Effetti all'incasso							Attivo		
Effetti allo sconto							Attivo		
Effetti attivi							Attivo		
Effetti insoluti							Attivo		
Effetti passivi							Passivo		
Effetti protestati							Attivo		
Erario c/acconti							Attivo		
Erario c/ IVA.							Attivo/Passivo		
Erario c/ritenute da versare							Passivo		
Erario c/ritenute subite							Attivo		
F.do amm.to arredamento				RCP					
F.do amm.to costi d'impianto				RCP					
F.do amm.to impianti				RCP					
F.do amm.to macchine d'ufficio				RCP					
F.do amm.to imm. in leasing				RCP					
F.do amm.to immobili				RCP					
Fabbricato			CP						

DENOMINAZIONE	CONTI ECONOMICI					CONTI FINANZIARI			
CONTI	di reddito				di capitale	Numerari			Finanziamento
	Costi Eserc.	Ricavi Eserc.	Costi sospesi (CS)/ pluriennali (CP)	Ricavi sospesi (RS) – Rettifiche costi pluriennali (RCP)		Certi	Assimilati	Presunti	
Fatture da emettere								Attivo	
Fatture da ricevere								Passivo	
Fitti attivi		X							
Fitti passivi	X								
Fondo imposte e tasse								Passivo	
Fondo rischi su crediti								Passivo	
Fondo svalutazione crediti								Passivo	
Fondo TFR								Passivo	
Fornitori c/acconti							Attivo		
Francobolli						Attivo			
IVA. **c/variazioni**							Attivo/Passivo		
IVA. **nostro credito**							Attivo		
IVA. **nostro debito**							Passivo		
Imballaggi c/acquisti	X								
Imballaggi c/rimanenze iniziali	X								
Immobili			CP						
Impianti			CP						
Imposte e tasse	X								
Imposte sul reddito	X								
Indennità di tfr	X								
INPS c/assegni familiari							Attivo		
INPS c/contributi							Passivo		

DENOMINAZIONE	CONTI ECONOMICI					CONTI FINANZIARI			
CONTI	di reddito				di capitale	Numerari			Finanziamento
	Costi Eserc.	Ricavi Eserc.	Costi sospesi (CS)/ pluriennali (CP)	Ricavi sospesi (RS) – Rettifiche costi pluriennali (RCP)		Certi	Assimilati	Presunti	
INPS c/ritenute							Passivo		
Interessi attivi		X							
Interessi attivi bancari		X							
Interessi attivi di mora		X							
Interessi attivi su dilazioni		X							
Interessi attivi verso clienti		X							
Interessi passivi bancari	X								
Interessi passivi di mora	X								
Interessi passivi su dilazioni	X								
Interessi passivi verso fornitori	X								
Interessi su leasing	X								
Interessi su mutui	X								
Interessi su obbligazioni	X								
IRE c/ritenute							Passivo		
Macchinari			CP						
Macchinari in leasing			CP						
Macchine d'ufficio			CP						
Materie c/acquisti	X								
Materie prime c/rimanenze finali			CS						
Materie prime c/rimanenze iniziali	X								
Merci c/acquisto	X								
Merci c/rimanenze finali			CS						

DENOMINAZIONE	CONTI ECONOMICI					CONTI FINANZIARI			
CONTI	di reddito				di capitale	Numerari			Finanziamento
	Costi Eserc.	Ricavi Eserc.	Costi sospesi (CS)/ pluriennali (CP)	Ricavi sospesi (RS) – Rettifiche costi pluriennali (RCP)		Certi	Assimilati	Presunti	
Merci c/rimanenze iniziali	X								
Merci c/vendite		X							
Minusvalenze	X								
Mobili			CP						
Mutui passivi									Passivo
Obbligazioni c/obbligazioni estratte									Passivo
Obbligazionisti c/interessi							Passivo		
Obbligazionisti c/sottoscrizioni							Attivo		
Oneri accessori di factoring	X								
Oneri bancari	X								
Oneri finanziari diverse	X								
Oneri sociali	X								
Perdita d'esercizio					X				
Perdite presunte su crediti	X								
Perdite su crediti	X								
Plusvalenze		X							
Posta c/c							Attivo		
Premio assicurazione	X								
Prestito obbligazionario									Passivo
Prestito obbligazionario convertibile									Passivo
Prodotti c/rimanenze iniziali	X								
Prodotti c/vendite		X							

DENOMINAZIONE	CONTI ECONOMICI					CONTI FINANZIARI			
CONTI	di reddito				di capitale	Numerari			Finanziamento
	Costi Eserc.	Ricavi Eserc.	Costi sospesi (CS)/ pluriennali (CP)	Ricavi sospesi (RS) – Rettifiche costi pluriennali (RCP)		Certi	Assimilati	Presunti	
Prodotti finiti c/ rimanenze finali			CS						
Ratei attivi								Attivo	
Ratei passivi								Passivo	
Resi su acquisti		X							
Resi su vendite	X								
Retribuzioni	X								
Rimborsi spese per effetti protesti		X							
Risconti attivi			CS						
Risconti passivi				RS					
Riserva azioni proprie					X				
Riserva di rivalutazione					X				
Riserva legale					X				
Riserva sovraprezzo azioni					X				
Riserva statutaria					X				
Riserva straordinaria					X				
Sconti bancari	X								
Semilavorati c/rimanenze finali			CS						
Società di factoring							Attivo/passivo		
Socio X c/conferimenti							Attivo		
Socio X c/finanziamenti							Passivo		
Socio X c/prelevamento utili							Attivo		
Socio X c/reintegro							Attivo		

DENOMINAZIONE	CONTI ECONOMICI					CONTI FINANZIARI			
CONTI	di reddito				di capitale	Numerari			Finanziamento
	Costi Eserc.	Ricavi Eserc.	Costi sospesi (CS)/ pluriennali (CP)	Ricavi sospesi (RS) – Rettifiche costi pluriennali (RCS)		Certi	Assimilati	Presunti	
Socio X c/rimborsi							Passivo		
Sopravvenienze attive		X							
Sopravvenienze passive	X								
Spese anticipate di pubblicità			CP						
Spese bancarie	X								
Spese di cancelleria	X								
Spese di manutenzione straordinarie			CP						
Spese di protesto	X								
Spese di pubblicità	X								
Spese di trasporto	X								
Spese di vendita	X								
Spese generali	X								
Spese legali	X								
Spese manutenzione	X								
Spese notarili	X								
Spese prestazioni servizi	X								
Utile d'esercizio					X				
Utili a nuovo					X				
Valori bollati						Attivo			

Conti d'ordine
Creditori c/leasing
Macchinari in leasing

I conti accesi ai costi e ricavi d'esercizio affluiscono nel Conto Economico.
Tutti gli altri conti, cioè tutti i conti finanziari e tutti i conti economici di capitale nonché i conti economici accesi a costi e ricavi sospesi, affluiscono nello Stato Patrimoniale.